성호와 성호학파

금장태(琴章泰)

1943년 부산 생

서울대학교 종교학과 졸업

성균관대학교 대학원 동양철학과 수료(철학박사)

성균관대학교 한국철학과, 서울대학교 종교학과 교수 역임

현재 서울대학교 종교학과 명예교수

저서 : 『퇴계학파와 理철학의 전개』, 『한국유학의 心說』, 『한국유학의 老子 이해』, 『불교의 유교경전해석』 외

성호(星湖)와 성호학파(星湖學派)

초판 1쇄 인쇄 2014년 9월 25일
초판 1쇄 발행 2014년 9월 30일

지은이 금장태
펴낸곳 서울대학교출판문화원
펴낸이 성낙인

책임 편집 정성숙
디자인 최선아

출판등록 제15-3호

주소 151-742 서울 관악구 관악로 1
대표전화 02-880-5252 팩스 02-888-4148
마케팅팀(주문상담) 02-889-4424, 02-880-7995
이메일 snubook@snu.ac.kr
홈페이지 www.snupress.com

ISBN 978-89-521-1645-1 93150

성호와
星湖
성호학파
星湖學派

금장태

서울대학교출판문화원

Seong Ho and the Seong Ho School

Keum, Jangtae

Seoul National University Press

머리말

'도'(道)라는 글자를 풀어서 보면 '머리 수'(首) 자와 '쉬엄쉬엄 갈 착'(辶: 辵) 자의 결합으로 이루어져 있다. '머리'란 생각하고 판단하는 역할을 하니, 진리요 기준을 의미하는 것이라면, 발로 땅을 디디고 '간다'는 것은 현실이요, 실천을 의미하는 것이라 이해할 수도 있겠다. 유교나 불교나 서교(西敎: 서양종교)나 또 다른 가르침이거나 '도'를 밝히려는 사상체계라면, 한결같이 불변하는 기준인 진리를 깨달아서 변화하는 현실 속에서 실천하여야 한다고 주장할 것이다.

이처럼 '도'에는 진리와 현실이라는 두 요소가 내포되어 있으며, 이 두 요소의 결합을 이상으로 추구한다. 그런데 문제는 진리의 근원성을 강조하다 보면 현실을 외면하기가 쉽고, 현실의 적합성을 강조하다 보면 진리를 망각하기가 쉽다는 것이다. 그래서 공자는 진리와 현실을 온전하게 결합시킨다는 것이 얼마나 어려운지를 절실하게 토로하여, "시퍼런 칼날도 밟고 올라설 수 있지만, '중용'은 할 수가 없구나!"(『중용』)라 탄식하였던 것인지도 모르겠다.

조선시대 사회를 이끌어갔던 도학-주자학은 그 시대에서 진리를 밝히고 실현하기 위해 심혈을 기울였던 것은 사실이다. 그러나 도학은 진리를 수호하려는 의지가 확고하다 보니, 다른 사상을 배척하는 독선적 폐쇄성에 빠지고 말았다. 동시에 도학은 진리에 대한 확신을 강조하였지만, 시대현실의 변화에 적응하는 데는 실패하고 말았다.

조선후기에 와서 도학의 폐단이 누적되고 고착되자, 이러한 폐단을 넘어서려는 새로운 사상조류가 바로 '조선후기 실학'이다. 도학자들이 도덕의 근원을 밝히는 '성리설'에 열중하였던 것과 달리, 조선후기 실학자들은 가장 먼저 현실의 당면문제로서 사회제도의 모순을 개혁하는 '경세론'에 세밀한 주의를 기울였다. 여기서 조선시대 도학자들이 이념적 정통을 수호하는 폐쇄적 독선에 빠져있었다면, 조선후기 실학자들은 열린 정신과 현실에 관한 관심으로 낡은 제도의 변혁을 추구하면서 새로운 사상조류를 이루어갔다.

따라서 조선후기 사상사는 도학이 여전히 주도적 지위를 누리고 있었지만, 실학이 도학체제에 대한 비판과 개혁의 이론을 제기함으로써, 도학과 실학의 대립구도를 드러내고 있다. 그러나 도학과 실학의 관심과 발상이 현저하게 대립양상을 보여주고 있다 하더라도, 그 내면을 좀더 자세히 들여다보면, 실학은 도학의 토양에서 싹터나온 사상인 만큼 도학과 실학 사이에는 기반의 공통성과 더불어 시야의 차별성을 동시에 확인할 필요가 있다. 바로 이 점에서, 조선후기 실학의 흐름에서 우뚝한 봉우리와 큰 원류를 이루었던 실학파로서 성호(星湖 李瀷)와 그 학풍을 계승한 성호학파의 실학적 성격과 전개양상을 해명하기 위해서는 그 학문적 특성으로 '개방정신'과 '변혁의식'에 초점을 맞추어 이해하고자 하였다.

성호는 주자학-퇴계학의 확고한 계승자이면서 실학적 관심과 사유의 방향을 열어준 인물이라는 점에서 도학과 실학의 두 날개로 18세기 전반기에 실학사상을 주도하였던 인물이다. 그는 도학의 사유 속에서 실학적 관심의 논리를 찾아내었다. 여기서 그는 당시 중국을 통해 전래해 온 예수회의 '서학'(西學)에서 천주교의 신비적인 교리는 비판하고 서양 과학기술을 적극 수용하는 자세를 보여주었다. 성호의 포용적 정신은 도학을 기반으로 실학의 세계를 열어갔지만, 성호의 제자들과 후학으로 이루어진 성호학파에서는 도학적 기반에서 천주교신앙을 비판하는 '공서파'(攻西派)와 서양과학기술에 관심을 기울이다가 천주교신앙에까지 빠져들어 간 '신서파'(信西派)의 분열이 일어났다. 성호는 두 날개로 날아올랐지만, 그 제자들과 후학으로 '공서파'와 '신서파'는 각각 한쪽 날개에 매달렸으니, 성호처럼 양 날개로 날지를 못하였던 것 같다. 제1장의 '퇴계와 성호 ― 성호의 퇴계학 계승과 인식의 시야'는 성호의 학문기반으로서 퇴계학의 도학적 성격을 해명하는 것이고, 제2장 '성호 경학의 도덕적 기반과 실학적 정신'은 성호가 주자학의 경학에서 실학정신을 찾아가는 양상을 확인하고자 하였다. 제3장 '성호학파의 분파와 관심의 차이'는 성호의 학풍을 계승한 성호학파에서 공서파와 신서파로 갈라지는 양상과 문제의식을 해명한 것이다.

성호의 실학사상 형성에 외부에서 새롭게 수용된 중요한 충격은 '서학'이라 할 수 있다. 그렇다면 성호학파의 신서파에 속하는 후학인 다산은 조선후기 실학의 집대성자로 평가되지만, 그의 실학사상 형성에 중요한 요인의 하나는 '서학'의 천주교신앙에서 찾아볼 수 있다. 성호가 도학을 바탕으로 실학을 열어갔던 실학자라 한다면, 다산은 도학을 지양하여 자신의 독자적 실학사상체계를 구축하였던 인물이다. 그의 독자적 실학사상은 '사천학'(事天學)이라 일컬을 수 있는 것이라 보며, 그의 '사천학'적 실학사상 속에 천주교교리가 어떻게 수용, 활용되고 있는지를 찾아본 것이 제4장 '다산과 천주교 ― 다산의 사천학과 천주교교리의 활용'이다.

성호와 성호학파를 중심으로 도학과 실학의 연관성과 차별성을 확인하려는 것이 이 책의 중심주제였다. 2012년은 다산의 탄생 250주년을 기념하기 위한 다양한 행사가 성대하게 베풀어졌고, 2013년은 성호의 서거 250주년을 기념하기 위한 행사가 진행되었다. 성호와 성호학파의 후학 가운데 대표적 인물의 한 사람인 다산이 이처럼 존중되고 있는 것은 그의 실학사상이 우리 사상사의 소중한 유산이요, 우리시대의 문제를 찾아가는 데 훌륭한 지남(指南)이 되기 때문일 것이다. 이런 점에서 성호와 성호학파의 실학정신을 해명한다는 것은 한국사상사의 이해에서 매우 중요한 과제임을 인식할 필요가 있다. 그러나 필자의 안목이 좁고 역량이 미약하여 문제를 깊고 투명하게 통찰하지 못하고 있다는 한계를 스스로 인식하며, 부끄러움을 감출 수 없다. 앞으로 기회가 있으면 좀 더 정교하게 다듬어 가기를 기약해 본다.

이 책의 간행을 허락해 주신 서울대학교출판문화원 원장(현재 서울대학교 교육부총장) 김종서 교수님께 깊이 감사드린다.

2014년 7월 23일 潛研齋에서

금장태 적음

차례

■ 제2장

성호 경학의 도학적 기반과 실학적 정신

■ 제3장

성호학파(星湖學派)의 분파와 관심의 차이

■ 제4장

다산과 천주교
—다산의 사천학(事天學)과 천주교교리의 활용

제1장

퇴계와 성호

성호의 퇴계학 계승과 인식의 시야

1. 성호의 퇴계학 계승과 근기(近畿)실학의 새로운 관심영역

16세기에 영남의 예안(禮安: 현 안동군 예안면)에서 강학하였던 퇴계(退溪 李滉, 1501-1570)는 '도학'(道學)의 학풍을 크게 일으켜 이론을 심화시킴으로써 학문적 수준을 획기적으로 끌어올리는 역할을 수행하였던 대표적 도학자의 한 사람이다. 그보다도 180년 뒤에 태어나 18세기 전반기에 근기(近畿) 지역 안산(安山)에서 강학하였던 성호(星湖 李瀷, 1681-1763)는 '실학'(實學)의 새로운 학풍을 크게 일으켜 학파로서 정립시켰던 조선후기 실학을 대표하는 학자의 한 사람이다. 따라서 조선전기의 퇴계와 조선후기의 성호는 조선시대 사상사에 우뚝하게 솟은 여러 봉우리 가운데 '도학'과 '실학'을 대표하는 인물이며, 또한 각각이 형성한 학파의 학풍이 지닌 특성에서도 가장 뚜렷하게 대조를 이루는 두 봉우리라 할 수 있다.

그러나 퇴계와 성호 사이에는 시대적 상황이나 지역적 배경이 다를 뿐만 아니라, 무엇보다 '도학'과 '실학'이라는 학풍의 차이가 뚜렷함에도 불구하고, 두 인물 사이에 긴밀한 연속성이 내재되어 있다는 사실이 주목된다. 따라서 퇴계와 성호의 학풍 사이에 내재된 연속성과 차별성을 인식하는 과제는 도학과 실학의 상관성과 관련하여 조선시대 사상사의 성격을 이해하는 데 매우 중요한 의미를 지니는 것이다.

조선시대의 통치이념을 뒷받침하던 '도학'은 조선전기의 마지막 단계인 16세기 중반에 퇴계가 출현하여 이론을 심화하면서 학풍을 확고하게 정립하게 되었다. 당시의 '도학'은 철학적 기반인 성리설-심성론의 형이상학적 관념의 세계를 깊이 천착하면서 인간의 도덕적 근원을 인식하고 수양론의 인격적 실현을 추구함으로써 견고한 학문체계를 구축하였던 것은 사실이다. 그러나 뒤이어 임진왜란을 겪고 나서 조선후기로 넘어가는 17세기 초반부터 '도학'은 중대한 문제점을 드러내고 시대적 한계를 노출하기 시작하였다. 여기서 도학은 인간의 내면적 도덕성을 가장 중시하고 선행하여야 할 근본과제로 강조하면서 사회현실의 제도적 운영문제를 부차적이고, 말단적인 문제로 소홀히 여기는 경향을 드러내었던 것이다. 이에 따라 사회제도의 폐단이 누적되고 백성의 생존기반이 파괴된 다급한 현실의 당면문제에 맞서서 도학은 효과적인 대응논리를 제공하지 못하였던 것이 사실이다.

이와 더불어 도학은 가치질서에 대한 확고한 신념에 따라 주자학을 '정통'(正統)으로 확인하면서 이에 벗어나는 모든 가치관이나 사유체계를 '이단'(異端)으로 규정하여 거부하는 정통주의적 배타성을 드러내었다. 도학의 정통주의는 순정(醇正)과 일통(一統)을 중시하고 예법(禮)과 의리(義)를 강조함으로써 사회의 분열을 막고 통합을 추구하였으며, 어느 정도 기능을 발휘하였던 것은 인정할 수 있다. 그러나 안으로 당파의 분열을 고착화시켜 끝없는 갈등을 초래하였고, 밖으로 시대변화의 현실에 적응력을 상실하였으며, 폐쇄적 정통의식과 배타적 의리론에 집착하면서 사회적 모순을 심화시키고 말았던 것이 현실이다.

17세기부터 유교지식인들 사이에는 도학적 사유와 달리 새로운 관심이 일어나기 시작하여 하나의 사상조류를 이루고 새로운 학풍을 형성하기 시작하였다. 가장 먼저 이념체계와 가치질서에 얽매이지 않고 구체적 사물과 객관적 사실에 관한 지식에 열린 관심이 일어나기 시작하였다. 이수광(芝峯 李睟光)의 『지봉유설』(芝峯類說)이 보여주는 백과전서적 지식의 수집과 분류는 실학적 관심의 발아(發芽)라 할 수 있다. 이와 더불어 사회제도의 현실적 폐단을 검토하고 효율적인 기능의 회복을 위한 개혁대책을 제시하면서 경세론적 관심을 밝힌 유형원(磻溪 柳馨遠)의 『반계수록』(磻溪隧錄)은 실학의 관심이 지닌 방향과 과제를 가장 분명하게 보여주는 것이었다. 18세기 전반기에 활동하던 성호는 이수광과 유형원을 이어 실학의 시야와 관심을 선명하게 드러내고, 한걸음 더 나아가 실학의 학파로서 성호학파를 일으켜 이끌어갔던 인물이다. 따라서 조선전기 도학의 퇴계와 조선후기 실학의 성호는 도학과 실학의 두 사상조류를 이끌어갔던 대표적 인물로 좋은 대조를 이룬다고 하겠다.

조선후기 '실학'은 조선시대 정통이념인 '도학'에서 벗어나는 새로운 사상조류인 것은 분명하다. 18세기 후반의 북학파(北學派) 실학자인 홍대용(湛軒 洪大容)이나 19세기 초반 성호학파 실학자인 정약용(茶山 丁若鏞)과 그 후 19세기 중반에 활동하던 마지막 실학자라 할 수 있는 최한기(惠岡 崔漢綺)는 도학에서 벗어나 독자적 철학 기반을 제시하면서 근대적 사유로 넘어가는 과정을 보여준다. 바로 이 점에서 18세기 후반부터 실학자들은 탈주자학(脫朱子學)의 성격을 뚜렷하게 확인할 수 있다.

그러나 성호는 실학자이면서 동시에 도학자라는 두 이질적 사상조류를 통합하고 있다는 사실에서 매우 독특한 면모를 지닌 인물이라 할 만하다. 그렇다면 성호는 '도학'에서 '실학'으로 넘어가는 과정의 과도기적 실학자라 볼 수 있지만, 동시에 '도학'과 '실학'의 통합적 기반 위에 '도학'과 '실학'의 학문정신에 내재한 연속성을 밝힌 독자적 학자라 볼 수도 있는 것이 사실이다.

성호에서 '도학'적 기반은 퇴계의 계승으로 드러난다. 이와 더불어 성호의 '실학'적 관심의 성격은 유형원의 경세론적 제도개혁론을 계승하는 측면과 더불어, 한걸음 더 나아가 이 시대에 새롭게 전래한 '서학'(西學)의 서양과학지식과 서양문물을 광범하게 수용하면서 새로운 세계를 열어갔던 사실에서 확인할 수 있다. 퇴계와 성호의 학문적 연속성과 차별성을 해명하는 것을 과제로 삼으려는 것은 성호의 '실학'정신이 지닌 특성을 확인하고자 하는 것이요, 이를 통해 조선시대 사상사에서 '도학'과 '실학' 사이의 공통기반과 관심의 차이를 균형 있게 인식할 수 있는 시야를 확보해 보려는 시도이기도 하다. 여기서는 퇴계학이 성호를 통해 계승되는 측면에 초점을 맞추어, 특히 사칠설(四七說)·수양론·예설(禮說)의 문제에서 성호가 퇴계를 계승하면서 퇴계의 학문정신을 어떻게 확장시켜 가고 있는지를 확인하고자 한다.

2. 퇴계와 성호의 학문적 연속성과 차별성

1) 퇴계와 성호의 학문적 연속성

퇴계와 성호의 학문적 연속성으로는 먼저 성호의 학문 연원에서 퇴계학파와 확실한 연결통로를 가지고 있다는 사실이 가장 먼저 눈에 띈다. 곧 퇴계의 제자 가운데 한강(寒岡 鄭逑)의 학맥이 근기(近畿) 지역 연천(漣川)의 미수(眉叟 許穆)로 연결되었고, 성호의 조부(李志安)는 미수와 더불어 총산(蔥山 鄭彦實)의 문하에서 함께 수학하면서 서로 깊은 우의를 맺었던 사이다. 그래서 성호는 자신의 가학(家學) 연원에서 미수와 연결되고 있으며, 이를 통해 퇴계학파에 연결되는 것으로 볼 수 있다. 그 자신 미수의 신도비문(神道碑文)을 짓는 등 미수에 깊은 관심을 보이고 있다.[1] 또한 성호의 제자 권철신은 "퇴계의 뒤로 하헌(夏軒: 白湖 尹鑴)의 학문이 근본과 지말이 갖추어져 있고, 하헌의 뒤로, 성호의 학문이 옛 성인을 잇고 미래의 학문을 열어준다."[2]고 언급하였다. 그것은 퇴계의 학풍이 윤휴(白湖 尹鑴)의 단계를 넘어 성호의 단계로 연결되는 전개과정 속에서 성호의 위치를 보여주는 것이지만, 성호의 학문적 연원은 바로 퇴계에 있음을 확인하는 데는 변함이 없다.

다음으로 성호는 당시 퇴계학파의 중요 인물들과 직접 학문적으로 깊은 교유를 맺고 있었다. 하나는 퇴계문인인 정윤희(顧菴 丁胤禧)의 종손(從孫)으로 가학을 이어 법천(原州 法泉)에서 활동하던 정시한(愚潭 丁時翰, 1625-1707)에 깊은 관심을 기울였고, 정시한의 문인들인 이천(利川)의 이식(畏庵 李栻, 1659-1729)과 상주(尙州)의 이만부(息山 李萬敷, 1664-1732) 등 선배학자와는 성리설의 토론을 활발하게 벌이기도 하였다.[3] 또

1) 『星湖全集』(이하 '『星全』'으로 줄임), 권67. 8, '祖考司憲府持平贈吏曹參判府君行狀', "旣而登鄭蔥山彦之門, 同學如眉叟許公穆之倫, 咸推重焉."
星湖는 眉叟에 관련하여 「眉叟許先生神道碑銘(并序)」 이외에도 「欹器帖跋」·「跋眉叟先生篆隸三帖」·「沂洛篇跋」을 지었고, 眉叟의 從兄 遯溪 許厚에 대해서도 「遯溪集序」를 지었다.

2) 『與猶堂全書』(이하 '『與全』'으로 줄임)[1], 권15, 35, '鹿庵權哲身墓誌銘'(附見閑話條), "退溪之後, 夏軒之學, 有本有末, 夏軒之後, 星翁之學, 繼往開來."

3) 星湖는 丁時翰의 墓碣(「愚潭丁先生墓碣銘并序」)을 지었고, 李栻을 위해 輓詩(「挽李畏菴」)와 祭文(「祭李畏庵文」) 및 堂室銘의 跋文(「跋李畏庵堂室銘」)을 지었으며, 李栻에게 보낸 편지도 3통이 남아 있다. 또한 李萬敷를 위해서도 輓詩(「挽息山李先生」)와 送序(「送息山李處士序」) 및 行狀(「息山李先生行狀」)을 지었고, 보낸 편지도 2통

하나는 퇴계문인인 권우(松巢 權宇)의 가학을 계승하여, 문경(聞慶)에서 활동하며 퇴계의 초기학설을 엄격하게 옹호하던 권상일(淸臺 權相一, 1679-1759)과 학문적으로 깊이 교류하였다는 사실이다.[4] 이처럼 퇴계학맥의 인물로서 당시에 근기 지역이나 영남에서 활동하던 퇴계학파의 중요한 성리학자들과 폭넓게 교류하고 있었던 것이다.

나아가 성호는 일찍부터 퇴계를 자신의 학문적 근원으로 소중하게 받아들였다는 사실이다. 그는 청년 시절부터 퇴계를 사숙(私淑)하였으며, 29세 때는 퇴계의 유풍이 남은 자취를 따라 영남으로 여행길에 나서서 소수서원(紹修書院)을 찾아가고 청량산(淸凉山)을 거쳐 예안의 도산서원(陶山書院)을 찾아 참배하였다. 이때 기록한 글(「訪白雲洞記」·「遊淸凉山記」·「謁陶山書院記」)에서는 퇴계를 사숙하는 자신의 학문적 지향을 엿볼 수 있게 한다. 그 이후로 30년이 지나 59세 때 그는 「도산도」(陶山圖)를 보면서 지은 발문(「陶山圖跋」)에서도 그림 속의 바위 하나에서나 물가의 한 모서리에서도 퇴계의 모습을 보는 듯 기침 소리를 듣는 듯 극진하게 존경하고 사모하는 마음을 보여주었다. 또한 성호는 자신이 퇴계보다 180년 뒤에 같은 신유(辛酉)년에 태어났음을 들면서 퇴계를 본받을 뜻을 마음속에 깊이 새기기도 하였다.[5] 그 밖에도 그는 이중빈(李仲賓)이 수집하여 정리한 퇴계의 도맥첩(道脈帖)에 붙인 발문(「陶山道脈帖跋」)

이 남아 있다.

4) 星湖는 淸臺 權相一을 위해 詩로 「淸臺辭」와 輓詩로 「挽權知事台仲」를 지었고, 嶺南의 학풍과 性理說·禮說의 문제에 관해 토론하였는데, 17통의 보낸 편지가 남아 있다.

5) 『星全』, 권56, 21, '陶山圖跋', "東人於李先生, 愛慕之極, 靡不至也, … 今又於陶山圖, 得其動息遊憩, 無不詳也, 凡一巖一汀, 摩挲嚮想, 僾然若鬚眉可數, 愾然若謦咳可聞, … 今瀷之生, 實後先生百八十一歲, 第三辛酉也, … 今犬馬之齒五十有九, 乃天淵始築之明年, 而明年又是巖栖新成之歲, 於此益覺興感."

에서 "우리나라의 유교학술이 성대함은 퇴계 이후로 퇴계와 같은 분이 없다."[6]고 하였고, 또한 퇴계의 유묵(遺墨)에 붙인 발문에서는 "우리나라에 퇴계가 있는 것은 중국에 공자가 있는 것과 같다."[7]고 언급하여, 극진한 존숭 태도를 보여주며, 당시 영남에 전해지는 퇴계의 유풍을 흠모하고 있음을 보여주기도 한다.

이와 더불어 성호는 평생토록 퇴계를 사숙하면서 퇴계의 학문을 정밀하게 연구하여 『이자수어』(李子粹語)[8]·『사칠신편』(四七新編)[9]·『이선생예설유편』(李先生禮說類編)의 세 가지 중요한 저술을 남김으로써, 퇴계학을 체계화하여 교과서적 기본틀을 정립하는 데 결정적으로 기여하였다. 또한 그는 퇴계학맥에 깊은 관심을 기울여, 퇴계의 제자 가운데 17명에 대해 간략한 전기를 서술하였고,[10] 퇴계의 제자로 유성룡(西厓 柳成龍)의 저술인 『징비록』에 발문을 지었으며(「書懲毖錄後」), 우성전(秋淵 禹性傳)의 묘비문(「秋淵禹先生墓碣銘(幷序)」)을 짓기도 하였다. 나아가 퇴계학맥에서도 장현광(旅軒 張顯光)의 문인으로 평안도에서 활동하던 선우

6) 『星全』, 권55, 8, '陶山道脈帖跋', "蓋東方儒術之盛, 後退溪而無退溪也."

7) 『星全』, 권56, 1, '書退溪先生筆後', "東邦之有退溪, 猶中國之有孔子."

8) 星湖가 30대 초에 退溪의 저술을 읽으면서 퇴계의 言行에서 핵심적 내용을 뽑아서 『道東編』을 저술하였는데, 40여 년이 지나 그가 73세 때 제자 安鼎福과 尹東奎가 『道東編』을 『近思錄』의 체제에 맞추어 4권의 13편(01道體, 02爲學, 03窮格, 04涵養, 05力行, 06居家, 07出處, 08治道, 09政事, 10敎導, 11警戒, 12異端, 13聖賢) 체제로 편찬하고서 『李子粹語』라 題名을 바꾸었다.

9) 성호는 30대에 『四七新編』을 편찬하였는데, 알아주는 사람들로부터 "퇴계의 문파에 공적이 있다."고 인정을 받기도 하였음을 밝히고 있다.(『星全』, 권14, '答權台仲(乙丑)')

10) 『星全』 권68에 小傳을 수록한 退溪문인 17명은 勿巖 金隆, 顧庵 丁胤禧, 忍齋 權大器, 松巢 權宇, 靜齋 南彦經, 山天齋 李咸亨, 楓巖 文緯世, 竹川 朴光前, 石門 尹欽中, 西川 李養中, 石峯 韓修, 潛齋 金就礪, 考槃 南彦紀, 金德龍·金德鵾 형제, 壺峯 宋言愼, 聾隱 趙振이다.

협(遯庵 鮮于浹)과 선우협의 문인인 신무(晩湖 愼懋)에 대해 간략한 전기를 짓기도 하였다. 이처럼 성호는 퇴계를 단순히 존숭하였을 뿐만 아니라, 퇴계학맥과 확고한 유대를 이루면서 퇴계의 학문을 체계화하고, 퇴계의 문인들에 세심한 관심을 기울였으며, 같은 시대 퇴계학파의 후학들과도 활발하게 학문적 교류를 유지하는 등 이 시대 퇴계학의 계승자로서도 중심적 역할을 하는 인물이었음을 확인할 수 있다.

성호가 퇴계를 극진하게 존숭하는 모습은 그가 퇴계의 말씀과 행적에서 중요한 것을 간추려 편찬한 『이자수어』의 서문에서 잘 보여준다. 그는 공자가 '주나라의 전례'(周禮)를 서술하고, 1500년 뒤에 주자가 선왕(先王)의 법도를 밝혀 『주례』를 다시 행할 수 있게 하였음을 지적하고, 그 뒤로 퇴계가 주자를 이어가는 도통을 밝히고 있다.

> "(공자로부터) 2천여 년이 지나서 퇴계 자이자(退溪 子李子)가 태어나 육경을 따르면서 주자를 기준으로 삼았다. 실로 은(殷)나라의 바탕에 나아가 주(周)나라의 문채를 활용하였으니, 바탕과 문채를 아울러 갖추고 크게 성취하였다. … 이제 다행히 이 땅에 태어난 사람으로 어찌 퇴계의 말씀을 말하고 퇴계의 행실을 행하여 한 줄기 유교의 도를 붙들어 지키지 않을 수 있겠는가? 나는 뒤늦게 태어나 그의 제자가 될 수 없었지만 단지 그의 글을 읽고서 기뻐할 뿐이다."[11]

여기서 성호가 퇴계를 '자이자'(子李子)로 일컬어 극진히 높이고, 퇴계의 말씀과 행적을 편찬한 책의 표제를 '이자수어'라 붙였던 사실에서,

---

11) 『星全』, 권50, 1, '李子粹語序', "歷二千有餘年, 而退溪子李子生, 步趨六經, 以紫陽爲依歸, 實因殷之質, 用周之文, 彬彬大成也, … 今幸而生此域中者, 豈不欲言退溪言·行退溪行, 有以扶持一脈斯文哉, 瀷生也後, 不得爲其徒, 徒能讀其書而悅之."

그는 이미 퇴계를 공자와 주자를 계승하는 성현의 반열에 올려놓고 있음을 보여준다. 특히 퇴계는 공자-주자가 계승하는 주나라의 문채만이 아니라 우리 역사의 근원으로 삼는 기자에서 전수되어 온 은나라의 바탕까지 갖추어 유교문화를 그 시대에 대성(大成)한 인물로 더할 수 없이 높이고 있다.

2) 퇴계와 성호의 학문적 차별성

성호는 한편으로 퇴계의 도학적 학문세계를 자신의 학문기반으로 계승하면서도 다른 한편으로 도학전통에서 벗어난 새로운 관심영역인 실학의 세계를 드러내 보여주고 있다. 성호의 실학정신이 퇴계의 도학에서 벗어나는 차별적 특성은, 먼저 관심의 영역에서 보면 내면의 심성론적 인식을 넘어서 사회현실의 제도문제로 넓혀가고 있다는 '관심의 확장'이다. 이와 더불어 정통의식에서 보면 '도학-주자학'의 정통의식에서 벗어나는 것으로 배척되었던 '이학'(異學) 내지 '이단'(異端)의 학풍에 대해서도 열린 태도를 지녔으며, 이에 따라 '서학', 곧 서양의 새로운 학설과 지식에 대해서도 적극적 수용자세를 보여주었던 '개방적 포용성'이 가장 뚜렷한 차별성이라 할 수 있다.

먼저 18세기 전반기를 살아갔던 성호는 16세 중반에 활동하던 퇴계의 도학적 관심에서 벗어나는 실학적 세계의 문제의식을 새로운 관심영역으로 확장하고 있었다는 사실이다. 무엇보다 심성론에 머물지 않고 사회현실의 제도적 문제를 향한 관심의 확장은 성호 자신이 살아가고 있던 조선후기의 시대적 상황과 요구에 직접 연관되고 있는 것이다.

퇴계의 학문적 중심과제는 성리설과 수양론과 예설이라고 할 수 있다. 이에 비해 성호의 학문체계에서 보면 퇴계학의 계승 측면에서 성리설과 예설에 가장 깊은 관심을 기울였지만, 자신의 독자적 관심에서 보면 경학과 경세론이 중심주제였다고 할 수 있다. 이 점에서 성호는 퇴계의 성리설과 예설에는 정밀한 이해와 검토를 하고 있지만, 경학과 경세론의 분야에서는 퇴계의 업적에 대해 별다른 관심을 기울이지 않고 있는 것이 사실이다.

퇴계의 도학이 지닌 학문적 관심은 인간이나 사회체제에서 근본을 확립하는 것이요, 그 근본을 인격적 내면이나 도덕적 가치로 확인하고 있는 것이다. '리'(理)를 근원으로 인식하는 성리학의 형이상학에 근거하여, '마음을 간직하고 성품을 배양하는'(存心養性) 거경(居敬)의 수양론을 제시하며, '성학을 돈독하게 하여 다스림의 근본을 수립하는'(敦聖學以立治本) 군덕(君德)의 경세론을 제시하는 것이다. 성호는 퇴계의 성리학을 철학적 기반으로 충실하게 받아들였으며, 따라서 '거경'의 수양론과 '군덕'의 경세론을 학문적 기준으로 소중하게 계승하고 있다. 그러나 그는 여기에 머물지 않고 그 시대의 현실이 요구하는 문제에 주의를 기울이고 그 시대에 등장하는 새로운 지식에 대해 열린 마음으로 폭넓게 수용하면서 관심의 범위를 확장시킴으로써 실학의 세계를 구축해 갔다.

따라서 퇴계의 도학적 관심이 수양론의 인격적 내면을 정립하는 데 있다면, 성호의 실학적 관심은 인격적 내면의 수양론을 근본으로 삼으면서 동시에 현실사회의 제도적 개혁방안을 추구하는 경세론으로 나가는 것이라 할 수 있다. 그만큼 성호의 실학은 도학으로부터 이탈이 아니라, 도학에 기반하여 현실의 문제로 관심을 확장하는 것이 기본적 특성이다.

여기서 성호는 성리학의 사칠론(四七論)에서 퇴계의 입장을 지지하고 율곡의 견해를 비판하였지만, 경세론에서는 율곡의 주장을 적극적으로 인정하는 태도를 보여주고 있다. 그는 율곡이 '경장'(更張)을 주장하였던 사실에 대해 지극히 높이 평가하였다.

> "근세의 이율곡 같은 분은 경장을 많이 말했는데, 당시 정사를 논의하던 사람들은 찬성하지 않았지만, 지금 살펴보면 명쾌하고 절실하여 8, 9할은 행할 만한 것이니, (우리)나라가 세워진 이래로 시무(時務)를 가장 잘 아는 분이다. 아쉽게도 오늘에 율곡을 존숭한다는 것이 그 사람을 숭상하기만 하고 그 실적을 숭상하지 않아서, 나라의 병통을 치료하는 법도가 매몰되어 드러나지 못하게 되고 말았다."12)

성호는 조선시대의 정치적 현실문제에 대한 인식에서 율곡을 가장 탁월한 인물로 평가하였다. 그만큼 성리설의 입장 차이나 당파적 입장 차이에 구애받지 않고 객관적으로 평가하고 수용할 수 있는 열린 자세를 잘 드러내어 주고 있는 것이다. 또한 그는 율곡학파의 도학자들이 율곡의 인물만 높일 줄 알지 율곡의 사회제도개혁론을 활용하여 나라의 병통을 치료하지 못하고 있는 현실을 개탄하였던 것이다.

또한 17세기 조선후기 실학의 선구자인 유형원(磻溪 柳馨遠, 1622-1673)에 대해서도 율곡의 사회개혁론을 계승하여 더욱 확장시킨 인물임을 주목하였다.

> "반계 유형원에 이르면 (율곡의 경장론을) 더욱 크게 드러내었는데, (폐단을) 한번 씻어내고 옛 도리로 돌아가자면, 반드시 전답을 나누어 주는데 이른 다음에야 그쳤다. 그 뜻은 비록 좋지만, 마침내 역시 시행하기는 어려웠다. … 비록 그 시대에 시행되지는 못했지만, 뒷날에 반드시 취하여 법도로 삼을 자가 있을 것이니, 무궁

12) 『星全』, 권46, 20, '論更張', "如近世李栗谷多言更張, 當時議者不韙也, 以今考之, 明快切實, 八九可行, 蓋國朝以來識務之最, 惜乎今之尊之也, 尙其人而不尙其實, 使醫國之詮, 埋沒而不擧也."

토록 스승이 될 것이다. 무릇 그 말은 율곡과 합치하는 것이 많았는데, 우선 한 두 가지를 들어보면 불필요한 관청을 도태할 것, 관직의 임기를 장기간으로 할 것, 인재를 임용할 때는 먼저 덕행을 볼 것, 작은 군현은 병합할 것, 노비의 종부법(從父法)을 허용하지 말 것으로, 이것들은 율곡이 이미 말한 것이다."[13)]

경세론에서 율곡과 더불어 그 계승자로서 유형원을 중시하여 받아들이고 있음을 보여준다. 이처럼 성호는 퇴계의 도학에서 상대적으로 결여되어 있는 경세론의 영역을 율곡과 유형원의 이론을 통해 자신의 관심을 보완하며 확장시켜 나가고 있는 사실을 확인할 수 있다.

나아가 성호는 유형원의 전기(「磻溪柳先生傳」)를 짓고 그 저술에 서문(「磻溪柳先生遺集序」·「磻溪隨錄序」)을 지어 깊이 관심을 기울였으며, 특히 경세론의 대표적 저술인 『반계수록』(磻溪隨錄)에 대해서는 "규모와 제도가 원대하여 작은 나라의 고루한 선비가 감히 입을 열 수 있는 것이 아니다. 진실로 공경하고 감탄해 왔다."고 하여, 극진한 찬사를 아끼지 않았다. 그러나 그는 다만 유형원의 사칠론이 한백겸(久庵 韓百謙, 1552-1615)과 일치하고 율곡의 이론에 방불한 것임을 지적하여 비판의 입장을 분명하게 밝히고 있다.[14)]

성호는 사회제도에 대한 실학적 관심에서 한백겸의 「기전도설」(箕田圖說)에도 주의를 기울였으며(「書韓久庵箕田圖說」), 같은 시대의 실학자인

13) 같은 곳, '論更張', "至柳磻溪馨遠尤有大焉, 一洗而反乎古, 必至授田而後已, 其意雖善, 卒亦難行, … 雖未克見施當世, 後必有來取法者存, 而爲師于無窮也, 大抵其言多與栗谷合, 姑擧一二, 冗官可汰也, 官守久任也, 用人先德行也, 小郡可併, 奴婢不許從父也, 此皆栗谷所已言者."

14) 『星全』, 권17, 9-10, '答趙正叔(癸酉)', "柳磻溪隨錄, 昔曾見之, 規制宏遠, 非小國陋儒之所敢開口者, 固已欽歎, … 其集中有四七說, 與韓久庵合, 亦彷彿栗谷說."

정상기(農圃子 鄭尙驥, 1678-1752)와 왕복한 편지(「與鄭汝逸論農圃問答(甲子)」·「答鄭汝逸(乙丑)」)에서도 정상기의 저술인 「농포문답」(農圃問答)과 더불어 토지제도의 문제 등에 관해 매우 세밀하게 토론을 벌이고 있음을 보여준다. 그만큼 경세론의 과제로서 제도개혁의 문제에 대한 성호의 논의는 퇴계의 도학적 관심을 넘어서서 실학을 지향하는 관심의 확장이라 할 수 있는 것이다.

다음으로 성호는 16세기 퇴계의 도학이 지닌 정통의식에서 벗어나 18세기 전반기에 와서 만날 수 있는 다양한 지식에 관해 열린 포용적 성격을 보여주고 있었던 것이 사실이다. 퇴계는 주자학을 정통으로 확립하는 과정에서 당시 전래하기 시작한 양명학에 대해 『대학』의 '친민'(親民)에 대한 해석문제, '심즉리설'(心卽理說)의 문제, '지행합일설'(知行合一說)의 문제 등 양명학의 기본이론을 전면적으로 비판하여 「전습록논변」(傳習錄論辯)을 지었다. 또한 명나라 때의 진백사(白沙 陳獻章)와 왕양명(陽明 王守仁)의 학문에 대해 "모두 육상산(象山 陸九淵)에서 나왔으며, 본심(本心)을 근본으로 삼으니 모두 선학(禪學)이다."[15]라 하여, 육상산과 왕양명이 본심을 근본으로 하는 '심즉리설'을 주장하고 있다는 점에서 선(禪)불교와 동일한 것이라 규정하여 비판하였다.

성호는 퇴계의 양명학에 대한 비판이론을 자세히 소개하면서 자신도 양명학을 비판하는 입장임을 밝히고 있다.[16] 그러나 그는 "왕양명의 학설이 매우 편벽하나, 그 자신을 사랑함이 얕지 않으니, 백성에게 사납게 굴며 재물을 탐냈던 일이야 있었겠는가? 내가 왕양명의 '십가패법'(十家

15) 『退溪集』, 권41, 29, '白沙詩教·傳習錄抄傳, 因書其後', "滉謹按陳白沙·王陽明之學, 皆出於象山, 而以本心爲宗, 蓋皆禪學也."

16) 『星湖僿說』(이하 『僿說』로 줄임), '人事門: 王陽明', "退溪云, 陽明學術頗忒, … 賊仁義, 亂天下, 未必非此人也."

牌法)을 보니, 간악함과 거짓이 용납될 바가 없으니, 반드시 곧바로 실시할 만한 것이다."[17]라 하여, 그 학설의 문제점은 인정하면서도 그 인물의 품격에 대한 신뢰를 보이고 있다. 나아가 열 집을 한 단위로 묶어 사람의 왕래를 감시하게 하는 왕양명의 '십가패법'이 치안을 위해 효율적인 제도임을 인정함으로써 비판적 수용의 태도를 보여주고 있다. 또한 그는 왕양명의 예설로서 "소목의 제도가 아니라면 한 방안에서는 서쪽이 윗자리이니 부제(祔祭)의 의례는 다시 논의할 것이 없다."고 언급한 왕양명의 견해에 대해 확정된 의론이라 칭찬하며 동의하기도 하였다.[18]

성호의 입장은 퇴계가 수호하는 도학의 정통성을 받아들여 따르고 있지만, 여기서 방향을 바꾸어 비판 대상으로 삼는 이단에 대해서도 긍정적 이해의 가능성을 열어두고 합리적이라 판단되면 선택적으로 수용하는 포용적 성격을 보여주는 것이다. 이러한 성호의 개방정신은 정통주의에 빠진 도학의 폐쇄성을 넘어서 실용성과 현실성을 중시하는 실학사상을 형성하는 기반을 이루고 있는 것이라 하겠다.[19]

성호가 퇴계의 도학에서 벗어나 새로운 관심으로 영역을 확장시켰던 결정적 조건은 서학(西學)을 만나는 데서 가능하였던 것으로 보인다. 조선사회에서는 통치원리로서 사회를 주도적으로 이끌어왔던 도학-주자학의 전통에 새로운 사상조류가 전래하였던 것으로는 16세기 퇴계의 시대

---

17) 『僿說』, '經史門: 王陽明', "陽明學術雖甚頗僻, 其自好則亦不淺矣, 虐民瀆貨, 其有是耶, 余觀陽明十家牌法, 奸僞無所容, 卽必可施者也."

18) 『星全』, 권11, 38, '答鄭汝逸問目(辛亥)', "王陽明所謂, 非昭穆之制, 而一室西上, 則祔之禮, 更不足論者, 似是確論."

19) 양명학에 대한 성호의 일면적이지만 긍정적 이해태도는 그의 제자 가운데 이병휴(貞山 李秉休)·권철신(鹿庵 權哲身)·이기양(伏菴 李基讓) 등은 양명학의 이해와 수용에 훨씬 더 적극적인 진전을 보여주었던 사실이 확인된다. 금장태, 『한국 양명학의 쟁점』, 서울대학교출판부, 2008, 194-203쪽.

에 양명학이 새로운 도전이었다면, 18세기 성호의 시대에는 서학이 가장 뚜렷한 도전이었던 것이다. 퇴계는 양명학을 처음 접하자 주자학과 차이점을 주목하여 엄격하게 비판하였지만, 성호는 서학을 처음 접하자 서양의 자연과학지식이 지닌 합리성에 적극 동조하면서 수용태도를 밝혔고, 서양의 종교사상에 대해서도 취사선택하여 신비적 신앙은 비판하였지만, 윤리사상에 대해서는 호의적 이해태도를 보였다. 이러한 사실은 성호가 퇴계의 도학을 학문적 기반으로 삼고 있지만, 그의 도학정신은 이미 도학의 정통성을 지키기 위해 배타적 방어에 나서는 것이 아니라, 합리성과 유용성을 추구하여 개방적 포용입장을 추구하였던 것이다. 곧 16세기의 퇴계는 도학을 정착시키기 위해 정통성을 수호하는 입장이라면, 18세기의 성호는 도학에 새로운 활력을 불어넣기 위해, 굳어진 껍질을 깨뜨리고 현실문제의 합리적 개혁을 모색하기 위해, 서학이라는 새로운 지식과 문물을 수용함으로써 실학정신을 발휘하였던 것이다. 바로 이 점에서 퇴계의 '도학'과 성호의 '실학' 사이에는 학문기반의 공통성에도 불구하고 관심의 영역이 달라지면서 도학과 실학으로서 학문적 성격의 차이를 분명하게 드러내게 되었음을 보여준다.

3. 사칠론(四七論)에서 성호의 퇴계학 계승과 재해석

1) 퇴계 사칠설에 대한 의문점 검토

성호는 퇴계의 학문세계를 정밀하게 연구하여 퇴계학의 체계를 그 시대에 새롭게 정립하는 데 결정적 역할을 하고 있다. 그는 퇴계의 학문기반인 도학-주자학에서 핵심 영역인 성리설에 정밀한 관심을 기울였으며, 주자와 퇴계의 성리설로서 '주리론'(主理論)을 기준으로 확고하게 정립하고 있다. 이 점에서 그는 주자와 퇴계의 성리설을 계승하는 자신의 입장을 선명하게 제시하였던 것이다. 특히 성호는 퇴계의 학문체계에서 성리설과 수양론 및 예설에 집중적 관심을 기울이고 있으며, 성리설에서도 핵심적 주제로 사칠론(四七論)의 쟁점에 초점을 맞추고 있다. 따라서 사칠론에 대한 쟁점들을 검토하면서 성호가 퇴계의 견해를 옹호하고 재해석하는 과정을 확인하는 데 주의를 기울이고자 한다.

성호는 퇴계의 사칠설에 대한 쟁점들을 체계적으로 분류하고 정리한 『사칠신편』(四七新編[20])을 편찬하였는데, 그 서문에서 먼저 사칠론이 발생된 연원과 전개되는 과정을 해명하였다. 곧 사칠설의 근원은 『서경』(大禹謨)에서 순(舜)임금이 '인심'과 '도심'을 들어 언급한 구절(人心惟危, 道心惟微)이 그 두뇌가 되고 있음을 지적하고, 『맹자』(公孫丑上)에서는 '사단'(四端)을 위주로 언급하고, 『예기』의 「예운」(禮運)편에서는 '칠정'(七情)을 위주로 말하였음을 밝히고 있다. 나아가 송대 정이천(程伊川)의 「호학론」(好學論: 顔子所好何學論)은 「예운」편의 '칠정'을 서술하였으며, 주자의 「인설」(仁說)은 『맹자』의 '사단'을 서술하고 있는 사실을 들면서, "주자가 '사단은 이치가 발현한 것이요, 칠정은 기질이 발동한 것이다'라 말한 두 구절은 전체를 종합하는 공안(公案)으로 모든 이론을 점검해 보아도 거리낌의 근심이 없다."고 하여, 주자의 견해를 정설의 기준으로 확인하였다.[21] 그것은 경전적 근거를 제시하고, 나아가 송대 성리학에서

---

20) 『四七新編』은 17편으로 구성되어 있는데, 편차는 다음과 같다.
01. 四端字義, 02. 七情字義, 03. 四端有不中節, 04. 聖賢之七情,
05. 四七有相似處, 06. 七情橫貫四端, 07. 四七有異義, 08. 七情便是人心,
09. 七情聽命於四端, 10.七情亦無有不善, 11. 七情亦有因道心發, 12. 古人論情不同,
13. 乘舟喩, 14. 演乘馬說, 15. 圖說, 16. 附錄, 17. 後說.

21) 『星全』, 권49, 19, '四七新編序', "舜有人心道心之訓, 學者祖此爲頭腦, 各有所指, 互

주자를 통해 결론이 난 것임을 밝히고 있는 것이다.

이어서 성호는 조선에서 사칠론이 전개되는 과정을 간략히 서술하여, 퇴계가 정지운(鄭之雲)의 「천명도설」(天命圖說)에 근거하여 사칠론을 제시하였는데 주자의 '심법을 전수하는 요결'을 보고 나서 그 합당함을 더욱 신뢰하였다고 한다. 이때 고봉(高峯 奇大升)이 퇴계의 말을 바로 이해하지 못하여 논변을 제기하였으나, 반복토론을 하여 마침내 바른 데로 돌아오면서 논쟁이 귀결되었다 한다. 그 후 율곡이 나와 다시 논변을 벌였는데 고봉의 처음 견해가 옳다는 것이었다. 이어서 당쟁의 의론이 일어나자 속인들이 감정에 치우치면서 한쪽을 배척하는 것으로 공적을 삼게 되자, 사람들이 모두 시기하고 의심하니, 더 이상 토론을 할 수 없게 되었다고 하였다.[22] 여기서 퇴계가 주자의 올바른 계승자요, 고봉은 토론을 거쳐 퇴계와 일치를 이루었으나, 율곡이 논변을 제기한 이후로는 당쟁의 대립이 심화되면서 정상적인 학술적 토론이 불가능하게 되었음을 지적한 것이다.

성호는 사칠론의 이해와 토론에서 자신의 기본입장으로 퇴계를 존숭하고 계승하면서도 맹목적 수호의 입장이 아님을 밝히고 있다.

> "이미 '의리는 천하의 공공한 것이다. 옛사람은 그대로 옛사람이고, 지금 사람은 그대로 지금 사람이니, 어찌 반드시 같게 하겠는

明厥義, 孟子主言四端, 禮運主言七情, 好學論述禮運, 仁說述孟子, 其言不翅詳盡, 其義若可以炳然, … 故朱子所謂, 四端理之發·七情氣之發二句, 爲總會之公案, 而參以衆說, 無罣礙之患矣."

22) 같은 곳, "退溪先生始因秋巒鄭靜而之說, 立爲此論, 及見朱夫子傳心之訣而尤信的當, … 當時傑士奇高峯之倫, 猶不能言下領意, 辨說盈篋, 卒能反覆歸正, 執經者於是乎無異辭矣, 至李栗谷之出, 復申此話, 長篇大論, 累數萬言, 謂高峯初見未始有不是, 繼又黨議之起, 俗情偏頗, 功在斥一, 人皆疑貳叫呶, 不可得以談矣."

> 가'라 말하였다. 이에 『맹자』와 「예운」편 등의 경전을 가져다가 서로 대조하여 증명하고 극진하게 궁구하니, 홀연히 일치함이 있어서 마음에서 체득하고 일에서 경험하여 의미를 더욱 깊이 깨닫게 되었다. 그러고 나서 돌이켜 퇴계의 글에서 찾아가니 비로소 선명하게 증험할 수 있었다."[23]

그는 퇴계의 글에서 의미가 명백하지 않은 점에 대해서는 '의리란 천하의 공공한 것'(義理公天下之物)임을 전제로 확인하였다. 따라서 퇴계의 말이라 하여 애매한 상태로 따라가지 않고, 경전에 근거하여 인식을 심화시킨 다음에, 다시 퇴계의 글을 분석하여 이해를 분명하게 할 수 있었음을 밝히고 있다. 그는 퇴계의 사칠설을 기본적으로 수용하면서 고봉과 율곡의 견해를 비판하며, 나아가 퇴계의 이론에서도 의문점을 제기하였다.[24] 그것은 조선시대 도학의 심성론에서 제기된 사칠설이라는 대표적 쟁점에 대해 주자나 퇴계의 권위를 묵수하는 것이 아니라, 경전의 근거에서 확고하게 재검토하고 재해석하겠다는 입장을 밝힌 것이다.

『심경석의』(心經釋義)[25]는 본래 퇴계문인의 손으로 이루어진 것인데, 그 후 노론 계열 학자들이 이를 다시 편집하면서 퇴계의 견해가 잘못되

---

23) 『星全』, 권49, 20, '四七新編序', "旣而曰義理公天下之物, 古人自古人, 今人自今人, 何必同, 乃取孟子·禮運等本書, 參互究極, 忽若有契, 體之於心, 驗之於事, 益見意趣, 反求之退溪之書, 始鑿鑿可徵."

24) 성호는 『四七新編』의 「附錄」편에 수록한 '讀退溪先生書記疑' 항목 속에서 퇴계의 言說에 대해 의문점 2조목을 제시하고, '讀奇高峯四七說記疑' 항목 속에서 高峯의 언급에 대해 의문점 4조목을 들었으며, 또 '讀李栗谷書記疑' 항목 속에서 율곡의 언급에 대해 16조목에 걸쳐 정밀한 비판적 검토를 하고 있다.

25) 『心經釋義』(『心經附註釋義』)는 본래 퇴계문하의 李德弘·李咸亨이 기록한 것을 퇴계가 證正한 것인데, 肅宗의 왕명으로 李翊相·金萬重·朴世采 등이 교정하고 宋時烈이 서문을 붙였다. 뒤에 성호가 이 책에 발문(「跋心經釋義」)을 붙였다.

고 율곡의 견해가 옳다는 견해를 제시하였었다. 여기서 성호는 사칠설에 대해 퇴계의 견해가 고봉이나 율곡의 견해와 달라지는 대목을 분명하게 확인하고 있다.

> "사칠설은 퇴계가 평소에 가장 크게 논의한 문제인데, '사단은 이치에서 발현하고, 칠정은 기질에서 발현한다'는 것이다. 그런데 고봉과 율곡이 퇴계와 견해를 달리한 것은 단지 사단이 칠정 속의 선한 것 한쪽이요, 칠정 바깥에 다시 사단이 있는 것은 아니라는데 있다. 그 옳고 그름은 잠시 접어두고 말하지 않더라도, 요컨대 양쪽이 옳을 수는 없다는 것이다."[26]

퇴계가 사단과 칠정을 '이발'(理發)과 '기발'(氣發)로 상대시켜 보는 관점인 데 비해, 고봉과 율곡은 사단을 칠정에서 선한 쪽만(善一邊) 가리킨 것이라 규정하여 사단을 칠정 속에 내포시키는 관점임을 확인하였다. 여기서 그는 퇴계가 상대시켜 보는 관점과 고봉·율곡이 포함시켜 보는 관점 사이에서 두 입장을 절충시키려는 해석의 입장을 거부하고, 두 입장은 양립할 수 없는 모순된 것임을 밝힘으로써, 율곡의 관점에 대한 비판적 입장을 분명하게 제시하고 있다. 그는 먼저 율곡이 사칠설에서 사단을 칠정 속에 내포시키는 견해에 대해 근거가 없는 것임을 지적하였다.

> "율곡에 이르면 원초가 옳지 않고 구절마다 모두 착오이다. 단지 선한 쪽을 사단으로 삼으면 칠정의 조목은 악한 쪽에 해당할 것이다. 근세의 유교 학술은 '사단에도 선하지 않음이 있다'는 주자의

26) 『星全』, 권54, 22, '跋心經釋疑', "四七之說, 卽退陶平日最大議論, 謂四發於理, 七發於氣, 如高峯栗谷之所以異者, 只在乎四乃七中之善一邊, 非七外復有四也, 其是與非則姑置不言, 要是不得爲兩是者也."

이론을 인용하여 율곡의 이론이 완전한 논리라 보완하고 있는데, 그렇다면 사단에서 선과 악이 있고, 칠정에도 선과 악이 있는 것이니, 이른바 (사단을) '선한 쪽'이라 말한 것은 어떤 근거로 말한 것인가?"[27]

율곡이 '사단'을 '칠정' 가운데서 '선한 쪽'(善一邊)이라 정의하는 것은 '사단에도 선하지 않음이 있다'는 주자의 언급과도 모순된다는 사실을 지적한 것이다. 이처럼 그가 사칠설에서 율곡의 견해를 분명하게 비판하고 있는 것은 그 자신이 퇴계의 견해를 받아들이고 있음을 밝혀주는 것이기도 하다.

그러나 성호는 퇴계의 사칠설에 대한 언급에서도 의문점을 엄격하게 검토하였던 사실을 주목할 필요가 있다. 그가 사칠설의 해석에서 퇴계의 견해에 대해 의문점을 지적하는 것은 크게 보면 두 가지 문제로 집약된다. 그 의문점의 하나는 ① 퇴계가 정(情)으로서 사단·칠정의 분별을 성(性)에서 본연(本然)·기질(氣質)의 분별에 상응시켜 설명하고 있다는 점이요, 그 의문점의 다른 하나는 ② 퇴계가 사단을 칠정에 포함시켜 보는 관점을 제시하기도 하였다는 점이다.

① 사단과 칠정을 '본연지성'·'기질지성'의 분별에 상응시키는 데 대해 의문점:

퇴계가 고봉에게 보낸 편지(「答奇明彦－論四端七情第一書」)에서 "정(情)에 '사단'과 '칠정'의 분별이 있는 것은 성(性)에 '본연'과 '기질'의 차이가 있는 것과 같다."(情之有四端七情之分, 猶性之有本然氣質之異也)고

27) 『星全』, 권18, 8, '答李致和'(丁卯), "至於栗谷, 原初不是, 句句皆錯, 但以善一邊爲四端則七情之目, 惡一邊當之矣, 近世儒術, 引朱子四端亦有不善之說, 添補栗說爲完論, 則四有善惡, 七有善惡, 所謂善一邊, 何據而云爾也."

언급한 사실에 대해, 성호는 "'본연지성'과 '기질지성'은 두 가지가 있는 것이 아니요, 다만 '기질지성'에서 '기질'에 뒤섞이지 않은 것을 가리켜 낸 것을 '본연지성'이라 한다. 만약 이것으로 견준다면, 사단은 칠정 가운데 선한 쪽이라는 설명과 어찌 다르겠는가?"[28]라 하였다. 여기서 성호는 '사단'·'칠정'의 분별을 '본연지성'·'기질지성'의 분별에 견주는 퇴계의 해석이 잘못되었음을 분명하게 지적하고 있다.

성호는 이함형(李咸亨, 字 平叔)이 퇴계에게 질문하는 편지에서 "사단은 도심이요, 칠정은 인심이다. 인심에 위태함이 있는 것은 칠정이 있기 때문이다. … 비로소 인심·도심과 사단·칠정은 같은 이야기임을 알겠다."[29]라는 퇴계의 말을 기록하고 있는 사실을 지적함으로써, 퇴계의 원래 견해는 사단, 칠정의 분별을 인심·도심의 분별에 상응시키는 것이었음을 확인하였다. 그렇다면 퇴계가 처음에는 사단·칠정을 인심·도심에 상응시켰는데, 고봉에 보낸 편지에 와서 본연·기질의 관계로 단번에 뒤집어놓은 까닭이 무엇인지 의문을 가질 수밖에 없을 것이다.[30] 여기서 성호는 "퇴계를 신명처럼 공경한다. 전날에 계발해 준 공로가 아니라면 후학이 어느 곳을 따라 배우며 의거하여 지킬 바가 있겠는가? 그러나 퇴계가 근원으로 삼는 바는 주자요, 이제 퇴계에서 깨달아 이해할 수 없다면 마땅히 주자의 「대우모」(大禹謨)편 주석을 극진하게 궁구하는 것이 옳다."[31]고 하였다. 곧 그는 퇴계를 극진하게 높인다는 사실을 전제로

---

28) 『星全』, 권13, 19, '答權台仲'(甲寅), "本然與氣質之性, 非有二物, 只於氣質之性, 指出其不雜乎氣質者, 謂之本然之性也, 若以此爲比則與四端是七情中善一邊之說奚別."

29) 『星全』, 권14, 2, '答權台仲'(乙丑), "李平叔質疑書, 錄先生訓曰, 四端是道心, 七情是人心, 夫人心之有危殆, 有七情故也, … 始知人心道心四端七情, 卽同一說話."

30) 『星全』, 권54, 24, '跋心經釋疑', "向者先生所發明, 津津乎四七之分屬於道心人心, 而至此一書, 一皆反之, 未知何故也."

31) 『星全』, 권18, 11, '答李致和'(庚午), "退陶子敬之如神明, 向非啓發之功, 後學從何處

밝히고 나서, 주자가 「대우모」편의 주석에서 인심·도심을 해석한 것에 근거하여, 퇴계의 언급에서 잘못된 곳을 분명하게 인식하고 넘어가야 할 것을 강조하고 있는 것이다.

② 사단을 칠정에 포함시켜 보는 관점을 제시하기도 하였던 사실에 대해 의문점:

성호는 "인심은 사사롭고 도심은 공변되니, 공(公)과 사(私)의 두 글자는 실로 이 논의의 핵심이 된다. … 사단과 칠정 사이에는 '공'과 '사'가 뚜렷이 구별되고 있는 것을 역시 볼 수 있다."[32]고 하여, '인심-사(私)-칠정'과 '도심-공(公)-사단'의 대립적 분별의 관계로 확인하였다. 따라서 그는 퇴계가 이함형에게 보낸 세 번째 답장(「答李平叔」)에서 "인심은 도심에 상대되어 한쪽에 가라앉아 있다. 그러나 칠정으로 말하면 비록 '기'(氣)에서 발현하였다고 하지만 실지는 열어놓고 공정하게 설정한 명칭이니 한쪽에 가라앉아 있는 것이 아니다. 「악기」·『중용』·「호학론」은 모두 속에 사단을 포함하고 있는 것으로 혼합하여 말한다."라 언급한 사실을 지적하였다. 이에 대해 "만약 그렇다면 이전에 많이 분별하였던 설명은 과연 무엇을 가리켜 말한 것인가? 저 (이함형에게 보낸) 세 번째 편지는 어찌하여 (사단을 칠정 속에) 내포시키고 (사단과 칠정을) 분별하지 않는가?"라 의문을 제기하였다.[33] 이처럼 그는 퇴계의 초기 견해가 사단과 칠정을 상대시키는 분별설(分別說)의 입장을 분명하게 밝혔는데,

---

有所據守耶, 然退陶子之所本原者朱子, 今不能領會於退陶子, 宜究極乎朱子禹謨之註是也."

32) 『星全』, 권17, 24, '答李汝謙'(庚申), "人心爲私則道心爲公, 公私二字, 實爲此論之肯綮, … 四七之間, 公私顯別, 亦可見."

33) 같은 곳, "至退溪答李平叔, 則曰人心與道心相對, 落在一邊, 至如七情, 雖云發於氣, 實是公然平立之名, 非落在一邊底, 如樂記·中庸·好學論, 皆包四端在中, 混淪而爲說, 若然向來許多別白之說, 果何指而言, 彼三書何嘗包之而不別耶."

이함형에게 보낸 세 번째 편지부터 고봉과 율곡의 견해인 내포설(內包說)을 취하는 입장의 변화가 일어나고 있는 사실을 의문점으로 지적하였던 것이다.

이처럼 성호는 퇴계의 사칠설에 대한 언급이 뒤로 가면서 처음의 입장과 달리 고봉·율곡의 견해에 동조되고 있는 사실에 의문점을 제시함과 더불어, 이러한 의문점에 대해, 당시 퇴계학파 안에서 보여준 대응태도의 문제점을 제시하고 있다.

> "근세에 퇴계를 존숭하는 자들이 겉으로는 퇴계를 극진하게 높이면서 이러한 (의문점을) 논의하는데 이르면 거리낌 없이 멋대로 꾸짖고 배척하며, 심지어 '이것은 도리가 세워지는 곳이요, 핵심의 요지가 되는 곳이니, 여기에 어긋나면 어긋나지 않는 것이 없다'고 말하기도 한다. … 이것은 은연중에 퇴계를 큰 근본이 바르지 못하여 한 점도 따를 바가 없다고 여기는 것이니, 그렇다면 전날에 숭상하여 높이던 것이 과연 어디에 있는 것인가?"34)

그것은 퇴계학파의 후학들 사이에서도 사실상 퇴계의 사칠설에서 변형된 견해를 부정하면서, 그 결과로 퇴계를 부정하는 데까지 이르게 되는 문제점을 지적하고 있는 것이다.

이에 대해 성호는 퇴계를 올바르게 높이고 퇴계의 학설을 정당하게 계승하는 바른 방법을 찾고 있다.

> "우리 무리가 퇴계를 존숭함은 거의 하늘에 이를 만큼 높지만,

---

34) 『星全』, 권54, 30, '四七新篇後說', "近世尊退溪者, 雖外極崇高而及論此, 不憚肆爲譏斥, 至曰此道理築底處大頭腦處, 於此錯則無不錯矣, … 是隱然以退溪爲大本不正, 無所一得之歸, 然則向之所以崇高之者果何在也."

높이는 까닭을 모른다. 한때에 말씀한 구절이 충분한 설명을 다하지 못한 것은 모름지기 그 의향을 발명하여 뒷날에 푸른 하늘을 우러러 밝은 해를 보는 듯하게 해야 한다. … 퇴계가 근본하는 바는 주자요, 주자가 해석하는 바는 제전(帝典: 여기서는 「大禹謨」편)이다. 흐름에서 얻는 바가 없으면 마땅히 근원으로 돌이켜야 한다. 선생(퇴계)도 이미 말하기를 '이름을 붙여 말할 즈음에 미세하게라도 어긋남이 있으면 선유(先儒)의 옛 학설을 쓰는 것만 같지 못하다'라 하였으니, 주자의 본래 학설로 대치하기를 청하여 우리들의 학설을 제거한다면 곧 온당하게 될 것이다."[35]

그는 퇴계의 이론에 의문점이 있으면 퇴계를 비판하고 나설 것이 아니라, 퇴계가 이론의 근거로 삼은 주자의 학설로 대치시키는 것이 퇴계의 의도에 맞는 태도임을 강조하였다. 그것은 퇴계의 계승입장을 주자와 퇴계 사이의 연속성과 일치성을 전제로 계승하는 것이 퇴계의 뜻에 맞게 퇴계를 올바르게 계승하는 방법임을 확인하고 있는 것이다. 따라서 퇴계의 이론에서 의문점은 글자에 얽매어 옳고 그름을 따지기보다 주자의 이론으로 재확인하여 바로잡는 것이 바로 퇴계의 의도를 진실하게 이해하고 계승하는 태도라는 것이 성호의 기본입장임을 보여준다.

2) 퇴계 사칠설의 재해석

성호는 퇴계가 사단을 이치의 발현, 곧 '이발'(理發)이라 하고, 칠정을

---

35) 『星全』, 권18, 6-7, '答李致和'(丁卯), "吾徒之尊退溪, 殆於峻極于天, 然未知所以尊也, 其一時言句之未盡該說者, 須爲發明指歸, 使後來如仰青天覩白日, … 退溪之所本者朱子, 朱子之所釋者帝典, 不得於流者, 宜反諸源, 先生亦已云, 名言之際, 眇忽有差, 不若用先儒舊說爲善, 則請以朱子本說代之, 而去吾輩之說, 便爲穩當矣."

기질의 발동, 곧 '기발'(氣發)이라 해석함에 따라 제기되는 여러 쟁점을 검토하고 있다. 먼저 퇴계의 '이발'·'기발'에 관한 언급들은 기본적으로 "사단은 이치의 발현이요, 칠정은 기질의 발동이다."(四端是理之發, 七情是氣之發. 〈『朱子語類』 53: 83〉)라는 주자의 언급을 조술하는 데 불과하다고 지적한다.[36] 이에 따라 제기되는 사칠설의 '이발'·'기발' 문제의 쟁점은 두 가지로 집약된다. ① 하나는 '이발'에 대비시켜 '기발'의 의미를 해석하는 것이요, ② 다른 하나는 '이발'과 '기발'을 두 가지 발동의 상호적 현상으로 보는 '호발'(互發)의 문제를 검토하여 해명하고 있다.

① 먼저 성호는 '기발'의 의미를 새롭게 해석하면서, "나의 성품이 바깥의 사물에 감응하여 발동함에 나의 '형기'와 서로 간섭하지 않는 것은 '이발'에 속하고, 바깥의 사물이 나의 '형기'를 접촉한 다음에 나의 성품이 비로소 감응하여 발동하는 것은 '기발'에 속한다."[37]고 정의하였다. 그것은 '이발'이 성품의 직접 발동이라면 '기발'은 성품의 발동에 '형기'가 간여하는 것이라는 말이다. 곧 사단·칠정이 모두 성품의 발동이라는 점에서는 공통이지만 칠정의 발동에는 '형기'가 발동의 계기에 개입하고 있음을 가리켜 '기발'이라 일컫는 것일 뿐이라 보고 있다.

나아가 그는 "사단의 도심은 '형기'(形氣)에 간섭하지 않고 직접 발현하므로 '이치의 발현'이라 하고, 칠정은 같은 이치의 발현인데 그 발현에서는 '형기'의 사사로움에 의거하므로 '기질의 발동'이라 한다. 싹터나오는 맥락이 여기(형기)에 있다는 말이지 '형기'가 발동하여 나온다는 말이 아니다. 마치 드나드는 '기'의 기틀(氣機)과 같다."[38]고 하였다. 이

---

36) 『星全』, 권14, 3, '答權台仲'(乙丑), "朱子謂四端理之發, 豈非原於性命者耶, 七情氣之發, 豈非生於形氣者耶, 先生之語, 不過祖述此二句."

37) 李瀷, 『四七新編』, '七情便是人心', "吾性感於外物而動, 而不與吾形氣相干者, 屬之理發, 外物觸吾形氣, 而後吾性始感而動者, 屬之氣發."

처럼 성호는 '기발'이라는 용어의 의미를 '이발'에 상대시켜 '기'가 독자적으로 발동하는 것으로 보는 견해가 아니다. 곧 "'기발'이라 말하는 것은 단지 ('이'가) '형기'에 근거하여 발현하는 것이지, '기'가 먼저 발동하고 '이'가 함께 가서 타는 것을 말하는 것이 아니다."[39]라 언급하는 데서 밝히고 있는 것처럼, '기발'이란 '기'의 능동적 발동이 아니라 '기'라는 조건에 따라 '이'가 발현하는 것으로서, '이발'의 한 특수양상을 가리키는 것으로 제시하고 있는 것이다.

또한 그는 퇴계가 사단과 칠정을 정의하면서 기질이 따른다는 '기수'(氣隨: 理發氣隨)와 기질이 발동한다는 '기발'(氣發: 氣發理乘)을 언급한 것에 대해, 퇴계가 말한 본래 의도는 정당한 것임을 인정하지만, 문제는 사람들이 '기수'(氣隨)와 '기발'(氣發)에서 두 '기'(氣)자를 같은 의미로 보기 때문에 논쟁이 발생하게 되는 것임을 주목하였다. 이에 따라 그는 '기수'와 '기발'에서 두 '기'자의 의미를 구별하지 않으면 오늘날 사람들도 혼란에 빠지게 하고 후세의 사람들도 활짝 열리는 날이 없을 것이라 지적하였다.[40] '기수'의 '기'는 '이'에 상대되어 '기'가 따르는 주체라면, '기발'의 '기'는 '이'가 발현하는 데 원인이 되는 조건을 가리키는 것으로 보고 있다. 이처럼 성호는 '기발'의 문제를 정밀하게 해석하기 위해 '기발'과 '기수'에서 '기'의 의미에 차이가 있음을 제기하고 있는 것이다.

---

38) 『星全』, 권15, 5, '答洪亮卿(重寅)'(庚午), "四端之道心, 不涉於形氣而直發, 故曰理之發, 七情則同一理發, 而其發也又因形氣之私, 故曰氣之發, 謂苗脉在此, 非謂形氣發出, 如出入之氣機也."

39) 『星全』, 권16, 28, '答睦士懋'(乙卯), "氣發云者, 只是因形氣而發, 非謂氣先發而理方去乘之也."

40) 『星全』, 권17, 6, '答趙正叔' 〈別紙〉, "退溪有氣隨氣發之說, 推究本意, 固是正當, 人輒以兩氣字較勘作一般看, 所以尤難曉解也, 若但如此, 不獨今人迷惑, 雖後世終無開豁之日矣."

따라서 성호는 율곡이 "'사단'도 '기'가 발동하고 '이'가 타는 것."(四端亦是氣發而理乘之. 〈「答成浩原」〉)이라 하여 이른바 '기발이승일도설'(氣發理乘一途說)의 이론을 내세운 데 대해 정면으로 거부하고, 그 반대로 '이발일도설'(理發一途說)이라 할 수 있는 자신의 견해를 제시하고 있다. 또한 율곡이 "'이'는 행함이 없고 '기'에 행함이 있다."(理無爲而氣有爲. 〈「答成浩原」〉)고 언급하여 '이'의 능동성을 부정한 것에 대해서도, 성호는 "'이'에 활동과 고요함이 있으므로 '기'에 활동과 고요함이 있다."(理有動靜, 故氣有動靜. 〈「答鄭子上」 14〉)는 주자의 언급을 내세워 그 어긋남을 반박함으로써, '이'의 능동성을 중시하는 퇴계의 입장을 적극 따르고 있는 것이다.

② 다음으로 성호는 퇴계가 사단·칠정을 '이발'과 '기발'로 대비하면서 '호발'(互發)로 제시함에 따른 문제를 해명하였다. 퇴계는 "둘(理와 氣)은 상호 발동하여 작용함이 있고, 그 발동에는 또한 서로 기다림이 있다. 상호 발동하니 각각 주장하는 바가 있음을 알겠고, 서로 기다리니 서로 그 속에 있음을 알겠다."[41]라 하여, 사단·칠정을 '이'와 '기'의 '호발'로 설명하였다. 이에 대해 성호는 "'이'와 '기'가 상호 앞서거나 뒤처져 발동함이 있다고 말한다면, 천만에 그렇지 않다. 이제 퇴계가 이와 같이 설명한다고 한다면 현인을 속이는 것이 심하다."[42]라 하여, 퇴계가 말하는 '호발'의 의미를 '이'가 먼저 발동하기도 하고 '기'가 먼저 발동하기도 한다는 뜻의 '호발'이 아님을 역설하고 있다.

따라서 성호는 율곡이 퇴계의 '이기호발설'(理氣互發說)을 비판하면서

---

41) 『退溪集』, 권16, 30, '答奇明彦[論四端七情第二書]' 〈改本〉, "二者互有發用, 而其發又相須也, 互發則各有所主可知, 相須則互在其中可知."

42) 『星全』, 권18, 8, '答李致和'(丁卯), "若曰理氣互有先後之動, 則千萬不是, 今謂退溪如此說, 誣賢之甚也."

‘기발일도설’(氣發一途說)을 주장하고 있는 사실에 대해, “율곡이 선생(퇴계)의 이론을 잘못 보고서 갑자기 ‘호발’이라 꾸짖으니, 어찌 신을 신고 발의 가려운 곳을 긁는 것과 다르겠는가? ‘호발’에는 단연코 이러한 이치가 없다.”[43]고 하여, 율곡이 비판하는 것처럼 사단은 ‘이’가 먼저 발동하는 것이요, 칠정은 ‘기’가 먼저 발동하기도 한다는 의미가 아님을 강조하고 있다. 여기서 그는 사단과 칠정이 모두 ‘이치가 발현하고 기질이 따르는’(理發氣隨) 것이지만, 칠정의 경우는 이치가 발현함에서 ‘형기’에 말미암는 것이요, 이치가 직접 발현하는 것이 아님을 말하는 것이 퇴계가 말하는 취지라 파악한다. 그렇다면 ‘호발’의 의미를 잘못 해석하여 퇴계를 비판하는 것은 부당함을 지적하여 퇴계의 ‘호발설’을 변호하고 있다.

퇴계의 사칠설을 계승하는 성호의 입장은 퇴계의 견해를 고수하려는 것이 아니라, 퇴계의 이론에서도 일관성이 결여된 점을 정밀하게 검토하여 의문점으로 지적하며, 퇴계의 이론에서 기준이 되는 견해를 주자와의 일치점에서 확인하고 있음을 보여준다. 바로 이 점에서 성호는 퇴계와 주자를 일치시키고, 고봉·율곡의 사칠설과 퇴계의 사칠설 사이에 차이점을 드러내어 비판하고 있다. 또한 그는 퇴계의 ‘기발’ 개념이나 ‘호발’의 의미를 새롭게 해석함으로써, 사실상 퇴계의 본래 주장과는 뚜렷한 차이를 보이는 독자적 이론을 제기하고 있는 것이 사실이다. 이 점은 퇴계의 이론을 자신의 이론체계 속에 발전적으로 계승하고 있다는 특징적 일면을 보여주고 있는 것이라 하겠다.

43) 『星全』, 권14, 3, ‘答權台仲’(乙丑), “栗谷錯看先生之說, 遽有互發之誚, 何異隔靴爬痒耶, 互發斷無是理.”

4. 수양론과 예설에서 성호의 퇴계학 인식과 계승

1) 수양론에서 퇴계학의 계승

퇴계의 학문체계는 심성 개념의 성리학적 인식에 기반을 두면서 인격완성의 구체적 실현을 추구하는 수양론을 기준으로 삼고 있는 사실에서 가장 중요한 특성을 확인할 수 있다. 퇴계의 수양론은 한마디로 '경'(敬)을 통한 마음의 집중과 각성을 실현함으로써, 인격을 성숙시키고 인간을 완성시키는 방법이다. 성호는 퇴계의 경학에 관한 논의에는 특별한 관심을 보이지 않았지만, 성리설에 깊은 관심을 기울였던 것과 더불어 수양론의 문제에도 상당한 관심을 기울이고 있는 사실을 확인할 수 있다.

퇴계는 수양방법의 기본전제로서 마음이 '주재'(主宰)하는 역할을 확립하고 이치를 궁구하는 '궁리'(窮理)의 공부를 수행할 것을 강조하였다. 여기서 주재의 중심을 찾아가면, "마음은 한 몸의 주재요, '경'은 한마음의 주재이다."라는 정의에 따라, 마음을 주재하는 '경'의 실현을 수양방법의 중심과제로 확인하고 있다.

> "'경'을 지키는 것(持敬)은 배움과 생각함(學-思)을 겸하고, 활동함과 고요함(動-靜)을 일관하며, 안와 밖(內-外)을 합하고, 드러남과 은미함(顯-微)을 하나로 하는 도리이다. '경'을 지키는 방법은 반드시 이 마음을 엄숙하고 한결같이 하는(齋莊精一) 가운데 간직하고, 이 이치를 배우고 묻고 생각하고 분변하는(學問思辨) 즈음에 궁구하여, 보이지 않고 들리지 않음에 앞서서 '경계하고 두려워하기'(戒懼)를 더욱 엄격하고 더욱 공경하게 하며, 은미하고 그윽이 홀로

> 있는 자리에서 '성찰'하기를 더욱 자세하고 더욱 치밀하게 해야 한다."[44]

이처럼 퇴계는 '경'의 사유형식이 모든 상대적 세계를 포섭하고 관통하는 것임을 강조하고, '도'를 따름으로써 수양을 실현하는 기본방법임을 확인하고 있다.

성호는 학문 방법으로서 수양론적 기본입장을 서술하여, "도에 들어가는 문에서는 오직 '경'이 주장이 된다."고 확인하며, 성호 자신이 일찍이 '경'의 수양방법이 고요함과 활동을 관통하는 것임을 강조하였던 일이 있다.

> "아직 발동하지 않았으면 고요할 때의 '경'이 있고, 이미 발동하였으면 활동할 때의 '경'이 있다. 그렇다면 활동할 때의 '경'은 역시 고요할 때에 근본하는 것이니, 만약 고요함에서 '경'을 주장할 수 없으면 활동함에서 어떻게 간직함을 지키고 바름을 얻을 수 있겠는가? 「경재잠」(敬齋箴)의 도(圖)와 설(說)을 지은 것은 '활동함에서나 고요함에서 어긋나지 않고, 겉과 속을 서로 바로잡아주는 것'으로 절도를 삼는다."[45]

그것은 마음이 아직 발동하지 않은(未發) 상태에서부터 이미 발동한

---

44) 『退溪集』, 권7, 8, '進聖學十圖箚', "持敬者, 又所以兼思學·貫動靜·合內外·一顯微之道也, 其爲之之法, 必也存此心於齋莊精一之中, 窮此理於學問思辨之際, 不睹不聞之前, 所以戒懼者, 愈嚴愈敬, 隱微幽獨之處, 所以省察者, 愈精愈密."

45) 『星全』, 附錄 권1, '墓碣銘'(蔡濟恭), "蓋其入道之門, 惟敬是主, 嘗曰未發有靜時敬, 已發有動時敬, 然動時之敬, 亦只本於靜時工夫, 若靜不能主敬, 動如何持守得正, 作敬齋箴圖若說, 以動靜不違, 表裏交正, 爲節度焉."

(旣發) 상태에 이르기까지 고요할 때와 활동할 때의 모든 조건에서 '경'으로 주장을 삼아 일관하게 마음을 단속한다는 '경'의 실천으로서, 바로 퇴계의 수양론적 근본입장을 계승하는 것이라 하겠다.

퇴계는 『성학십도』(聖學十圖)를 저술하여 도학의 핵심정신을 가장 간략하게 집약하여 제시하였다. 특히 제8도 「심학도」(心學圖: 程復心의 「心學圖說」과 圖), 제9도 「경재잠도」(敬齋箴圖: 주자의 「敬齋箴」에 대한 王柏의 圖) 및 제10도로 「숙흥야매잠도」(夙興夜寐箴圖: 陳柏의 「夙興夜寐箴」에 대한 퇴계의 圖)를 수록한 것은 도학적 수양론의 근본문제로서 '경'의 실천방법과 과제를 제시한 것이다. 여기서 성호는 먼저 『성학십도』에 수록된 「경재잠도」에 대해 특별히 세밀한 관심을 보이고 있다.

퇴계는 주자의 「경재잠」은 물론이요, 왕백(王柏)의 「경재잠도」까지 그대로 수용하고 있지만, 성호는 이에 대한 의문점을 치밀하게 검토하고 있다. 곧 「경재잠도」에서 '주일'(主一)과 '무적'(無適)으로 나누어 놓은 것에 대해 끝내 타당하지 않음을 지적하였다. 또한 「경재잠」에서 '유심유일'(惟心惟一)이라 언급한 구절에 대해서도 원래 「대우모」(大禹謨)편에서는 '유정유일'(惟精惟一)이라 하였는데, '유정'(惟精)을 『심경』(心經)에서 '유심'(惟心)으로 고쳐 놓았고, 퇴계도 『심경』의 구절을 따랐다. 여기서 그는 『주자대전』이나 『성리대전』에 실려있는 「경재잠」에는 '유정'으로 되어 있으니, '유심'은 잘못된 것임을 확인하였다.[46] 퇴계가 수용한 것

46) 『星全』, 권13, 18, '與尹貞伯[德根]'(癸卯), "敬齋箴圖分主一無適者, 終是未妥, 惟精之精, 心經作心, 退溪從之, 然朱子大全及性理大全旣作精字, 則不容他議."
성호는 "朱子의 「敬齋箴」에서 '惟精惟一'이라는 한 구절은 「舜典」(「大禹謨」편을 가리킴)에 나온 것인데 程敏政의 『心經』(『心經附註』를 가리킴)이 나온 이후로 사람들이 많이 '精'을 '心'이라 읽는데, 許穆의 「篆隸三帖」에서 바로잡아 고치고 옛것을 간직하니 기뻐할 만하다."〈『星全』, 권55 '跋眉叟先生篆隸三帖'〉라 하여 程敏政의 『心經附註』와 退溪의 『聖學十道』에 수록된 「敬齋箴」에서 '惟心'은 '惟精'

을 받아들이면서도 그 세밀한 의미에서 적합성과 정확성을 분석하여 단호하게 판단하고 있는 점은 바로 성호가 퇴계를 계승하는 태도의 기본적 면모를 잘 보여주는 것이다.

첫 번째 문제로서 「경재잠도」에서 '주일'과 '무적'으로 나누어 놓은 것에 대한 의문점을 제기한 것이 주목된다. 곧 「경재잠도」에서는 '동·정'(動靜)을 '무적'으로, '표·리'(表裏)를 '주일'로 나누어 배열해 놓았지만, 주자의 「경재잠」에서는 '동·정·표·리'의 4글자를 '만변시감'(萬變是監)이라는 구절 아래에 두었음을 지적하여, 그렇다면 「경재잠도」에서는 '주일'의 아래에 소속시킨 '만변시감'이 '동·정·표·리'의 4글자를 포섭하지 못하고, '표·리'만 포섭하고 있으니 「경재잠도」의 배열이 잘못되었다는 것이다.[47] 또한 성호는 주자의 뛰어난 제자인 진순(北溪 陳淳)이 지은 『성리자의』(性理字義)에서 "'주일'은 마음이 단지 여기에 있고 두 갈래나 세 갈래가 되지 않음이요, '무적'은 마음이 단지 여기에 있고 동쪽으로 가거나 서쪽으로 가지 않음이다."라 정의한 것을 근거로, "'주일'과 '무적'은 전개양상의 해석이 대체로 분명하니, '주일' 바깥에 별도로 '무적'의 공부가 있는 것은 아니다."[48]라 하여, '주일'과 '무적'의 분별을 거부함으로써, 왕백(王柏)의 「경재잠도」에서 '주일'과 '무적'을 양쪽으로 나누어 놓고 있는 배열에 문제점이 있음을 확인하였던 것이다.

두 번째 문제로서 『성학십도』에 수록하고 있는 「경재잠」에서는 '유심유일'(惟心惟一)이라 하였지만 『주자대전』에 수록된 「경재잠」의 원본

의 착오로 보는 입장을 밝히고 있다.

47) 『星全』, 권18, 22, '答尹幼章別紙'(癸卯), "若動靜表裏合如此分排, 則朱子下此四字於萬變是監之下何哉, 可知萬變是監以上此四字可以包之矣."

48) 『星全』, 권18, 22-23, '答尹幼章別紙'(癸卯), "陳北溪性理字義, 有云主一, 是心只在此, 不二不三, 無適, 是心只在此, 不東不西, 主一無適, 是展轉相解釋要分明, 非主一之外, 又別有無適之功也."

에서는 '유정유일'(惟精惟一)이라는 사실의 지적이다. 이 구절의 교감문제는 제자 윤동규(尹東奎)의 질문에서 제기된 것으로 보이는데, 성호는 윤동규에게 보낸 답장에서 "'유정'을 '유심'으로 써놓았으나, 『주자대전』과 『성리대전』에서는 분명히 이러한데(惟精), 『심경』은 무엇을 따라 이러한가(惟心). 참으로 괴이하다. … 당연히 『대전』을 따르는 것이 옳다. … 무릇 이 잠(敬齋箴)은 옛말을 많이 쓰니, 실지로 보내온 편지와 같이 오로지 '정일'(精一: 惟精惟一)이라는 말을 쓰는 것이 이치가 있는 것 같다. 설령 그 뜻이 혹시 뛰어남이 있더라도 누가 감히 한 글자라도 망녕되게 바꿀 수 있겠는가."[49]라 하였다. 『심경부주』에서 주자의 「경재잠」을 인용하면서 '유심유일'로 기록한 것을 잘못된 것이라 보고 '유정유일'로 바로잡을 것을 적극적으로 주장하고 있다. 그것은 『심경부주』의 기록을 그대로 받아들이고 있는 퇴계에 대해서도 문제점을 지적하고 있는 것이다.

다만 여기서 성호는 '유심유일'이라는 구절의 의미가 뛰어난 점이 있을 수 있음을 인정하더라도 '유정유일'의 원래 문장을 바꿀 수 없다고 하여, '유심유일'의 구절을 거부하지만 그 의미의 깊이를 인정하는 입장을 보여준다. 그는 「경재잠」의 원문인 "유정유일, 만변시감"(惟精惟一, 萬變是監)에서 다음 구절인 '만변시감'과 연결시켜 해석하였다.

> "보통은 '만변시감'(萬變是監)의 '감'(監)을 '감조'(鑑照)의 뜻으로 본다. 그래서 '심'(心) 자가 ('精'자 보다) 더 낫다고 하며, 혹시 『주자대전』에 착오가 있는 것이 아닌가 생각한다. 이제 자세히 보니

49) 『星全』, 권18, 23, '答尹幼章別紙'(癸卯), "其惟精之作惟心, 若朱子大全及性理大全, 分明如此, 則彼心經何從而有是哉, 誠可怪也, … 當從大全爲是, … 大抵此箴多用古語, 實如來敎, 專用精一之語, 理似有之, 設使其意義或有勝似者, 孰敢妄易一字耶."

> ‘감’(監)자는 본래 ‘감조’의 뜻이 아니다. 무릇 일은 오직 정밀하게 하고 오직 한결같이 하는데, 비록 만 가지로 변화하더라도 여기에서 감찰해야 하니, ‘일마다 모두 정밀하고 한결같다’고 한다. ‘감’은 ‘감계’(監戒)의 ‘감’과 같다. 두 갈래 세 갈래로 하지 않고 한결같이 한다는 것은 선과 악의 분별이 없는 것과 같다. 오직 이미 정밀하게 하고서 한결같이 한 다음에라야 그 본래 마음의 바름을 지킬 수 있다. 일상 속에서 일마다 이를 감찰하여 경계하는 것으로 법을 삼아야 하니, 이렇게 본다면 깨닫게 될 것이다.”[50]

‘만변시감’(萬變是監)의 ‘감’자를 거울처럼 비추어 살핀다는 ‘감조’(鑑照)의 뜻으로 보면 앞 구절을 ‘유심유일’이라 하는 것이 더 적합할 것이라 인정한다. 그러나 ‘만변시감’의 ‘감’자를 감찰하고 경계한다는 ‘감계’(監戒)의 뜻으로 보면 앞 구절을 ‘유정유일’이라 하는 것이 옳다고 확인한다. 이처럼 그는 원본의 글자가 무엇인지를 고증하는 문제를 넘어서 심성의 수양방법에 대해 문맥상 한 글자의 의미를 어떻게 해석할 것인지 세심한 주의를 기울이고 있다. 여기서 그는 ‘한결같이 함’(一)도 ‘정밀하게 함’(精)이라는 조건을 갖추고 있어야 올바른 마음의 수양이 가능한 것임을 지적함으로써 ‘유심유일’이 잘못된 것이고 ‘유정유일’이 올바른 것임을 논증하고 있는 것이다.

퇴계의 『성학십도』에서는 「경재잠도」와 더불어 「숙흥야매잠도」를 수록하였으며, ‘경’을 실천하는 수양론적 방법으로서 중시하여, 수양공부를 실천하는 자리(「경재잠도」)와 시간(「숙흥야매잠도」)이라는 성격으로 대비

---

50) 『星全』, 권13, 18, ‘與尹貞伯[德根]’(癸卯), “尋常以萬變是監者, 作鑑照意看, 故謂心字差勝, 或慮大全有誤, 今詳監字本非鑑照之意, 凡事惟精惟一, 雖萬變莫不監於是, 謂事事皆精一也, 監如監戒之監, 蓋不貳參則一矣, 猶無分於善惡, 惟既精而一然後可以守其本心之正也, 日用之間, 事事監此爲法, 如是看方爲曉然.”

시켜 제시하기도 하였다.

> "「경재잠」은 여러 가지 공부하는 자리(地頭)가 있으므로 그 자리에 따라 배열하여 '도'(圖)를 만들었다. 이 잠(숙흥야매잠)은 여러 가지 공부하는 시간(時分)이 있으므로 그 시간에 따라 배열하여 '도'를 만들었다. 무릇 '도'(道)가 일상생활에서 유행함에는 어디를 가도 없는 곳이 없으므로 한 자리도 이치가 없는 곳이 없으니 어느 곳에선들 공부를 그만두겠으며, 잠시 잠깐도 정지됨이 없으므로 어느 순간도 이치가 없는 때가 없으니 어느 때인들 공부를 하지 않겠는가?"[51)]

곧 「경재잠」은 처하게 되는 상황으로서 자리(地頭)에 따른 '경'의 공부를 제시한 것이요, 「숙흥야매잠」은 만나게 되는 때로서 시간(時分)에 따른 '경'의 공부를 제시한 것으로 대비시켰던 것이다.

퇴계가 「숙흥야매잠」을 시간(時分)에 따른 '경'공부라 지적하여 언급하였는데, 이를 이어서 성호는 「숙흥야매잠」 본문(4字 72句)을 하루 12시진(時辰)으로 시간에 따라 '경'공부의 내용을 구분하고 있다.[52)] 여기서 그는 「숙흥야매잠」의 끝에서 " '야기를 기른다'(養以夜氣)는 한 구절은 해시(亥時)의 공부에 해당하고, '곧으면 근원을 회복한다'(貞則復元)는 한 구절은 자시(子時)의 공부에 해당한다. 비록 노력하는 자취가 드러나지

---

51) 『退溪集』, 권7, 34-35, '進聖學十圖箚[并圖]'(夙興夜寐箴), "蓋敬齋箴有許多用工地頭, 故隨其地頭, 而排列爲圖, 此箴有許多用工時分, 故隨其時分, 而排列爲圖, 夫道之流行於日用之間, 無所適而不在, 故無一席無理之地, 何地而可輟工夫, 無頃刻之或停, 故無一息無理之時, 何時而不用工夫."

52) 성호가 「夙興夜寐箴圖說(并圖)」(『星全』, 권41)에서 「夙興夜寐箴」의 본문을 12時辰의 공부로 나누어 제시한 내용을 보면 다음과 같다.

는 않지만, 하루 동안에 공부한 것이 이어져 남은 '경'공부가 간직되고 있어서 밤중이라고 '경'공부가 그치지 않는다."[53]라 하여, '경'공부가 잠이 깊이 든 밤중에도 계속되는 것이라 제시하고 있다. 그만큼 성호의 수양론은 활동할 때와 고요할 때나 깨어 있을 때나 잠이 든 다음에도 '경'공부로 관철하고 있음을 강조하는 것이요, 이 점에서는 퇴계의 수양론을 충실하게 계승하면서 구체화하고 있는 것이라 하겠다.

『심경』에 수록되어 있는 왕백(魯齋 王柏)의 「인심도심도」(人心道心圖)에 문제점이 있음을 주목하여 퇴계의 제자 조목(月川 趙穆)은 「인심도심도」를 수정하여 퇴계에게 질문하면서 활발하게 토론이 전개되었던 일이 있었다.[54] 퇴계는 주로 질문을 받고 답장을 하면서 「인심도심도」의 문제

〈未起〉 雞鳴而寤, 思慮漸馳, 盍於其間, 澹以整之
或省舊愆, 或紬新得, 次第條理, 瞭然默識. ─ 丑時功夫

〈夙興〉 本旣立矣. 昧爽乃興, 盥櫛衣冠, 端坐斂形 ─ 寅時功夫

〈察心〉 提掇此心, 皦如出日, 嚴肅整齊, 虛明靜一 ─ 卯時功夫

〈讀書〉 乃啓方冊, 對越聖賢, 夫子在坐, 顏曾後先
聖師所言, 親切敬聽, 弟子問辨, 反覆參訂. ─ 辰·巳·午·未·申 五時間功夫

〈應事〉 事至斯應, 則驗于爲, 明命赫然, 常目在之.
事應旣已, 我則如故, 方寸湛然, 凝神息慮. ─ 同上

〈反復〉 動靜循環, 惟心是監, 靜存動察, 勿貳勿參.
讀書之餘, 間以游泳, 發舒精神, 休養情性. ─ 同上

〈氣倦〉 日暮人倦, 昏氣易乘, 齋莊整齊, 振拔精明 ─ 酉時功夫

〈夜寐〉 夜久斯寢, 齊手斂足, 不作思惟, 心神歸宿 ─ 戌時功夫

〈餘敬〉 養以夜氣 ─ 亥時功夫

〈餘敬〉 貞則復元 ─ 子時功夫

〈總結〉 念玆在玆 ─ 日夕乾乾.

53) 『星全』, 권41, 24, '夙興夜寐箴圖說(并圖)', "以養以夜氣一句當亥, 一句當子, 此二時之間, 雖不見用力之迹, 一日之中, 功夫接續, 而餘敬所存, 夜未嘗息也."

54) 王柏의 「人心道心圖」에 대한 토론은 퇴계가 율곡에 보낸 답장 1건(『退溪集』, 권14, '答李叔獻問目')과 趙穆에게 보낸 편지 4건(『退溪集』, 권23, '答趙士敬' 3건과 『退溪續集』, 권5, '與趙士敬' 1건)이 있다.

점을 인정하지만, 구체적인 쟁점을 부각시키고 있는 것은 아니었다.

이에 대해 성호는 조목이 수정한 「인심도심도」나 이에 대한 논의와 퇴계가 왕백의 「인심도심도」를 비판한 내용이 문집에 기록되어 있지 않은 것은 탈락된 것이 아닌지 의문을 제기하면서, 왕백의 논의를 검토하였다.[55] 곧 성호는 "'위태롭다'는 것은 근본이 없는 까닭이 아니다. 그리고 (「인심도심도」에서) '정'(正: '性命之正'의 '正')자와 '사'(私: '人欲之私'의 '私')자는 또 어찌하여 바깥으로 드러나는 것인가? '성명'은 본래 바른 것(正)이고 '형기'는 본래 사사로운 것(私)이다. 바르지만 드러나기 어려우므로 '미미하다'(微)라 하고, 사사로우니 추락하기 쉬우므로 '위태롭다'(危)라 한다. 이렇게 말하면 충분하다."[56]라 하여, 왕백의 말이 잘못됨을 지적하고 '성명'의 '미미함'과 '형기'의 '위태로움'에 대한 올바른 설명을 제시하고 있다.

「인심도심도」에 대한 성호의 이러한 검토는 퇴계의 논의에서 남아 있는 기록이 불충분함을 주목하여, 자신이 문제점을 명확하게 규명하여 퇴계의 간략한 논의를 보완하는 역할을 하고 있는 것이라 하겠다.

나아가 퇴계는 정민정(篁墩 程敏政)의 문제점을 알고 있었지만, 정민정의 『심경부주(心經附註)』를 『사서』와 『근사록』에 견줄 만큼 매우 높였으며, 그 영향으로 『심경부주』가 널리 읽혀지고 세밀하게 해석되었던 것이다. 그러나 성호는 정민정의 인물이나 학문과 저술에 문제점을 들어서 『심경부주』를 읽지 않아도 된다고까지 말하였다.[57] 또한 구체적으

55) 성호가 검토하고 있는 王柏의 견해는 "'생'(生: '或生於形氣之私'의 '生')자는 사물에 감응하여 활동하니, 그 근본이 없음을 안다. 그래서 '위태롭다'고 한다."(生字, 感物而動, 知其本無, 故曰危. 〈『心經附註』, 권1, '人心道心章'〉)는 구절로 보인다.

56) 『星全』, 권16, 26, '答睦士懋'(乙卯), "危非本無之故, 而正字私字, 又何以爲見于外者, 性命本正, 形氣本私, 正而難見, 故曰微, 私而易墮, 故曰危, 如是言之足矣."

57) 『星全』, 권49, 11, '心經附註疾書序', "彼程氏者, 以其人, 則鬻題而黷利也, 以其學,

로 『심경부주』의 문제점을 지적하여, "정씨(程敏政)는 별도로 항목을 설립하여 널리 채집하고 분류하니, 이것은 '부경'(附經)이요, '부주'(附註)가 아니다. '인심'과 '인욕'은 주자가 앞에서 설명과 뒤에서 설명이 달랐는데 흑백을 가려 쓰지 않았고, '경'(敬)에 근본함과 '정'(靜)에 근본함은 주자와 장식(南軒 張栻)이 논변하여 서로 다투었는데 거리낌 없이 함께 수록하였으니, 이것은 넓게 하기를 힘쓰고 오로지 정밀하게 함이 아니다. 그 밖에 스스로 주석한 것은 도무지 견해가 없으며 다만 서적을 초록하여 편집하고 끝에 붙여 드러낸 것이 아니겠는가."[58]라 하였다. 퇴계가 신명처럼 높였던 『심경부주』였지만, 그는 진덕수(眞德秀)의 『심경』을 기준으로 삼고 정민정의 『심경부주』에 대해서는 엄격하게 비판함으로써 수양론에 관한 기본문헌의 인식에서 퇴계와 견해를 달리하는 측면을 엿볼 수 있게 한다.

2) 예설에서 퇴계학의 계승

성호는 퇴계의 도학체계를 계승하면서 가장 활발하게 토론을 벌였던 영역은 성리설과 더불어 예설의 문제라 할 수 있다. 그 자신 "세상에서 유교의 학술이라 지목하는 것은 두 갈래가 있으니, 경서를 읽고 도리를 논의하는 것은 '이학'(理學)이라 하고, 관·혼·상·제의 의례를 고증하는 것은 '예학'(禮學)이라 한다."[59]라 언급하였던 일이 있다. 그만큼 도학은

則外朱而內陸也, 以其書, 則去取無章也, 雖不讀可也."

58) 『星全』, 권49, 11-12, '心經附註疾書序', "程氏乃別立科條, 博採類彙, 是附經非附註也, 人心·人欲, 朱子前後之異說, 而無用黑白, 本敬·本靜, 朱張互爭之辨, 而不憚並收, 是務廣非專精也, 其佗自註都無見解, 只抄輯書籍, 附尾而顯者乎."

59) 『僿說』, '經史門: 儒術', "世之目以儒術者, 有兩歧, 讀書談道, 謂之理學, 考據于冠婚

인간 심성의 내면을 인식하는 성리설과 인간의 행동양식을 규정하는 예설에 집중되고 있음을 잘 보여준다.

퇴계는 문인들과 예설에 관해 활발한 토론을 벌여왔으며, 정구(寒岡 鄭逑)를 비롯하여 조목·김성일(金誠一)·조호익(曺好益) 등 퇴계의 제자들에 와서는 가례(家禮) 문제를 중심으로 예학의 저술이 나오기 시작하였고, 17세기에는 퇴계 후학으로 허목(眉叟 許穆)과 정경세(愚伏 鄭經世) 등이 예학 영역에서 가장 활발하게 활동하였다. 이어서 18세기에 와서는 성호가 퇴계의 예설을 정리하고 분류하여 『이선생예설유편』(李先生禮說類編)을 편찬하였던 것은 퇴계 예학을 체계화한 중요한 업적이다.

성호는 예학의 전통에서 퇴계의 위치를 확인하여, "우리 동방에 있어서는 퇴계 선생이 멀리 변방 바깥에 우뚝하게 일어나고 손상된 서적 속에서 실마리를 찾아내어, 깊이 꿰뚫고 널리 통달하며, 자신을 단속하여 실지를 행하니, 송나라 이후로 합당한 전승자임은 속일 수 없다. … 우리나라 사람이 퇴계를 큰 보배로 삼아 중시할 뿐만 아니라, (퇴계의 예설을) 읽지 않는 자는 거칠게 여겼다. 이는 또한 『주자가례』가 우리나라에 다시 밝혀진 것이다."60)라 하였다. 그것은 예학에서도 퇴계가 주자의 정통적 계승자임을 강조하고, 우리나라에서 퇴계의 예설을 높이 존중해왔음을 지적하고 있는 것이다.

그러나 퇴계의 예설은 제자들과 토론하면서 제시되어 문집 속에 광범하게 흩어져 간편하게 찾아보기가 어려웠다. 퇴계의 제자 조진(聾隱 趙振)이 퇴계의 예설로 『상제문답』(喪祭問答) 2책을 편찬하였던 일이 있으

喪祭之儀者, 謂之禮學."

60) 『星全』, 권49, 2, '李先生禮說類編序', "至我東方, 退陶李先生崛起於荒服之外, 尋緒於蠹簡之中, 淹貫該洽, 反躬踐實, 自宋以後適傳不可誣也, … 東人重之不翅拱璧, 而不誦者爲沽, 是又家禮之復明於東也."

나, 그 체제와 범위에 한계가 있다. 그래서 성호는 본격적으로 퇴계의 예설을 수집하여 체계적으로 분류한 『이선생예설유편』을 편집하게 되었던 것이다. 여기서 성호는 퇴계의 예설에서 서로 다른 견해를 제시하여 앞뒤에 차이가 있기도 하고, 문헌의 전거가 확실하지 않은 것도 있음을 주목하였다. 따라서 그는 "이제 만약 옛 경전을 상고하지 않으며, 옳은지 그른지를 논의하지 않고서, 한 글자도 모두 합치시켜 따라 행할 뿐이라 한다면, 이것이 어찌 선생(퇴계)을 높이는 지극한 뜻이겠는가. 의리는 천지 사이에 하나의 공공한 것이니, 옛것도 없고 지금 것도 없으며, 저쪽도 없고 이쪽도 없다. 아마 사람의 높고 낮음으로 일체 물리쳐서는 안 될 것이다. 그래서 책(『이선생예설유편』) 속의 각 조목 아래에는 여러 이론을 모아서 붙여두었는데, 비록 선생의 이론과 조금 차이가 있어도 모두 수록하여 감히 가벼이 여기거나 중히 여기지 않았던 것은, 실지로 선생의 포용하는 국량을 체득하는 것이요, 스승을 섬김에 감추는 것이 없다는 의리를 가만히 붙여 보려는 것이다."[61]라 하였다.

성호는 퇴계를 극진히 높이지만, 그가 퇴계를 높이는 태도는 한 글자도 틀리지 않게 묵수하는 것이 아니라, 퇴계의 이론에서 서로 모순되거나 부정확한 점을 드러내어 퇴계와 더불어 정당한 대답을 찾아가는 것이요, 퇴계 이외에는 배척하는 것이 아니라, 퇴계와 다른 의견도 함께 검토하여 허심탄회하게 참된 것을 찾아가는 것이다. 그는 바로 퇴계의 정신이 자신의 오류는 과감히 고치는 진리의 추구자세요, 누구의 말이라도 경청하고 수용하는 열린 마음에 있음을 확인하고 있다.

61) 『星全』, 권49, 3, '李先生禮說類編序', "今若不稽古經, 無論是非, 一字皆合遵行云爾, 則是豈尊先生之至意哉, … 義理者天地間一公物, 無古無今, 無彼無此, 恐不可以人之高下而一切揮斥之也, 是以書中各條之下, 摭附諸說, 而雖與先生說有些異同, 皆在收錄, 非敢有所輕重, 實體先生包容之度, 竊附事師無隱之義."

성호는 '예'(禮)의 중요성을 강조하면서, "'인'(仁)은 온전한 덕이요, '예'는 의거할 것이 있다. '예'를 회복하지 않으면 '인'을 할 수가 없다. …『주자가례』의 글은 시대(時)에 따라 마땅함을 제정한 의례절도이다."[62] 라 하여, '예'가 인간의 성품과 덕을 실현하는 필수적 조건임을 강조하였다. 특히 그는『주자가례』(朱子家禮)의 위치를 중시하면서, '예'는 시대의 변화하는 현실 속에서 규정되는 것임을 강조하여,『주자가례』도 한 시대에 적합하게 규정된 의례절도임을 밝히고 있다. 따라서 예학의 가장 중요한 과제는 시대에 따라 적응하는 것임을 인식하면서,『예기』에서 "'예'는 때를 중대하게 여긴다."(禮, 時爲大. 〈「禮器」〉)는 언급을 끌어들여, "'예'는 때이다. 때를 중대하게 여긴다. 순응하여 조절하면 하늘도 어기지 않으니, 이 뜻을 아는 자는 '예'를 말할 수 있다."[63]고 역설하였다. 물론 시대에 따른 변화를 거부하고 옛것을 지키려 드는 사람(守古者)은 배 위에서 칼을 잃어버리고 잃은 자리를 뱃전에다 표시해 두듯이 변화에 대응할 줄 모르는 융통성의 결핍에 사로잡혀 있는 것이라 하고, 변화에 순응하기만 하여 현재를 좇아가는 사람(循今者)은 소경이 피리를 어루만지며 해가 피리처럼 둥근 것인가 짐작하듯이 근원을 인식하지 못하고 단편적 형식에만 사로잡히게 된다는 폐단을 모두 경계하고 있다.[64] 그만큼 시대적 변화의 조건을 중시하면서도 불변적 근원을 잊지 않는 것이 예학의 기본정신임을 확인하고 있는 것이다.

또한 그는 종조숙부 이원진(太湖 李元鎭)이『주자가례』에 구절을 해

62)『星全』, 권49, 1, '李先生禮說類編序', "仁義禮知性也, 仁爲全德, 禮有可據, 不復禮, 無以爲仁, … 朱子家禮書, 是因時制宜之典."

63)『星全』, 권49, 12, '家禮疾書序', "禮者時也, 以時爲大, 因以撙節, 天亦不違, 知此意者, 可以言禮矣."

64)『星全』, 권49, 12-13, '家禮疾書序', "守古者, 刻舟而求劍也, 循今者, 撫籥而疑日也, 朱子有憂之, 爲之家禮."

석하고 원문 곁에 주석을 붙여놓은 책, 곧 『가례부석』(家禮附釋)에 서문을 붙이면서, 『주자가례』가 읽기 어려운 사실과 그 이유를 열거하였다. 여기서 그는, "'증가되거나 감소됨'(損益)은 비록 변하지만 '원인하는 바'(所因)는 남아 있으니, 흐름을 따라가거나 근원을 탐구하는 것은 읽는 사람에게 있는 것인가? 그래서 '가례'를 연구하는 사람은 옛 경전(古經)을 참작하여 그 근본을 세우고, 주석(註疏)을 참작하여 그 취지를 넓히며, 각 시대(歷代)를 참작하여 그 변화와 소통을 관찰하며, 옛 학자들(先儒)을 참작하여 그 의리를 발휘하니, 이렇게 하면 마땅함을 얻을 수 있다."[65]고 하였다. 『주자가례』의 권위를 그대로 받아들여 따르는 것이 아니라, 옛 경전과 여러 주석과 각 시대의 사실과 옛 학자들의 이론을 전방위(全方位)로 참고하여 판단하도록 요구하였다. 이처럼 그는 주자의 예설을 연구하는 데서나 퇴계의 예설을 연구하는 데서, 이 원칙을 그대로 적용하였던 것이라 할 수 있다.

성호는 퇴계를 비롯하여 우리나라 학자들의 예학 인식에 관해서도 폭넓은 관심으로 검토하였다. 곧 퇴계의 예설을 분류 편집한 『이선생예설유편』을 편찬한 것과 더불어, 퇴계의 제자 조진이 저술한 『상제례초』(喪祭禮抄)에 붙인 서문에서도, 퇴계가 예설에 대해 논의한 것은 흩어진 구절 하나하나가 모두 소중한 것임을 강조하고 있다.

> "우리나라에 퇴계가 있는 것은 중국에 공자가 있는 것과 같다. 그러므로 인간이 살기 시작한 이래로 퇴계보다 성대한 인물은 없었다. 웃고 기침하는 사이에 남긴 말씀이라도 보이고 들리는데 흩

65) 『星全』, 권49, 20-21, '家禮附釋序', "損益雖變, 所因則存, 沿流究源, 其在讀者乎, 是以治家禮者, 參之以古經, 以立其本, 參之以註疏, 以博其趣, 參之以歷代, 以觀其變通, 參之以先儒氏, 以發其義, 如是可以得之矣."

어져 있는 것은 마땅히 조심스럽게 기록하고 깊이 저장하여 우러르고 사모하는 자료로 삼는 것이 우리나라 사람의 원하는 바이다. 하물며 그 마음에 깨달아서 글로 써놓은 것으로 세상의 법도에 유익함이 있는 것이야 어떠하겠는가?"[66)]

퇴계의 문인인 우성전(秋淵 禹性傳)의 제자 최동립(杏園 崔東立)이 편찬한 『가례상제도설』(家禮喪祭圖說)에 대해, "견해가 다름에 혐의를 두지 않고 많은 서적을 널리 수집하였으며, 또한 퇴계 이래 발휘된 문자를 붙여서 별도로 한 학맥의 이론을 집성하였다."[67)]고 평가하여 주목하였다. 또한 17세기에 활동하던 퇴계학파의 대표적 예학자인 정경세(愚伏 鄭經世)의 예설에 대해 몇 가지 의문점을 제시하였으며(「讀鄭愚伏先生論禮記疑」), 성호 자신과 같은 시대의 근기남인(近畿南人) 학자인 정동직(聽泉 鄭東稷)의 『의례고증』(疑禮考證)에 대해서도 33조목에 걸쳐 자세하게 검토하여 자신의 견해를 제시하기도 하였다. 그 가운데서 의례문제의 한가지 쟁점인 거상(居喪) 중에 상주인 아비가 죽으면 자식이 그 아비가 못 마친 복(服)을 대신 입어야 하느냐의 문제를 제기하고 있다.

성호는 이 문제에 대해 먼저 예서(禮書)에 복을 대신 입는다는 '대복'(代服)에 관한 언급이 없는 이유를 밝히면서, '대복'이 의리에 맞지 않고 예서에도 말하지 않은 것임을 강조하여, '대복'을 부정하는 입장을 밝혔다.

---

66) 『星全』, 권50, 6, '聾隱先生喪祭禮序', "夫我東之有退陶, 猶之華夏之有夫子, 故自有生民以來, 未有盛於退陶也, 其嘻笑咳唾之餘, 散在耳目者, 固宜謹識而深藏, 用爲山仰羹牆之資, 此東人之願也, 況得其心而筆之書, 有裨益世程者耶."

67) 『星全』, 권49, 18, '家禮喪祭圖說序', "喪祭圖說者, 崔氏東立之所彙撰, 崔學於禹秋淵先生, 得退溪李子之眞傳, 廣集羣書, 不嫌其異同, 又附以退陶以來發揮文字, 別成全家言語."

"하늘에는 두 해가 없고 땅에는 두 임금이 없으며 '상'(喪)에는 두 '고'(孤: 아비의 상을 당한 상주)가 없으니, 그 의리는 같다. 그 자식이 참최(斬衰)복을 입으면 주인이 되는 것이고, 그 손자가 또 참최복을 입으면 주인이 되니, 이것은 한 번의 '상'에 두 '고'가 되는 것이요, 또 3년 안에 차마 그 아비가 죽었다고 여기지 않는 의리가 어디에 있는 것인가? 이것이 예법에서 '대복'을 말하지 않는 까닭이다."[68)]

여기서 성호는 '대복'에 대한 퇴계의 언급에 "우제(虞祭)·부제(祔祭)·소상(小祥)·대상(大祥)에 주인이 없을 수 없으니 '대복'을 하지 않을 수 없다."고 하여 '대복'을 부득이한 것으로 인정하는 견해와, "그 자식이 '대복'을 하더라도 그 손자는 뒤따라 '대복'할 수 없다."고 하여 '대복'을 한정하여 인정하는 견해로 두 가지 주장이 있음을 지적하면서, 퇴계가 '대복'을 한정하여 인정하는 견해는 잘못된 것임을 분명하게 밝히고 있다.[69)]

성호는 당시 사람들이 퇴계의 이론에 따라 '대복'을 하는 사람이 많은 사실을 들면서, '대복'은 3년상이 아직 끝나지 않았는데 그 아비를 죽은 것으로 취급하게 되는 문제점이 있음을 지적하였다. 여기서 퇴계가 '대복'설을 잘못 인정한 사실에 대해서는 퇴계 자신도 고증을 못하였다는 탄식을 하였으며, 『통전』(通典)을 뒤늦게 참고하였기 때문이라 해명하기도 하였다.[70)] 그것은 퇴계의 견해가 잘못된 점을 지적하면서도, 동

---

68) 『星全』, 권40, 30, '書鄭聽泉疑禮考證', "天無二日, 土無二王, 喪無二孤, 其義一也, 其子服斬而爲主人, 其孫又服斬而爲主人, 則是一喪而二孤也, 且三年之內, 不忍死其父之義安在哉, 此所以禮無代服也."

69) 같은 곳, "退溪先生喪祭禮問答, 有甲乙之說, 甲曰虞祔練祥, 不可無主, 不可不代服, 乙曰其子代服, 其孫不可追服, 而斷以甲說, 愚按 … 甲說之非, 於此明矣."

시에 퇴계의 견해가 확고하지 못하였던 과정과 배경을 해명함으로써 퇴계에 대한 이해를 심화시키고 있는 것이다.

'대복' 문제와 연결되어 장자가 먼저 죽고 장손이 승중(承重)한 경우 시어미(長子婦)가 살아있을 때 장손의 처(長孫婦)가 주부로서의 상복을 계승할 수 있는가의 문제로 이어지고 있다. 이때 성호는 김장생(沙溪 金長生)이 장손의 처가 상복을 계승한다고 보았지만, 퇴계가 정밀하게 토론하였고, 정구(寒岡 鄭逑)와 정경세(愚伏 鄭經世)가 부정한 사실을 들면서, 퇴계·정구·정경세의 견해가 옳다고 동의하고 있다.[71] 이처럼 성호는 퇴계의 예설이 미치는 영향과 그에 따른 쟁점이 퇴계학파와 율곡학파의 예설로 확산되어 가는 과정을 세밀하게 관찰하고 있음을 보여준다.

성호는 율곡의 제자로 17세기 대표적 예학자인 김장생을 높이 평가하면서 김장생의 『의례문해』(疑禮問解)에 대해 120조목에 걸쳐 의문점을 제기하여 정밀하게 검토하였다. 여기서 퇴계가 소상(小祥) 다음에 '상식'(上食)을 올릴 때 곡(哭)하지 않는다고 가르친 사실을 들고서, 이에 대해 성호는 따를 수 없다고 부정하는 견해를 제시하였다. 곧 『주자가례』의 본문에는 분명히 곡하지 않는다고 하였을 뿐만 아니라 '상식'한다는 말도 없음을 들면서, '상식'을 한다면 마땅히 곡을 해야 하니 김장생의 설이 옳다고 확인하였다.[72] 이처럼 그는 퇴계의 견해라도 옳지 못한 점

---

70) 『星全』, 권40, 31, '書鄭聽泉疑禮考證', "今之人只信退溪之說, 多有代服者, 恐其陷於死其父之境, 不得不辨焉, 退溪此禮以未有所考爲歎, 則未及見通典以前之言也, 若見先儒已有此論則退溪必不如此說矣."
성호는 이 문제와 관련하여 「父爲嫡居喪而亡, 子不可代受服議」(『星全』, 권44)에서도 자세하게 논의하고 있다.

71) 『星全』, 권42, 11-15, '承重者之妻姑在服祖說', "人有長子先亡, 長孫代受重, 而其妻以姑在難其服, 金沙溪備要書中, … 謂不可不服, … 退溪答鄭道可金而精兩書, 委曲反覆而論之, 屹爲後來之一大案, 而鄭寒岡述之曰著代別嫌, 不容不然, 鄭愚伏述之曰喪不二孤之義也, … 三君子是也."

을 분명하게 부정하고, 율곡학파인 김장생의 견해라도 옳으면 긍정하는 열린 자세를 보여주고 있다. 성호는 진실을 찾아가는 길에서 자신의 견해나 자기 학통의 견해라도 언제든지 문제점이 있으면 허심탄회하게 인정하고 비판을 받아들일 수 있는 열린 자세가 바로 퇴계의 학문정신임을 인식하고 있는 것이라 하겠다.

5. 한국사상사에서 퇴계학과 성호학의 위치와 의미

조선시대 사상사에서 '도학'은 조선전기와 후기를 관통하면서 통치원리를 뒷받침하였다고 한다면, 조선후기에 발생한 '실학'은 조선후기 사회에서 '도학'의 한계를 인식하고 '도학'을 극복하는 논리로서 주목을 받아왔다. 그러나 '실학'적 사유가 '도학'적 사유의 비판과 극복으로서 그 정체성을 확인할 수 있는 측면도 있지만, 동시에 '실학'적 사유는 '도학'적 사유의 내재적 발전형태로 이해할 수 있는 여지도 매우 크다는 사실을 유의할 필요가 있다. '도학'과 '실학'의 관계를 비판과 극복의 한 방향으로만 보는 것이 아니라, 계승과 발전이라는 또 하나의 방향을 함께 보는 양면적 시야를 확보한다는 것은 한국사상사 이해를 한 차원 더 깊고 두텁게 볼 수 있는 중요한 과제라 생각된다.

성호는 18세기 초반에 활동하던 대표적 실학자이다. 그는 경세론의 다양한 개혁방책을 제시함으로써 이 시대 실학이 추구해야 할 과제를 구체적으로 확인해 주고 있으며, 서양의 과학기술 도입에 적극적 관심

72) 『星全』, 권40, 7, '金沙溪疑禮問解辨疑(上)', "小祥後上食, 退溪以不哭爲教, 恐不可從, 家禮之文分明無哭, 不但無哭, 仍無上食矣, … 上食則當哭, 沙溪說亦是."

을 기울임으로써 실학이 나아가야 할 방향을 지시해 줄 뿐만 아니라, 조선사회가 나아가야 할 방향을 선구적으로 밝혀주었던 인물이다. 그렇다면 성호가 퇴계를 어떻게 인식하고 어떻게 계승하고 있는지를 좀 더 자세하게 음미해 보면, 바로 도학의 사유세계 속에서 실학이 어떻게 싹터 나오고 있는지 그 발아의 계기를 엿볼 수 있고, 도학과 실학이 어떤 내재적 연관성을 지니고 있는지 이해할 수 있을 것이다.

성호가 발견한 퇴계의 학문적 근본은 '도'의 실지를 찾아가는 학문적 진실성과 개방적 포용성 위에 서 있는 것이었다. 바로 이 점에서 성호는 성리설과 수양론과 예설을 중심으로 퇴계의 도학을 계승하였다. 따라서 성호는 퇴계의 학설에 깊이 공감하면서도 진실성을 확보하기 위해 비판적 인식을 서슴없이 제시하였으며, 퇴계와 다른 견해에 대해서도 열어 놓고 포용하는 입장을 보여주었다. 퇴계의 이론을 묵수하는 종파적 추종이 아니라, 끊임없이 자신을 성찰하여 거짓됨과 과오를 벗어나 진실을 찾아가는 것이 바로 퇴계의 학문정신이요, 또한 그것이 퇴계의 학문정신을 계승하는 길임을 확인하였다. 바로 여기에 도학의 이론체계 속에서 실학적 사유가 싹틀 수 있는 계기가 열리는 것이다. 이 점에서 퇴계는 '실학정신을 길러 낼 수 있는 도학자'요, 성호는 '퇴계의 도학정신에서 배양된 실학자'라 할 수 있을 것 같다.

조선후기 사회에서 도학은 심각한 변질이 일어났던 것으로 볼 수 있다. 이 변질의 가장 큰 요인은 정통주의를 강화하면서 모든 이질적인 것을 거부하는 폐쇄성에 빠졌다는 것이다. 이와 더불어 성호가 지적하고 있는 것처럼 당쟁이 고착되면서 배타적 독선에 젖어 이미 진실한 학문정신의 생명력을 잃어갔던 것으로 보인다. 이러한 상황 속에서 성호는 16세기에 꽃피웠던 퇴계의 학문세계를 통해 진실을 추구하는 열린 정신을 발견하였던 것이요, 여기에서 실학정신의 싹을 발견하고 자기 시대의 새로운 토양에 실학의 학풍을 뿌리내리게 하였던 것이라 할 수 있다.

퇴계와 성호가 성취한 학문세계는 엄청난 차이점을 드러내는 것도 사실이다. 퇴계에게서 큰 비중이 없었던 제도개혁의 현실적 문제는 성호 자신도 율곡이나 반계(磻溪)에게서 영향을 받고 계발한 영역이다. 퇴계와 성호 사이에 180년의 차이가 있었기 때문에, 퇴계의 시대에는 전혀 알지 못하였던 서양과학과 서양문물에 관한 지식이 성호에 의해 광범하게 수용될 수 있었다. 또한 성호가 퇴계의 저술에서 가장 깊은 관심을 기울였던 사칠론·수양론·예설 등의 문제에서도 성호는 상당한 부분에서 퇴계의 이론에 의문점을 제기하거나 부정하는 경우도 있다. 그럼에도 불구하고 퇴계와 성호는 결코 도학과 실학의 영역으로 갈라놓을 수 있는 이질적 인물이 아니다. 경세론의 영역이나 서학지식의 수용 등은 퇴계와 성호 사이에 결정적 차이점인 것은 사실이다. 그러나 성호에서 보면 경세론이나 서학의 문제는 그의 실학적 관심의 대상영역이라 한다면, 그의 실학적 학문정신은 퇴계의 도학 속에서 배양되고 계승된 것이라 할 수 있다.

이런 의미에서 퇴계의 도학정신이 조선후기 사회에서 가장 의미깊고 생산적으로 계승된 경우로서 성호의 실학을 주목할 필요가 있다. 퇴계의 도학과 성호의 실학 사이에 놓인 연속성과 차별성을 보다 깊이 이해한다는 문제는 바로 한국사상사에 내재된 활력의 원천을 인식하게 해주고, 또한 한국사상사의 발전과정을 단절이 아닌 연속으로 볼 수 있는 새로운 시야를 열어줄 수 있을 것이다.

제2장

성호 경학의 도학적 기반과 실학적 정신

1. 성호 경학의 과제

성호(星湖 李瀷, 1681-1763)는 18세기 전반과 중반에 활동하였던 실학자이다. 실학자로서 성호의 위치를 잘 보여주는 언급으로, 정인보는 "조선 근고(近古)의 학술사를 종계(綜系)하여 보면, 반계(磻溪)기 일조(一祖)요, 성호가 이조(二祖)요, 다산이 삼조(三祖)이다."[1]라 언급하였고, 천관우는 이를 좀 더 구체적으로 서술하여, "반계가 한 번 나옴으로써 실학은 '학'(學)으로서의 존재가 확인되었고, 성호가 나옴으로써 실학은 '학파'로서의 존재가 확인되었고, 다산이 나옴으로써 '시대사조'로서 대표적인 하나의 경향으로 존재가 확인되었다."[2]고 지적하였다. 조선후기 실학사 속에 성호의 위치는 그 학문의 폭에서나 학파를 형성한 사실에서 우뚝한 봉우리로 확고한 자리를 차지하고 있는 것이 사실이다.

---

1) 『담원 정인보전집』 2, 「다산선생의 생애와 업적」, 연세대학교출판부, 1983, 63쪽.

2) 千寬宇, 「실학의 선구—유형원」, 『조선실학의 개척자 10인』, 신구문화사, 1974, 15쪽.

그러나 성호는 도학-주자학을 벗어나 실학의 세계를 열었던 인물이 아니라, 도학전통에 확고한 기반을 지니고 실학사상을 전개하였다는 점에서 그 자신의 사상체계가 지닌 특성을 보여준다. 그는 한편으로 도학의 성리학적 인식에서는 퇴계를 계승하고 있으면서, 다른 한편 경세론에서는 율곡과 반계를 받아들이고 있다. 이와 더불어 그는 실학적 관심에서 당시에 새로 전래해 온 서학의 수용에서 선구적 역할을 하고 서학 논의가 확산되는 데 기폭제 역할을 하였던 것은 조선후기 사상사를 다원화하는 중요한 의미가 있다. 이 점에서 그의 학문체계는 '도학'과 '실학'을 두 날개로 하고 '서학'이라는 꼬리의 추진력까지 지니고 있음을 보여준다. 그만큼 성호는 이 시대의 사상조류의 큰 줄기들을 종합하고 있으며, 그의 사상은 폭이 넓고, 그의 사유는 크게 열려 있었던 것이다.

성호는 "세상에서 지목하는 유교의 학술에는 두 갈래가 있다. 글을 읽고 '도'를 말하는 것은 '이학'(理學)이라 하고, 관·혼·상·제(冠婚喪祭)의 의례를 고증하는 것은 '예학'(禮學)이라 한다."[3]라 하여, 유교전통에서 '이학'과 '예학'이 큰 영역을 이루고 있음을 지적하였다. 실제로 그의 학문체계에서 도학의 영역을 보면, '성리설'에 관한 토론과 더불어 '예설'에 관한 정밀한 논의가 큰 비중을 차지하고 있다. 또한 실학의 영역을 보면, 경세론과 더불어 우리역사 문제에 관한 '사론'(史論)도 중요한 부분을 이루고 있다. 성호의 학문체계에서 '도학'과 '실학'의 두 영역이 서로 관심의 방향이 다르지만, 이 두 영역의 공통기반은 경전이해라는 '경학'에 두고 있는 사실이 주목된다. 자료에서 보면, 성호의 경학은 『사서』와 『삼경』을 해석한 저술인 '질서'(疾書)를 비롯하여 문집(『星湖全書』)

3) 『僿說』, '經史門: 儒術', "世之目以儒術者, 有兩歧, 讀書談道, 謂之理學, 考據于冠婚喪祭之儀者, 謂之禮學."

에 수록된 왕복 서한에서 경학에 관한 토론과 잡저(雜著)에 수록된 상당량의 경설(經說) 및 『성호사설』(星湖僿說)의 '경사문'(經史門)을 중심으로 제시된 다양한 경설을 포함한다.

성호의 경학저술이 워낙 방대하므로 『사서』와 『삼경』을 비롯한 개별 경전의 해석을 통한 경학사상의 체계적 인식은 별도의 연구를 필요로 한다. 또한 성호의 경학체계에서 별도의 경전주석이 없는 '예경'(禮經: 『周禮』·『儀禮』·『禮記』)과 『춘추』에 관해서도 왕복서한에서 토론된 내용과 더불어 단편적인 저술들이 상당수 있다. 특히 성호의 학문체계에서 '예학'(禮學)과 '사학'(史學)은 '경학'과 더불어 또 하나의 큰 영역을 이루는 것이므로, 그의 '예경'에 대한 논의는 '예학'의 체계 속에서 다루어질 필요가 있고, 『춘추』에 대한 논의도 그의 '사학'에서 함께 다루어질 수 있을 것으로 본다. 이에 따라 여기서는 성호의 경학체제에서 경학의 방법을 중심으로 경학의 기본성격을 개괄적으로 파악하는 데 관심을 집중하고자 한다.

무엇보다 성호의 사상에서 두 축을 이루는 '도학'과 '실학'의 문제의식은 그의 경학적 인식에 뿌리를 두고 있다는 사실을 전제로 확인할 필요가 있다. 따라서 성호의 경학을 해명하는 과제는 그의 경전해석 속에 '도학'과 '실학'이라는 두 관심 영역이 어떻게 제기되고 어떻게 전개되며, 어떻게 연결되고 있는지를 이해하는 데 초점을 맞추고자 한다.

2. 성호 경학의 범위와 『질서』(疾書)의 체제

1) 경전의 이해와 고증적 검토

성호는 주자의 경학체계를 기반으로 하지만, 여기서 한 단계 나아가 경전의 성립과정과 문헌적 실상에 관해 광범한 고증적 검토를 하고 있는 사실에서 고증학적 관심이 분명하게 드러나고 있음을 볼 수 있다. 그는 반고(班固) 등이 편찬한 『백호통의』(白虎通義)에 붙인 발문에서, "천하의 서적을 널리 모으고 인물의 선발을 극진하게 하였으며, 『오경』의 동이(同異)를 분별한 것으로서, 후세에 없어지고 남은 장구(章句)를 억측하여 판단하는 것에 비할 수 없으니, 그 말이 자못 신빙성이 있을 것이다. 요즘에는 유교의 학술을 하는 사람조차 드물어서 이 책을 가지고 있는 자도 망연히 무슨 말인지 모르고 매우 이상하게 여길 뿐이다. 그러나 이 책은 위서(緯書)와 경서(經書)를 나란히 근거 삼은 것이 많아서 세상의 학자들이 그것을 단점으로 여겼다."[4]고 언급하였다. 여기서 그는 후한(後漢) 초기인 당시까지 경전의 문헌이 많이 남아 있었음을 지적하고, 당시 도학자들의 경학이 억측으로 장구를 해석하는 데 비해 한학(漢學)의 엄밀한 문헌고증을 높이 평가하였다. 동시에 그는 한학에서 경서(經書)와 위서(緯書)를 모두 해석의 근거로 삼아 해석의 기준이 혼란에 빠진 문제점을 지적하고 있다. 그만큼 송대 도학과 한대 훈고학의 장단점을 객관적으로 평가하는 입장을 보여주고 있는 것이다.

또한 문헌으로서 『중용』에 대해서도 『공총자』(孔叢子)에서 『중용』이

---

4) 『星全』, 권54, 9, '跋白虎通二', "蓋聚天下之書, 極人物之選, 辨五經同異, 不比後世之孤章臆斷, 則其言殆可以有信矣, 近時儒術亦鮮, 有蓄此書者茫不知爲何語, 甚可異耳, 然多據緯書與經訓比, 爲世儒之所短."

본래 47편인데, 진시황 때 불타고 지금 1편만 남았다는 언급이나, 『한서』(漢書) 「예문지」(藝文志)에 『자사』(子思) 23편이 있었다 하고, 『문헌통고』(文獻通考)에 『자사』 7권이 있었다는 언급들을 들어, 현재 남아 있는 『중용』보다 많은 분량의 내용이 있었다는 언급을 확인하고 있다.[5)] 그러나 그는 "지금 『중용』을 보면 처음부터 끝까지 내용이 일관하니, 흩어지고 상실된 것에 병렬될 것이 아니다."[6)]라 하여, 현재 남아 있는 『중용』이 완결된 전체요, 상실된 부분이 있다는 견해를 거부한다. 다만 『중용』을 부연한 서술들이 여러 편 있을 수 있는 가능성만 남겨두고 있다. 이와 더불어 「예문지」에는 공자문하의 학맥에서 나왔는데 지금은 없어진 문헌으로 『자사』 23편 외에도 『칠조자』(漆雕子) 13편, 『증자』(曾子) 18편, 『복자』(宓子) 16편, 『맹자』(孟子) 11편과, 『세자』(世子) 21편, 『경자』(景子) 3편, 『공손니자』(公孫尼子) 28편, 『천자』(芊子) 18편이 열거되고 있음을 소개하기도 하였다.〈『星湖僿說』, 經史門: 曾子〉 그만큼 문헌의 사실 여부를 떠나 경전과 연관된 문헌에 대한 다양한 정보에 관심을 열어놓고 있음을 보여준다.

『중용』의 작자가 자사(子思)라는 사실에 대해 성호는 정현(鄭玄, 漢)과 육기(陸機, 晉)가 언급한 문헌적 증거를 확인할 뿐만 아니라, 『중용』과 『맹자』의 내용적 연속성을 통해 『중용』의 작자가 자사임을 논증하고 있다. 곧 "『중용』의 글이 공자의 말씀으로 시작하고, 공자의 사업으로 끝맺고 있다는 사실에서도 공자의 '도'를 전하는 글이 분명하며, 그 말이 곳곳에서 『맹자』와 부합하여 맹자가 본받고 있음이 짐작되니, 공자의 '도'를 맹자에게 전한 사람이 자사가 아니면 누구이겠는가?"[7)]라 하여,

---

5) 『僿說』, '經史門: 子思七卷' 및 『星全』, 권54, '中庸疾書後說.'

6) 『星全』, 권54, 34, '疾書後說', "今觀此書, 首尾貫一, 非散軼之比, 或者從是而推衍, 有許多篇簡耶, 此則未可詳."

'공자→자사→맹자'로 이어지는 전도(傳道)의 계보 속에서 자사의 위치를 확인하고 있다.

또한 그는 『중용』(33장)의 편차구성도 2~11장은 공자의 온전한 글로 자사가 받들어 기술한 것이요, 1장은 공자의 말에 근원하여 자사가 지은 것이며, 12~33장은 자사가 공자의 뜻을 발휘하여 서술한 것이라 보았다. 따라서 공자의 '도'를 수호하고 증명하여 이루어낸 공로가 자사에게 있으므로 『중용』을 자사의 저작으로 볼 수 있다는 것이다.[8)]

나아가 『대학』의 저작도 자사로 보는 관점을 제시하고 있다. 곧 성호는 "옛 유학자들은 이미 『대학』의 '전'(傳)을 증자의 문인이 기록한 것이라고 확정하였는데, 증자의 문인 중 오직 자사만이 이를 해낼 수 있었다면, 자사의 책이 어찌 단지 이 편(『중용』)뿐이겠는가. 그러므로 『대학』은 '경'(敬)을 주장하고 『중용』은 '성'(誠)을 주장하여 두 책이 서로 도와서 안과 밖이 완비되니, 성인이 남긴 뜻이 거의 유감이 없게 되었다."[9)]고 하였다. 여기서 그는 주자가 『대학』의 '경(經)1장'은 공자가 옛사람의 학문하는 근본방법을 설명한 것을 증자가 서술한 것이요, '전(傳)10장'은 증자의 문인이 전수받아 '경1장'의 취지를 밝힌 것이라 제시[10)]한 데 근거하여, 증자의 문인 가운데 오직 자사만이 '전10장'을 서술할 수 있었

7) 『星全』, 권54, 33, '中庸疾書後說', "書中始之以仲尼之言, 終之以仲尼之事, 分明是孔氏傳道之書, 其言往往與孟子符合, 疑其爲孟子所宗法者, 夫以孔子之道, 傳于孟氏者, 非子思而誰."

8) 같은 곳, "自第二章以下十章, 卽爲孔子全書, 子思特其奉以述之也, … 旣而子思懼夫孔子之言簡而難曉, 乃推原而有首章, 發揮而有十二章以下, 其羽翼證成之功, 都屬之子思, 故歸之以子思之書也."

9) 같은 곳, "先儒旣以大學之傳, 定作曾子門人之記, 曾子之門, 惟子思可以了此, 則子思之書, 奚但止於此篇哉, 故大學主敬, 中庸主誠, 兩相夾持, 表裏完備, 聖人之遺意, 殆無憾焉."

10) 『朱子語類』 13: 142, "唯大學是曾子述孔子說古人爲學之大方, 門人又傳述以明其旨."

다고 보았다. 따라서 성호는 『중용』만이 아니라 『대학』도 자사의 손에 완성된 것으로 논증하고, 『대학』의 '경'(敬)과 『중용』의 '성'(誠)이 상호 보완기능을 하는 사실을 들어, 자사에 의해 『대학』과 『중용』이 일관된 체계를 이루고 있음을 밝히고 있다.

성호는 『맹자』의 원문 이외에 일편(逸篇)이 있다는 언급에 관심을 기울여, 『순자』(荀子: 「大略」)와 양웅(揚雄)의 『법언』(法言: 「修身」)에 인용된 맹자의 언행을 열거하고, 조기(趙岐, 漢)의 「맹자제사」(孟子題辭)에서 『맹자』의 외서(外書) 4편(「性善辨」·「文說」·「孝經」·「爲政」)이 언급되고 있는 사실에도 주의를 기울이고 있음을 보여준다.[11] 이러한 사실은 그가 문헌적 고증에 얼마나 폭넓은 관심을 기울이고 있는지를 엿볼 수 있게 한다.

주자는 『맹자집주』에서 '천승'(千乘)을 주석하면서 "사방 백 리가 되는 땅은 병거(兵車) 1,000대를 낸다."[12]고 하였고, 「정전류설」(井田類說: 『朱熹集』 권68)에서는 사방 백 리 땅인 '동'(同)에서는 병거 100대를 낸다고 하여, 서로 어긋난 해석을 하고 있다. 이에 대해 성호는 『형법지』(刑法志: 未詳)를 인용하여 사방 백 리인 '동'(同: 井·通·成[方十里]－終·同[方百里]－封·畿[方千里]의 賦稅와 軍役의 토지단위)에서 '천 승'의 병거가 나온다면 그 100배인 사방 천 리인 '기'(畿)에서는 '만 승'이 아니라 '10만 승'의 병거가 나와야 하는 문제점을 지적함으로써, 사방 백 리인 '동'에서는 '천 승'이 아니라 '백 승'(百乘)이 나오는 것이 옳다고 고증하였다.[13] 따라서 그는 주자의 견해 가운데서도 「정전류설」의 해석이 옳고,

---

11) 『星全』, 권49, 5, '孟子疾書序', "世傳孟子有逸篇, 其載於荀子, … 載於揚子, … 荀揚不應誣辭, 惜乎其不盡傳也, 趙邠卿言外書四篇, 不能洪深, 今亦不見有此."

12) 『孟子集註』, '梁惠王上', "千乘之家者, 天子之公卿采地, 方百里, 出車千乘也."

13) 『孟子疾書』, '梁惠王上'(1章), "同出百乘. 其地, 恰滿方百里矣, 同十爲封, … 封十爲

『맹자집주』의 주석이 잘못된 것임을 확인하고 있는 것이다.

『역경』에 대한 문헌적 관심에서도 정이천(程伊川)의 『역전』(易傳)이나 주자의 『주역본의』(周易本義)의 도학적 기본문헌 이외에도 당나라 곽경(郭京)의 『역거정』(易擧正)에 주의를 기울였는데, 곽경은 왕필(王弼)과 한강백(韓康伯)의 친필 주석본에 근거하여 현행본 『주역』과 대조하여 경(經)과 주(註)가 뒤바뀐 경우나 앞뒤가 바뀐 경우와 탈락과 착오 등 103절을 지적한 사실을 주목하면서, "내가 볼 때 그(곽경)의 설에 합당한 것이 많다. … 그의 설이 반드시 다 옳은 것은 아니니, 오직 현명한 자가 채택하여 취사하기에 달려 있다."[14]고 하여, 『역경』의 문헌적 고증을 위한 폭을 넓게 열어주고 있다.

그는 역학(易學)의 과제로서 하도(河圖)·낙서(洛書)를 선천·후천의 상수(象數)적 질서로 논증하는 데 깊은 관심을 기울이고 있으며, 특히 낙서와 홍범(洪範)의 일치구조를 고증하는 데 주의를 기울였다. 여기서 그의 창의적 해석도 드러나는 사실이 지적되기도 한다.[15] 역학의 상수적 해석과 시괘(蓍卦)의 점법(占法)에 관해서도 성호가 세밀하게 논증하는 여러 논설을 저술하고 있는 사실에서도 그의 역학이 '의리'의 관점보다 '상수'와 '복서'의 관점에 기울어져 있음을 엿볼 수 있다.[16]

공안국(孔安國, 漢)은 공자가 『서경』을 100편으로 산정(刪定)하였는데,

畿, 畿出萬乘. 其地, 恰滿方千里矣, 集註云, 地方百里, 出車千乘, 若方百里而千乘, 則畿內方千里, 當出十萬乘也, 又按朱子井田類說, 其說亦如此. 然則集註特一時未及照勘者也."

14) 『僿說』, '經史門: 易擧正'. "其說多有理, … 其言未必皆是, 惟在賢者, 採而去取之耳."

15) 『星全』, 附錄 권1, 9-10, '家狀'[從子秉休], "其論河洛先後天之義, … 其詳則在易經疾書可考, 以上諸說, 古未之有, 發自先生."

16) 星湖의 易學에서 象數와 卜筮에 대한 관심은 『星全』, 권41의 「則圖畫卦說(並圖)」, 「後天圖說」, 「卦氣直日說」과 권44의 「蓍卦攷」 5편의 저술에서도 확인할 수 있다.

진시황의 분서(焚書) 이후 절반 정도 남았다고 주장하였다. 성호는 이에 대해 『시경』 300편은 본래 흩어져 없어진 것이 없는데도 일시(逸詩)가 사방에 나오고 있지만, 흩어져 없어진 것이 많다는 『서경』에는 춘추·전국시대의 언급 속에서 일서(逸書)가 나타나지 않는 사실을 들어서, 『서경』에 흩어진 편(篇)이 많다는 견해를 거부하였다.[17] 이 점에서 그는 고증적 입장을 확인하여 증거가 없는 주장들의 의심스러운 점들을 분명하게 밝히고 있는 것이다.

『시경』의 해석에서도 '풍'(風)과 '아'(雅)의 체제가 다름을 확인하여, 「왕풍」(王風)이 아(雅)에 편입되지 않고 국풍(國風)에 편입된 이유에 대한 정현(鄭玄)의 견해를 반박하며, '대아'(大雅)와 '소아'(小雅)가 주(周)나라 악관(樂官)인 태사(太師)와 소사(小師)가 ·담당한 음악임을 고증하여, 주자가 '소아'는 연향(宴享)의 음악이요, '대아'는 조회(朝會)의 음악이라는 견해를 거부하였다. 또한 육생(六笙: 篇名만 남고 노랫말이 없는 笙으로 연주하는 「南陔」·「白華」·「華黍」·「由庚」·「崇丘」·「由儀」의 6편)에 대해 원래 시가 없는 것이라는 주자의 견해를 거부하고 시가 있었는데 없어진 것임을 고증하고 있다. 이와 더불어 공자가 '시' 3천여 편을 305편으로 산정(刪定)하였다는 사마천(司馬遷) 이후 정현·주희 등의 견해를 반박하면서 『춘추좌전』 등을 논거로 공자 이전에 이미 정본(定本)이 있었고, 공자는 이 정본을 수정하고 보완한 것이라는 『시경』 산정(刪定)의 의미를 새롭게 고증하였다. 이처럼 성호는 경전의 성립과정에 관해 독자적 해석을 하고 있음을 보여준다.[18] 따라서 성호는 고증적 작업을 통

17) 『星全』, 권54, 1, '跋書傳', "自古儒者言尚書多不傳, 愚以爲不然, … 其逸書之見, 疑若多於詩也, 然自春秋以下至戰國間許多人文字, … 其見存若干篇外, 略不見有一句話雜出於傳記何哉."

18) 『星全』, 권49, 17, '詩經疾書序', "如王之不入雅, 二雅之繫大小師, 六笙之無詩, 刪詩

해 주자의 견해와 달라지는 주장도 명확하게 밝히고 있는 사실이 확인된다.

나아가 『주례』(周禮)에 대해, 지금 남아 있는 것이 345편이고, 없어진 것은 15편뿐이며, 「고공기」(考工記) 부분도 없어진 것은 6편이고 남아있는 것은 23편임을 확인하였다.〈『星湖僿說』, 經史門: 周禮冬官〉 그것은 현재의 경전만이 아니라, 경전의 전래과정에서 출현하였던 많은 저술에 대한 문헌적 관심의 폭이 얼마나 넓었는지를 잘 보여주는 것이다. 그는 『주례』라는 글이 전한(前漢) 말기 유흠(劉歆)에서 비로소 나타나게 되었다고 보고, 후한(後漢)의 정현(鄭玄)도 의심스러운 것은 버렸음을 지적하면서도, "육관(六官)을 설치한 그 넓고 먼 규모는 옛 성인이 아니었다면 능히 그렇게 만들 수 없었을 것이다."[19]라 하여, 『주례』가 주공(周公)의 제도이지만, 후세에 첨가되어 뒤섞인 것이 많음을 확인하고 있다.

『의례』(儀禮)에 대해, 『한서』(藝文志)와 『문헌통고』를 근거로 고당생(高堂生)이 전한 17편의 금문(今文)과 공자의 집 벽 속에서 나온 『고례』(古禮) 56편의 고문(古文)이 한나라 때 있었지만, 정현(鄭玄)이 17편만 주석하였고, 나머지 편들이 유실된 사실에 대해, 선유(先儒)의 말에 "성경(聖經)이 진화(秦火)에 망한 것이 아니고 한유(漢儒)의 손에 무너졌다."고 언급한 말을 받아들이고 있다.[20] 그는 『문헌통고』와 당나라 가공언(賈公彦)의 견해를 검토하면서, 『소대례』(小戴禮: 『禮記』) 49편은 『의례』(儀禮)와 중복된 것을 빼고 남은 49편이고, 『소대례』 및 『의례』와 중복된 것을

之有更定之類, 別有其說."

이에 대한 구체적 내용은 『星全』, 卷41의 '國風總說'·'二雅說', '豳詩說'과 『僿說』, '經史門: 六笙詩' 등에서 제시되고 있다.

19) 『僿說』, '經史門: 周禮', "排陳六官, 規模宏遠, 有非先聖, 不能制者."

20) 『僿說』, '經史門: 儀禮遺經' 및 『星全』, 권54, '跋儀禮'.

제거한 것이『대대례』(大戴禮)라 확인하였다. 여기서 그는 “당시의 책이 반드시 모두 주(周)나라 때에 구비된 것은 아니었을 것이다. 한(漢)나라가 일어나고 진(秦)의 멸망을 눈으로 본 유학자들이 비로소 편찬하기 시작하여 유향(劉向)과 대덕(戴德)·대성(戴聖)에게 채록되었을 것이다.”[21]라 하여,『의례』·『예기』(『小戴禮』)의 예경(禮經)과『대대례』의 편찬이 진(秦) 이전에 이루어진 것만이 아니라, 한(漢) 이후에 와서 주로 저술되고 편집된 것임을 고증을 하고 있다. 성인의 손에 완성된 경전이 진나라 이후 부분적으로 망실되거나 변형되었다고 보는 입장이 아니라, 예경의 경우 한대 이후에 상당 부분이 편찬된 사실을 주장하는 새로운 관점을 보여주는 것이다.

이와 더불어 그는『순자』의「예론」(禮論)편을 저소손(褚少孫: 前漢 博士. 王式의 門人)이 뽑아서 예서(禮書)로 만들었고, 대성(戴聖)이 줄여서 기(記)를 만들었다는 사실을 지적하고, “모두 진진한 의리의 정취가 마치 큰 강물이 쏟아져 흐르면 온갖 파란이 전후로 일렁이는 모습을 다 형용할 수 없는 것과 같다.”[22]고 극찬하였다. 그만큼 경전 속에『순자』가 차지하는 위치를 인정하고 중시하는 사실에서도 그의 실학정신이 지닌 개방적 성격을 엿볼 수 있게 한다.

성호는 경전의 문체에 대해서도 세밀한 관심을 보여, 옛 경전의 문장에 압운(押韻)을 썼던 사례들을『주역』·『서경』등에서 찾아내어 제시하면서, 읊조리며 생각하게 하여 감흥을 일으키게 하였던 것이 옛사람의

21)『星全』, 권54, 5, ‘跋大戴禮’, “今既據儀禮刪小戴之重複, 則據小戴儀禮刪大戴之重複, 無疑矣, … 愚謂當時之書, 未必皆姬周之所具, 漢興而諸儒目見秦亡, 方始撰定, 爲劉向二戴之所採.”

22)『僿說』, ‘經史門: 荀子’, “荀卿大儒也, 禮論一篇, 褚少孫採爲禮書, 戴政君節爲記, 皆津津理趣, 如長江一瀉, 前波後瀾, 渺漫不可窮詰也.”

글짓는 뜻임을 지적하였다.[23] 또 옛 경전의 문장에는 반어적 표현이 많은 사실을 지적하면서, 주자학의 대표적 『서경』 주석인 채침(蔡沈)의 『서경집전』(書經集傳)에서는 반어법의 표현으로 해석하지 않은 것은 경전의 본래 의미에 밝지 못한 점이라 비판하기도 하였다.[24]

성호는 공자가 『춘추』를 저술한 사실에 대해, "당시 『노사』(魯史)에 구비된 사실이 혹은 의심스럽고 난잡하여 시비가 혼동되었으므로, 성인이 그중에 나아가 그 정실을 고찰하여 표제(標題)를 만들되, 마치 지금의 『통감』(通鑑)이 강(綱)만 두고 실적에 이르러는 본사(本史)에 붙여두는 것과 같이하였을 따름이요, 그 전(傳)을 버리고 그 경(經)만 단독으로 행함을 이른 것이 아니다."[25]라 하여, 『노사』를 전(傳)으로 삼아 경(經)으로 『춘추』를 저술한 것이라 보았다. 또한 그는 『춘추』 첫머리의 '춘왕정월'(春王正月)에 대한 분분한 해석을 버리고, 『시경』(「七月」·「十月之交」)을 증거로 '춘'(春)이 삼대(三代: 夏·殷·周)의 명칭과 다름을 지적하여, 유왕(幽王) 이전에는 이런 것이 없었다가 평왕(平王) 때에 와서 고친 것으로서, 평왕이 동쪽으로 도읍을 옮긴 뒤에 잘못된 것이라 밝히고 있다.[26] 그는 『춘추』의 이해에서 의리의 중요성을 충분히 강조하고 있다.[27] 그러나 경우에 따라서는 의리에 따른 해석으로 견강부회하는 것

---

23) 『僿說』, '經史門: 古經押韻'.
경전에서 押韻의 사례로 『주역』 乾卦의 '乾乾'·'在淵'·'在天'이나, 坤괘의 '履霜'·'直方'·'含章'·'括囊'·'黃裳'·'玄黃' 등을 들고 있다.

24) 『僿說』, '經史門: 古經反語', 蔡沈이 반어법으로 해석하지 않은 『서경』의 구절들로 「盤庚」편의 "比于罰", 「洪範」편의 "不罹于咎" 등을 들고 있다.

25) 『僿說』, '經史門: 春秋經傳', "當時魯史具備事, 或疑亂混是淪非, 聖人就其中, 覈其情, 實爲標題語, 如今通鑑有綱, 至於實迹, 則付之於本史而已, 非謂舍其舍其前, 而孤行其經."

26) 『星湖僿說』, '經史門: 春王正月', "幽王以前無此, 至平王改之, 卽東遷以後之失也."

27) 『星湖僿說』, '經史門: 春秋書弑', "君子畏義, 其次畏名, 又其次畏法."

이 아니라, 경전을 근거로 경전을 고증하며, 의문점은 남겨두는 고증적 해석의 방법도 동시에 중시하고 있음을 보여준다.

나아가 『사서』를 중심으로 『오경』을 포함하는 도학의 경학체제에서 가볍게 여겨졌던 『이아』(爾雅)의 중요성을 주목하여, 『시경』을 읽는 자는 『이아』를 익히 읽지 않을 수 없음을 지적하고, 송(宋)의 형병(邢昺)이 편찬한 『이아소』(爾雅疏)에까지 관심을 보여주고 있다.〈『星湖僿說』, 經史門: 爾雅 및 經史門: 爾雅疏〉 그만큼 성호의 경학에 관한 관심은 문헌의 폭에서나 고증학적 방법의 적용에서 폭넓게 열려 있음을 확인할 수 있다.

2) 『질서』(疾書)의 저술체제

성호의 경학연구를 집약하고 있는 대표적 업적은 자신의 경전해석을 『질서』(疾書)로 저술한 것이다. 그는 '질서'의 의미를 해명하면서, " '질서'란 무엇인가? 생각이 일어나면 곧바로 써놓는 것이니, 금방 잊어버릴 것을 염려해서이다. 익숙하지 않으면 잊어버리게 되고, 잊어버리면 생각이 다시 일어나지 않으니, 그래서 익숙하게 하는 것을 귀하게 여긴다. '곧바로 써놓는 것'(疾書)은 그다음으로, 역시 익숙하기를 기대하는 방법이다."[28]라 하였다. 독서하다가 생각이 일어나면 곧바로 적어 두어 잊어버리지 않음으로써 익숙하게 되기를 추구하는 것이 『질서』를 저술하는 이유라 밝히고 있다. '질서'의 모범은 장횡거(張橫渠)가 곳곳에 붓과 벼루를 두고 밤중에라도 일어나서 촛불을 밝히고 생각나는 것을 곧바로

28) 『星全』, 권49, 3, '孟子疾書序', "疾書者何, 思起便書, 蓋恐其旋忘也, 不熟則忘, 忘則思不復起, 是以熟之爲貴, 疾書其次也, 亦所以待乎熟也."

적어두었던 사실에서 확인하였다.[29] 이처럼 그는 경전을 연구하다가 생각이 떠오르면 곧바로 써놓고, 거듭 음미하여 익숙하게 터득하는 방법으로 '질서'를 하였던 것이다. 그것은 단순히 선현(先賢)의 해석을 답습하자는 것이 아니라, 자신에게 절실하고 진실한 깨달음을 얻고자 하는 것임을 의미한다.

성호의 경학연구 체제에서 중심을 이루는 저술은 '칠서'(七書: 四書·三經)의 『질서』이다.[30] 먼저 그가 경전의 『질서』를 저술한 순서는 '사서'의 『질서』를 먼저 저술하고, 다음에 '삼경'의 『질서』를 저술하였다. 그것은 '사서'를 기초로 하여 '삼경'으로 나아가는 '사서' 중심의 주자학적 경학체계를 보여주는 것이라 할 수 있다.

여기서 '사서'의 『질서』를 저술한 순서는 『맹자질서』→『대학질서』→『논어질서』→『중용질서』의 순서로 작업하고 있다. 그것은 성호가 주자학의 경학체계에서 『대학』→『논어』→『맹자』→『중용』이라는 독서순서를 따르는 것이 아니요, 『논어』→『대학』→『중용』→『맹자』로 이어지는 도통(道統)의식에 따른 성립순서를 따르는 것도 아니라, 『맹자』에서 시작하는 성호 경학의 독자적 입장을 보여준다. 여기서 그는 "『맹자』의 7편은 시대로는 뒤에 오고 뜻은 상세하다. 뒤에 오는 것은 가깝다는 것이며, 상세하다는 것은 드러난다는 것이다. 그러므로 성인의 뜻을 찾

---

29) 『星全』, 권33, 38, '答族曾孫君西論語問目'(乙卯), "疾書者, 疾速其書, 橫渠隨處置筆硯, 或夜起取燭書之. … 語出橫渠贊, 妙契則不敢, 而疾書相近耳."

30) 星湖의 『疾書』에는 경전에 대한 『疾書』 이외에도 朱子學의 기본교과서라 할 수 있는 『小學』·『近思錄』·『心經附註』·『家禮』의 4종에 대한 『疾書』가 있으니, 합치면 11종의 『疾書』 체제를 이루고 있다. 이 11종의 『疾書』체제는 성호의 학문체계가 철저히 朱子學에 기반하고 있음을 보여준다. 星湖가 11종의 『疾書』를 저술한 순서를 보면, 『孟子疾書』→『大學疾書』→(『小學疾書』)→『論語疾書』→『中庸疾書』→(『近思錄疾書』→『心經附註疾書』→『家禮疾書』)→『易經疾書』→『書經疾書』→『詩經疾書』으로 이어지고 있다.(『星全』, 附錄卷 1, '家狀'[從子秉休])

는 일은 반드시 『맹자』로부터 시작해야 한다."[31]라 언명함으로써, 시기적으로 오늘에 가까워 증거가 명백하고 현저한 경전에서 출발하고 있다. 그것은 객관적 사실의 실증을 중시하는 경학의 방법으로, 실학적 태도를 보여주는 것이라 하겠다.

그는 경학연구의 출발점을 가장 늦게 성립한 『맹자』에서 시작하고 있다. 그러나 그는 "만물 가운데 사람보다 영명한 존재가 없고, 사람 가운데 성인보다 위대한 존재가 없으며, 성인 가운데 공자보다 성대한 분은 없고, 가르침 가운데는 『논어』보다 갖추어진 것은 없다."[32]고 언급한 사실에서나, 제자 윤기(尹愭)가 평생 가슴에 간직할 한마디 말을 여쭈었을 때, "우리 '도'는 다만 『논어』 한 책에 있다."[33]고 대답하였던 사실에서처럼, 경전 가운데 『논어』가 핵심으로 가장 중요한 비중을 지니는 것임을 지적하고 있다. 성호의 경학체계에서는 『논어』가 중심에 있고, 『맹자』에서 시작하는 독자적 구조를 보여주고 있는 것이다.

성호는 『맹자질서』에서 '진심'(盡心)에 대해 주자의 해석이 바뀌고 있는 사실을 정밀하게 검토하고 있다. 그는 주자가 『맹자집주』에서 '진심'을 '지지'(知至)로 해석하였으나, 『주자어류』에서 '지지'를 '성의'(誠意)로 고친 것이 주자의 정론(定論)이라 지적하였다.[34] 이에 대해 그는 친

31) 『星湖先生全集』, 권49, 4, '孟子疾書序', "孟子辯而七篇作, 以世則後, 以義則詳, 後則近, 詳則著, 故曰求聖人之旨, 必自孟子始也."

32) 『星全』, 권49, 9, '論語疾書序', "物莫靈於人, 人莫大於聖, 聖莫盛於吾夫子, 而教莫備於論語."

33) 『星全』, 附錄 권2, '祭文'[門人 尹愭], "問一言可以終身服膺者, 先生曰吾道只在論語一部."

34) 『孟子疾書』, '盡心上', "盡心, 集註定作知至說, 然語類 … 曰, 某初間, 亦把做只是知得盡, 如大學知至一般, 未說及行, 後來仔細看, 如大學誠意字模樣, … 此實後來定論, 而大全中一不收入, 故讀者猶膠守知至說, 則錯矣."

우 박호(坡隱 朴浩)와의 토론에서도 『주자어류』에서 '진심'을 '지지'로 해석한 것을 '성의'로 고친 사실은 주자문하의 일등급 제자인 진순(北溪 陳淳)의 무리가 기록한 것으로 착오가 아님을 확인하였다.[35] 또한 제자 윤동규(邵南 尹東奎)는 주자가 주비경(朱飛卿)에게 보낸 답장(『주자대전』, 권56, '答朱飛卿')에서 '진심'을 '의성'(意誠)의 일로 보았다가 뒤에 다시 생각하여 '지지'의 일로 보았다는 상반된 언급이 있음을 지적하자, 성호는 주비경에 보낸 답장의 언급이 뜻밖임을 인정하고, 처음 『맹자집주』에서 '지지'로 해석하였다가, 중간에 『주자어류』에서 '성의'로 해석하고, 뒤에 주비경에 보낸 답장에서 되돌아가 '지지'로 해석한 것인지 선후를 알 수 없다고 밝혔다.[36] 이처럼 성호는 주자의 경전주석에서 견해가 달라지는 사실을 세밀하게 분석하면서 그 의리를 명확하게 판단할 수 없는 사항에 대해서는 가볍게 단정하지 않고 유보해 두는 합리적 학문자세를 엿볼 수 있게 한다.

3. 성호 경학의 방법—'치의'(致疑)와 '득요'(得要)

1) '치의'(致疑)의 도학적 성찰과 실학정신

성호는 도학-주자학을 자신의 학문적 기반으로 확보하고 있지만, 당시 조선사회 도학자들의 학풍에 대해 철저하게 반성하는 것으로 자신의

35) 『星全』, 권9, 38, '答朴坡隱孟子疾書辨誨別紙'(戊戌), "若其改知至爲誠意, 則朱子分明道初間如彼, 後來改定如此, 非一二見矣, 記者如朱門第一等陳北溪之徒, 不應皆誤."

36) 『星全』, 권19, 22, '答尹幼章問目'(辛酉), "其答朱飛卿一書, 又是意外, 或者初間作知至說, 中間有語類答問, 後來更答飛卿書如此耶, 未知孰爲先後也, 第當更思."

경학 나아가 학문 전반의 출발점을 삼고 있다. 무엇보다 먼저 그는 조선시대 도학자들이 주자의 경전주석을 절대적 권위로 받아들여 묵수하는 사실에 대해, "'한 글자라도 의심스럽게 여기면 망령이요, 이것저것 상고하여 대조하면 죄이다'라 말할 뿐이다. 주자의 글도 이와 같은데, 하물며 옛 경전에 있어서이겠는가. 우리나라 사람의 학문이 경솔한 풍습을 벗어나기 어렵다."37)고 비판하였다. 여기서 그는 회재(晦齋 李彦迪)가 주자의 『대학장구』를 고쳤던 일이 있고, 율곡(栗谷 李珥)이 주자의 『중용장구』에 나오는 언급(氣已成形, 理亦賦焉)에 대해 이치에 맞지 않는다고 언급하였던 일이 있었음을 들어서, 조선사회의 도학자들도 처음에는 그렇지 않았는데 후기로 갈수록 도학의 학풍이 심하게 속박되어 엄격한 금지령의 그물(禁網)에 갇혀 있음을 지적하고 있다.

『예기』(檀弓上)에서 "스승을 섬김에 숨김이 없어야 한다."(事師無隱)는 구절에 대해 성호는 의심을 품는 것을 금하지 않은 것이라 확인하면서, "의심을 품는 것은 말하는 통로를 열어놓는 것이다. 말이 들어맞지 않는 것은 그 죄가 말하는 자에게 있는 것이니, 『집주』에 또한 무슨 손상이 되겠는가. 우리 선생님(朱子)께서 무덤에서 다시 살아나신다면, 반드시 그 나아가기를 추구함을 애처롭게 여겨 말이 들어맞지 않는다고 꾸짖지 않을 것이다."38)라 하였다. 여기서 그는 배우는 자가 의심이 없다고 말한다면 어리석거나 아첨하는 것이니, 부끄러운 일이라 하였다. 주자의 『집주』에 의심을 품고 다른 견해를 제시하는 것은 주자가 다시 나와도 꾸짖지 않을 것임을 강조하여, 성현의 글을 의심한다는 것이 학

37) 『星湖僿說』, '經史門: 儒門禁網', "但曰'一字致疑則妄也, 考校參互則罪也', 朱子之文尙如此, 況古經乎, 東人之學, 難免鲁莽矣."

38) 『星全』, 권49, 5, '孟子疾書序', "置疑所以開言路, 言之不中, 罪在言者, 於集註又何損, 九原可作, 吾夫子必將哀其求進, 而不誅其不中也."

문의 진보를 위해 필수적인 방법이요, 의심하는 것을 금하는 것은 말을 못하게 막는 것으로 대화가 아닌 강압임을 비판하고 있다.

또한 성호는 순자(荀子) 이후 맹자에 대한 비판이 이어졌음을 열거하고, 주자에 의해 맹자의 변호가 확고하게 정립되었음을 지적하였다.[39] 그의 관점에서 보면 후세 사람들이 주자가 맹자를 존숭하였던 것보다 더 심하게 주자를 존숭하고 있는 과도한 존숭태도가 문제임을 지적하고 있다. 또한 그는 '자기를 믿지 말고 믿을 만한 것을 믿는 것'이 학자의 올바른 법도라고 전제한다. 이에 따라 "독실하게 믿으면서도 풀리지 않는 의심이 강습하는 사이에 드러나면, 개인적으로 적어 두었다가 깨닫기를 바람은 어쩔 수 없는 일이다."[40]라 하여, 경전과 주자의 해석을 독실하게 믿더라도 그 가운데 의문을 품는 것이 학문과정에 필수적 조건임을 제시하였다.

그러나 경전의 원문이나 주자의 경전해석에 의문을 제기하면, 사람들이 곧바로 성현을 헐뜯는다고 얽어매어 억압하는 현실에 대해 통렬하게 비판하였다.

> "엄격한 법률이나 각박한 형벌이야 어찌 공자문하에서 행했겠는가? 나는 그래서 '오늘의 학자는 유가의 신불해(申不害)요 상앙(商鞅)이다'라 한다. 이에 순종하는 풍조만 자라나고 연구하는 버릇

---

39) 星湖는 「孟子疾書序」에서 孟子에 대한 비판으로 『荀子』(非十二子편)의 '非孟' 이후, 王充의 「刺孟」과, 馮休의 「刪孟」으로 비판이 이어졌고, 송나라 이후로도 司馬光의 「疑孟」과, 蘇軾의 「原孟」, 李覯의 「常語」, 鄭原의 「藝圃折衷」 등 무수한 孟子비판이 있었음을 들었다. 이에 반하여 孟子를 변호한 경우로 韓(未詳)과 余允文의 『尊孟辨』이 있었지만 정밀하고 적실하지 못하였으나, 朱子의 「讀余隱之尊孟辨」에 의해 맹자의 변호가 확립되었음을 제시하였다.

40) 『星全』, 권49, 3, '孟子疾書序', "不自信而信可信, 此雖學者之正法, 其或篤信之餘, 疑有未釋, 露於講貫之際, 藏於筆箚之私, 求有以至於發蒙, 斯亦不得已也."

> 은 소멸되었으니, 갈수록 학문이 없는 데로 가라앉은 것은 오늘날 학자들의 허물이다."[41)]

조선후기 도학이 엄격한 '정통'의식에 따라 획일적이고 교조적인 풍조를 이룬 것은 이미 유교의 학문정신에서 벗어나는 법가(法家)의 태도임을 지적하고, 그 결과 학문을 말살하는 데까지 이르게 되었음을 비판하였던 것이다. 조선시대 도학의 전통에서는 주자의 견해와 다르면 어떤 새로운 견해도 용납하지 않고 엄격하게 배척되었다. 그는 그 실제 사례로 박세당(西溪 朴世堂)이나 윤휴(白湖 尹鑴)의 경전해석이 주자의 해석에서 벗어났다고 당시 도학의 정통적 권위주의 아래 혹독하게 억압당하는 현실을 지켜보면서, 당시의 도학자들을 가리켜 '유가 안에 있는 법가'(儒家之申商)라 규정하고, 이들이 학문을 질식시키는 과오를 저지르고 있음을 비판하였던 것이다.

이러한 성호의 비판은 당시 조선의 주자학자들이 폐쇄적이고 독선적인 기풍에 빠져있는 데 대한 비판이지, 주자학 자체에 대한 비판은 아니다. 따라서 그는 사람들이 주자의 『장구』(章句)를 일월(日月)처럼 존숭하고, 사시(四時)처럼 믿고, 가족처럼 아끼고, 형벌처럼 두려워하고 있는데도 불구하고, 연구하여 터득하고 발명함이 없는 이유가 주자의 이론이 완벽함만 믿고 의지할 뿐, 전혀 깨닫고 이해하려 하지 않는 데 있음을 지적하였다. 이에 따라 그는, "학문에는 반드시 의심을 가져야 한다. 의심을 가지지 않으면 얻더라도 견고하지 못하다. … 그러므로 의심을 하는 것은 의심을 없게 하기 위한 방법이다."[42)]라 역설하였던 것이다. 곧

---

41) 『星全』, 권49, 4-5, '孟子疾書序', "峻法刻刑, 奚爲於孔子之門, 余故曰 今之學者, 儒家之申商也, 於是唯諾之風長, 考究之習熄駸駸然底于無學, 則今之學者之過也."

42) 『星全』, 권54, 35, '中庸疾書後說', "學必要致疑, 不致疑, 得亦不固, … 故有疑所以

주자학의 진실성은 주자의 말을 진리로 받들고 고수하는 것이 아니라, 주자의 학문정신으로 진리를 찾아가는 데 있음을 강조하는 것이다. 여기서 그는 '의심하는 것', 곧 '치의'(致疑)를 경학의 출발점으로 삼고 있음을 선명하게 밝히고 있다.

따라서 성호는 자신의 『중용질서』에 대해, "이 책은 주자가 『중용장구』에서 밝힌 뜻을 굳게 지키고 감히 바꾸지 않았으나, 『중용장구』에서 말하지 않은 것을 때로 혹 말하기를 꺼리지 않았으니, 그 의도는 다만 지름길을 찾아서 주자의 본뜻으로 돌아가기를 힘쓴 것이다. 만일 『중용장구』 외에 한 글자라도 보태는 것이 모두 외람된 짓이라고 한다면, 이는 나의 마음을 모르는 것일 뿐만 아니라 주자의 뜻을 아는 방법도 아니다."43)라 하였다. 이처럼 성호는 주자의 주석을 존중하면서도 끊임없이 의문을 제기하여 주자의 본래 의도를 찾아가는 것이 주자학의 진정한 모습임을 확인하고 있는 것이다.

성호의 경학적 학문자세는 주자의 경전해석을 받들고 믿는 '존신'(尊信)의 주자학이 아니라, 주자의 경전해석도 의심하는 '치의'(致疑)의 주자학이다. 따라서 그는 "조금 의심하면 조금 진보할 것이요, 크게 의심하면 크게 진보할 것이다. 많이 의심하여도 해롭지 않다. 그러므로 의심이 없는 곳조차 의심하여 볼 필요가 있다."(출전 미확인)고 언급한 주자의 말을 소중하게 인용하면서, "의심이란 신기한 것을 좋아하는 것과 관계가 된다. 그렇지만 처음 배우는 선비가 길을 탐색하고 심오한 것을 힘쓰는 것은 오직 성경(聖經)의 뜻에 부합하지 못할까 두려워하는 것이니,

---

無疑也."

43) 『星全』, 권54, 35-36, '中庸疾書後說', "是書也堅守章句, 莫敢移易, 而章句之所不言, 時或不憚言之, 其意都只爲探討蹊徑, 務歸於朱子之本旨, 若曰章句之外, 一字皆濫云爾, 則是不但不識愚之所存, 亦非所以知朱子也乎."

어찌 범상하게 보다가 그만둘 수 있겠는가."[44]라 하여, 의심하는 것이 '신기한 것을 좋아하는'(好新) 병통에 빠질 수 있음을 지적하면서도, 의심하는 것은 바로 성인의 경전에 일치하는 뜻을 찾아가기 위한 경학의 기본방법임을 강조하고 있다.

또한 앞에서 언급한 주자의 말을 똑같이 인용하면서, "만약 속으로 의심하면서 겉으로 순종하면 간직하고 있는 바를 알 수 있지만, 의심이 있으면 의심이 없는 데까지 이르게 하는 것이 진실로 군자가 올라가는 계단이요, 나아가는 순서이다. 통속의 학문에서는 대체로 의심을 하지 않는 자가 많다."[45]고 하였다. 그만큼 학문의 기본자세로 의심하는 것에서 출발하여 의심을 다 풀어내는 데까지 나아갈 것을 강조하고, 의심할 줄 모르며 권위에 순종하는 통속의 학문(俗學)을 신랄하게 비판하고 있는 것이다.

바로 이 점에서 성호의 경학은 도학적 기반 위에 서 있으면서, 실학으로 나아갈 수 있는 통로를 열어가고 있는 것이 사실이다. 그의 경학은 주자의 경학을 계승하지만, 그것은 단순히 받들고 지키는 묵수적 계승이 아니다. 그는 '치의'가 주자의 경학정신임을 확인함으로써, 거의 맹목적으로 주자의 경전해석을 고수하는 정통주의의 폐쇄적 태도를 뿌리에서부터 흔들어 놓고 있다. 따라서 주자의 경학정신으로 주자의 경전해석을 넘어설 수 있는 길을 열어갔다. 이 점이 바로 도학에 기반하면서 실학으로 연결되는 통로를 열어간다는 것이다. 그만큼 의문에서 출발하

44) 『僿說』, '人事門: 尹彦明質魯', "朱子有訓, 小疑則小進, 大疑則大進, 多著疑不妨, 故無疑處有疑看也, 疑者涉乎好新, 然始學之士, 探討谿徑, 務在深奧, 惟懼不合乎聖經之義, 豈可泛看而遂止耶."

45) 『星全』, 권24, '答安百順'(壬申), "朱子謂少疑則少進, 大疑則大進, 多著疑不妨, 若內疑而外順, 所存可知也, 有疑而至於無疑, 固君子之階級次第, 俗學大抵不致疑者多."

는 ‘치의’의 방법은 그의 경학에서 창의적이고 진취적 해석을 가능하게 해준다.

그는 실제로 『중용장구』(19장)와 『대학장구』(경1장)에서 착오의 글자를 찾아내고 있는 것은 바로 남들이 의심하지 않는 곳까지 세밀하게 의심하는 ‘치의’의 방법을 통해 발견할 수 있었던 수확이다.[46] 여기서 그는 옛날이나 지금의 선비들이 모두 이 착오의 글자를 찾아내지 못하였던 것은, 단지 한 글자라도 의심하거나 비교 연구하고 서로 참고하여 논증하는 것을 억압해 왔던 도학의 교조적 독선이 초래한 맹목화에 말미암는 것이라 본다.

주자의 경전해석과 견해를 달리한다고 우암(尤庵 宋時烈)으로부터 ‘사문난적’(斯文亂賊)으로 몰려 배척을 받았던 백호(白湖 尹鑴)는 성호의 부친(李夏鎭)과 교분이 두터웠으니, 성호는 백호의 경학에 대한 이해가 있었을 것으로 보인다. 또한 성호의 문인 녹암(鹿庵 權哲身)은 “퇴계의 뒤로, 하헌(夏軒: 白湖 尹鑴)의 학문이 근본과 말단을 갖추고 있으며, 하헌의 뒤로, 성옹(星翁: 星湖)의 학문이 옛 성인을 잇고 미래의 학문을 열어주었다.”[47]고 하여, 백호와 성호의 학풍에 학문정신이 지닌 연속성을 언급하였던 사실도 있다.

주자의 경전주석에 의문을 갖고서 읽었던 사례를 하나 들어 보면, 『논어』 첫머리의 “배우고 때에 익힌다.”(學而時習)는 구절에 대해, 주자는 『논

46) 『僿說』, ‘經史門·儒門禁網’에서 星湖는 『중용장구』(19장)의 “賓弟子, 兄弟之子.”(賓의 弟·子와 兄弟의 子)는 “賓弟子, 兄弟弟子.”(賓弟子는 兄弟의 弟子이다)라 해야 옳으며, 『대학장구』(經1章)에서 “止於至善之地而不遷.”(至善한 자리에 머물어 옮기지 않는다)는 “至於至善之地而不遷.”(至善한 자리에 이르러 옮기지 않는다)이라 해야 옳은 것이라 지적하였다.

47) 『與全』[1], 권15, 35, ‘鹿庵權哲身墓誌銘’(附見閑話條), “退溪之後, 夏軒之學, 有本有末, 夏軒之後, 星翁之學, 繼往開來.”

어집주』에서 “ ‘습’(習)은 새가 자주 나는 것이다. 배우기를 그치지 않으니 마치 새끼 새가 자주 나는 것과 같다.”(習, 鳥數飛也. 學之不已, 如鳥數飛也)고 하여, 주자가 ‘습’을 해석하면서 “배우기를 그치지 않는다.”(學之不已)고 언급한 사실에 의문점을 제기하였다. 따라서 성호는 배움(學)과 익힘(習)을 나누어 말하면, 지(知)와 행(行)이 서로 구별되는 별개의 일이라는 점을 밝힘으로써, 주자의 주석 속에서 ‘배우기를 그치지 않는다’(學之不已)의 ‘학’(學)자는 ‘습’(習)자로 써야 옳은 것이라 지적하고 있다.[48] 주자의 주석 속에서도 주자의 논리에 따라 잘못된 글자를 찾아내는 자세를 보여주고 있는 것이다.

2) ‘득요’(得要)의 방법과 자득(自得)의 경학

성호의 경학은 주자의 경전주석체계에 확실하게 기초를 두고 있다. 그러나 그는 주자의 경학체계가 워낙 방대하고 뒤얽혀 있어서, 그 요령을 파악하기가 어려운 현실을 직시함으로써, 자신이 추구하는 경학의 방향과 체계화를 모색하였던 것이다.

그는 『대학질서』의 서문에서 주자의 경학체계를 개괄하면서, 『장구』(章句: 『大學章句』)는 해석에 미진하지만, 『혹문』(或問: 『大學或問』)에 오면 유감없이 해석이 이루어졌다고 보았다. 또한 『주자어류』(朱子語類)에서도 「경전어류」(經傳語類)와 「혹문어류」(或問語類)의 두 가지를 구분하면서, 「경전어류」는 『혹문』의 일종으로 『혹문』에서 언급하지 못한 것을 많이 발명하고 있으며, 「혹문어류」는 『혹문』의 『혹문』으로 미세한 데까지

---

48) 『星全』, 권19, 31, ‘答尹幼章問目’(癸亥), “若分而言, 則學與習, 各爲一事, 然則學之不已者, 似於時習之訓太偏重也, … 愚意不已者時時之意也, 學恐習字之誤也.”

미치고 있는 것이라 한다. 나아가 『장구대전』(章句大全: 『大學章句大全』)은 주자에 앞선 정자(程子)문하 이래로 여러 제자와 주자 이후 송나라와 원나라의 여러 학자를 모두 수록하여 가장 정밀하고 상세한 문헌을 이루었다는 것이다. 이처럼 주자학의 경전해석체계가 문헌적으로 지극히 방대한 사실이 성호 자신의 경학연구가 안고 있는 조건으로 주목하고 있다.

따라서 성호는 자신이 당면한 경학의 과제가 바로 이처럼 방대한 주자경학의 문헌 속에서 길을 찾는 것이 어려운 일임을 인식하여, "이제 만약 자세히 살피지 않고 정밀하게 선택하지 않아서, 그 요령을 얻지 못한다면, 말이 자세할수록 더욱 어지럽고, 뜻이 세밀할수록 더욱 번쇄하여, 비유하자면 마치 눈먼 사람이 눈먼 말을 끌고 구통팔달(九通八達)의 거리에서 어디로 갈지 모르고 서성거리는 꼴과 같다."[49]고 하였다. '자세히 살핌'(審察)과 '정밀한 선택'(精擇)을 통해, '요령을 얻음'(得要領)이 주자경학 속에서 길을 찾아 나가는 기본방법임을 확인하고 있는 것이다.

나아가 그는 자신이 오랜 세월 경학연구에 전념하면서 겪었던 경험에서, 경학연구의 어려움에 따른 '4가지 실패'(四失)를 들고 있다.(『星湖全集』, 권49, '大學疾書序')

① 옛사람에 못 미치는 총명으로 날로 많아지는 주석의 문자를 궁구하자니, 절반도 못 가서 힘이 다하고 마음이 나태해지는 실패.

② 여러 유학자가 전수하고 여러 시대에 걸쳐 존숭해 왔던 '장구' 속의 착오도 알아내는 사람이 없는데, 하물며 붙잡히는 것이 없는 심(心)·성(性)에 관한 이론을 알아낼 수 없는 실패.

49) 『星全』, 권49, 6, '大學疾書序', "今若察之不審, 擇之不精, 不有得其要領, 則言愈詳而愈眩, 意愈密而愈曲, 比如盲人瞎馬, 躑躅棲遑於九通八達之衢而將無適從也."

③ 『대전』·『어류』에 여러 이설(異說)이 있을 때, 치우친 것을 고수하여 비교연구하고 취사선택하지 못하거나, 견강부회하여 휩쓸어 따라가고 기준이 없는 실패.

④ 『장구대전』에는 후세 유학자들의 방만한 말이나 그릇된 해석이 뒤섞여 있으며, 주자의 명확한 해석과 적절한 요점이 많이 수록되지 않고 있지만, 어린 선비들이 이런 말이 있는 줄도 모르는 실패.

여기서 그가 이 네 가지 실패를 초래하는 경학연구의 어려움을 지적한 것은 경학연구에서 해결해야 할 그 자신의 과제를 제시한 것이라 할 수 있다. 그것은 곧 ① 방대한 문헌을 처리하면서 요령을 얻어야 하는 방법의 문제, ② 경학 속에서 '심·성' 개념의 성리학적 인식의 문제, ③ 서로 다른 해석과 이론에 대해 공정한 판단 기준을 찾는 문제, ④ 다양한 이론이 뒤섞인 속에서 올바른 해석을 찾아내는 분별기준을 확립하는 문제라 할 수 있다. 성호는 이러한 경학의 과제를 명확히 인식함으로써, 자신의 경학체계를 구축하는 과제와 방법을 명확하게 점검하고 있음을 보여준다.

조카 이병휴(李秉休)는 성호의 경학이 지닌 기본성격을 평가하여, "주자의 『집주』에서 말미암아서 『육경』의 취지로 거슬러 올라가는 것이요, 간혹 옛 유학자들이 발명하지 못한 것이 많았는데, 모두 깊이 생각하여 스스로 터득함에서 나온 것이다."[50]라 하였다. 그만큼 성호는 주자의 경전해석을 자신의 경학적 전제로 확인하는 도학적 기반을 분명히 밝히고 있다. 그러나 그는 주자를 교조적으로 조술하는 입장이 아니라, 주자의 경학을 기반으로 경전에 깃들어 있는 성인의 정신을 찾아 나아갔던 것

50) 『星全』, 附錄 권1, '家狀'[從子 秉休], "若擧其大要則其於經學, 由集註以溯六經之旨, 而間多先儒之所未發, 皆出於深思自得也."

이요, 성인의 정신을 찾아가는 길에서 주자를 비롯한 옛 유학자들이 발명하지 못한 경전의 뜻을 스스로 터득하여 새롭게 밝힌 것이 많았다는 것이다. 여기서 그가 스스로 터득한 '자득'(自得)의 세계는 주자의 경학에서 벗어나는 것이 아니라, 첫 단계에서는 주자의 경학정신을 활용한 것이라는 점에서 그의 경학은 도학적 기반을 견지하고 있는 것이다. 그러나 주자의 경전해석에 의문점을 가지면서 오류를 지적하는 수준을 넘어서, 주자의 관심에 벗어난 새로운 문제의식으로 경전을 해석하면서 경적해석의 실학적 정신이 싹터 나오게 되었던 것은 둘째 단계의 일이라 할 수 있다.

먼저 그는 『논어』의 해석에서도 여러 가지 서로 다른 견해가 분분하였으나 주자가 여러 해석을 절충하여 『논어집주』를 저술함으로써, 『논어』 해석의 통일된 기준을 확립하게 하였던 점이 바로 주자의 공적이라 높였다. 그러나 그는 주자를 높이는 바른 방법이 주자의 마음을 올바로 인식하는 데 있음을 강조하였다.

> "『논어』를 보려고 한다면 먼저 이 『집주』를 연구해야 하고, 이 『집주』를 연구하려고 한다면 먼저 주자의 마음을 이해해야 한다. 주자의 마음을 이해한다면 공자의 마음도 미루어 이해할 수 있을 것이다. 무엇을 (주자의) 마음이라고 하는가? 주자가 이 『집주』를 지을 때에 옛 학설에 대해 따를 만하면 따라서 구차하게 새로운 주석을 내지 않았으며, 혹 전날과 뒷날에 견해가 달라지면 바꾸어 구차하게 남겨 두지 않았다. 비록 문인 제자가 생각나는 대로 반론(反論)을 제기한 것일지라도 일단의 장점만 있으면 모두 채택하여 기록(採錄)하고 구차하게 버리지 않았다. 이를 통해 주자의 마음은 천지(天地)와 드넓음을 함께하고, 고금(古今)과 공정함을 함께하여, 털끝만큼의 인색함도 개입되지 않고, 오직 의리를 따랐다는 것을

알 수 있다."[51]

여기서 '주자의 마음'을 제기하는 것은 경전주석에 남긴 '주자의 문자'와 대비시켜, 주자학의 올바른 계승은 '주자의 문자'를 굳게 지키는 것이 아니라 '주자의 마음'을 올바로 이해함으로써 가능한 것임을 제시하는 것이다. 그는 '주자의 마음'이 어떤 비판적 견해라도 의리에 맞으면 받아들일 수 있는 열린 마음(與天地同恢)이요, 공정한 마음(與古今同公)임을 확인하고 있다.

따라서 그는 당시 주자학의 학풍이 왜곡된 현실을 비판하였다.

> "오늘날에는 주자의 책은 높이면서 주자의 마음은 놓치고, 주자의 글은 외우면서 주자의 의리는 뒷전으로 하고 있다. 생각하면 망령되다 하고, 의심하면 참람하다 하며, 펼쳐내면 군더더기라 하여, 모든 사소한 것과 일체의 비근한 것까지 억지로 금령의 그물을 설치하니, 어리석음과 지혜로움의 구별이 없게 되었다. 이것이 어찌 옛사람이 후세 사람들에게 바라는 바이겠는가."[52]

그만큼 성호의 주자학인식은 주자의 마음을 찾는 것이며, 당시의 주자학이 '주자의 마음'은 외면하고 '주자의 문자'만 고집하는 교조적 학

51) 『星全』, 권49, 9, '論語疾書序', "欲看此書, 須先究此註, 欲究此註, 須先得其心, 得朱子之心, 夫子之心, 又庶幾可推也, 何謂心, 朱子之爲此註, 其於舊說, 苟可以因, 則因之, 不苟新也, 或前後異見, 則易之, 不苟留也, 雖門人小子, 隨意發難, 一曲之長, 咸在採收, 不苟棄也, 用此知朱子之心, 與天地同恢, 與古今同公, 無一毫繫吝, 而惟義之從也."

52) 같은 곳, "其在于今, 尊其書, 而失其心, 誦其文, 而後其義, 思量, 則爲妄, 致疑, 則爲僭, 發揮, 則爲賸, 尺尺寸寸, 一切卑近, 勒爲禁網, 而愚與智無別, 此豈古昔人所望於後來哉."

풍으로 고착되었음을 지적하고, 이미 주자학의 본래 정신에서 벗어난 것임을 비판하는 데서 출발하는 것임을 확인할 수 있다.

성호는 경전의 이해가 어려운 까닭을 『역경』의 경우에서 해명하면서, "무수한 세월을 거치면서 물정(物情)이 따라 변하였고, 언어도 크게 달라졌다. 그러므로 옛날에는 자세히 알던 것도 오늘에는 의심하지 않을 수 없다. 성인은 옛사람이요, 전하고자 한 것은 마음인데, 마음은 글에 깃들어 있고, 글은 사람에게 주어져 있다. 사람이 옛사람이 아니니, 성인도 어찌할 수가 없다."[53]고 하였다. 옛사람인 성인이 그 말씀을 글에 실어 남긴 경전과 이 경전을 읽는 오늘의 사람 사이에 '시대'(物情)가 변하였고 '언어'가 달라졌으니, 소통의 어려움이 발생하게 되는 것은 어쩔 수 없는 현실임을 지적하고 있다. 따라서 경전을 이해한다는 것은 달라진 시대와 언어에 매달려서는 가능한 것이 아니고, 그 시대와 언어의 변화를 넘어서 성인의 마음을 읽어야 하는 것임을 밝혀주고 있다.

여기서 그는 글자마다 구절마다 풀이하여 곡진하게 이치를 설명한다는 것은 먼저 그 의미를 단정하여, 문장만 끌어다 꿰맞춘 것으로 옛사람의 의도에서 벗어나는 것임을 경계하면서,[54] "『주역본의』는 반드시 글에 의거하여 해석을 하고 말에 따라서 의미를 밝혔으며, 궁구할 만하면 궁구하고 막히면 바로 그만두었다. 궁구하는 것이 자랑거리가 아니라 그만두는 것이 어려운 것이니, 이것이 『역경』을 읽는 바른 방법이다."[55]

---

53) 『星全』, 권49, 13, '易經疾書序', "歲歷千億, 物情隨異, 言語迥別, 故詳乎古者未必不疑於今也, 聖人古人也, 所欲傳者心也, 心寓乎書, 書付乎人, 人之非古, 聖人亦無柰何也."

54) 『星全』, 권49, 14, '易經疾書序', "今或字字異訓, 句句殊旨, 艱難以說得, 雖似曲成道理, 是則先斷其義, 援文而符之, 安知古人之意之所在."

55) 같은 곳, "如本義者, 必依文立解, 沿其言而發其義, 可窮而窮之, 柅則便止, 非窮之爲姱, 止之爲難, 玆爲讀易之正法."

라 하였다. 곧 주자가 『역경』을 해석하는 방법이란 문장과 말에 따라 해석하면서도 이치를 궁구할 수 있으면 궁구하지만 이치가 막히면 남겨두는 것임을 지적하고, 이러한 자세를 경전해석의 올바른 방법으로 확인하고 있다. 그만큼 알 수 있는 것과 알 수 없는 것의 경계를 명확히 판단하여, 알 수 있는 것만 밝히고, 알 수 없는 것을 남겨두는 정직성을 경전연구의 중요한 자세로 강조하고 있음을 보여준다. 바로 이 점에서 그는 "아는 것을 안다고 하고 모르는 것을 모른다고 하는 것이 아는 것이다."(知之爲知之, 不知爲不知, 是知也. 〈『논어』 2-17〉)라 한 공자의 말씀을 학문자세의 기본전제로 중시하였다.

또한 성호는 경전해석에서 경전의 문장이 성인의 마음을 이해하는 발판이 됨을 소중히 여기면서, "지금 육예(六藝: 六經)의 문자도 '널리 살피고'(博觀) '다양하게 고증함'(旁證)으로써, 더러 묵묵히 이해할 수 있다. 만약 '말의 맥락'(語脈)과 '문장의 기세'(筆勢)를 살피지 아니하고 획일적으로 의리로 판단한다면, 요컨대 그 사람의 뜻이 아닐 것이다. 나는 이 책(『서경질서』)을 지으면서 글을 따라 그 의미를 궁구하다가, 이해할 수 없으면 바로 그만두었다."[56]라 하였다. 비록 시대와 언어의 변화에도 불구하고 경전의 문장에는 문자의 보편성이 간직되어 있다는 전제 위에서 문자의 올바른 의미를 파악하기 위해 '널리 살핌'(博觀)과 '다양하게 고증함'(旁證)의 박학과 고증을 강조하였으며, 경전의 문장을 올바르게 이해하기 위해 '말의 맥락'(語脈)과 '문장의 기세'(筆勢)를 두루 살피도록 요구하고 있다. 그것은 도학의 경전해석이 '의리'(義理)를 중시하는 데 따른 병통을 경계하고, 문자와 문장의 의미를 널리 살피는 '고증'(考證)

---

56) 『星全』, 권49, 15, '書經疾書序', "今六藝文字, 亦多博觀旁證, 往往可以嘿會, 若不審其語脈筆勢, 一以理義爲斷者, 要非其人之志也, 余之爲此書, 沿其文而究其意, 不得則便休."

의 중요성을 경학의 방법으로 끌어들이고 있음을 보여주는 것이다.

4. 성호 경학의 목적 — '치용'(致用)의 실학적 정신

1) 경학의 목적으로서 '치용'(致用)

성호는 경전을 연구하는 목적을 '치용'(致用)이라 하여, 현실에 응용하기 위해 실용을 추구하는 것임을 밝히고 있다. 곧 "경전을 연구하는 것은 현실에 응용하려는 것이다. 경전을 설명하면서 천하의 모든 일에 베풀지 않는다면 이것은 헛되이 읽을 줄 아는 것일 뿐이다."57)라 하여, 경전을 다만 지식의 자료로 삼는 경전독서의 공허한 기풍을 반성하고 현실에 응용할 것을 역설하였다. 그것은 바로 성호의 경학이 경세론과 깊이 연결되고 있음을 말하는 것이요, 실학을 지향하고 있음을 보여주는 것이다.

또한 그는 경학과 실무가 유리되어, 『시경』을 읽으면서 소리 내어 외우기(諷誦)만 하거나, 예법을 행한다는 것이 허리를 굽혀 공손함을 보이기(揖遜)만 할 뿐이고, 정치의 실무를 물어보면 아무것도 모르는 당시 학풍의 실상을 개탄하였다. 이에 따라 그는 " '시'는 백성의 숨겨진 실정을 살펴서 백성을 편안히 살 수 있게 하는 것이다. '예'(禮)는 집안에서만 시행되는 것이 아니라, 일어나는 온갖 일에 대응하는 것이 '예'가 아니면 불가능하다. … 옛사람이 실지에 힘쓰는 것이 이와 같았는데, 오늘날에는 경학과 사무가 전혀 두 갈래 길이 되었다."58)라 하였다. 곧 『시

57) 『僿說』, '經史門: 誦詩', "窮經將以致用也, 說經而不措於天下萬事, 是徒能讀耳."

경』은 백성을 다스리는 데 활용되어야 하는 것이요, 『예경』도 왕명을 받들어 외국에 나가 외교를 하거나, 백성을 다스리는 등의 모든 사무가 '예'에 따라 시행되어야 하는 것임을 지적하여, 경학의 목적이 현실에 응용하는 '치용'에 있고, 현실에 응용하는 경학의 공부가 바로 '실무에 힘쓰는 것'으로서 '무실'(務實)임을 강조하고 있다.

이처럼 그는 당시의 학풍이 경학과 사무가 유리되어, 서로에 대해 깜깜하게 모르는 현실을 성찰하면서, 경학과 사무의 긴밀한 연관성을 확인하였던 것은 그의 경학이 실학적 정신을 지닌 면모를 보여주는 것이라 하겠다. 따라서 그는 경전의 이해가 바로 사업에 발휘되어야 함을 강조하면서, "무릇 독서하는 선비가 모두 경문에 의지하고 해설을 암송하면서, 자신에게 참되고 절실함과 사업에 나가 행할 것을 생각하지 않으므로, '육경'(六經)과 '시무'(時務)가 갈라져 둘이 되고 만다."[59]고 하였다. 경전을 암송하면서도 현실의 구체적 문제에 응용할 줄 모른다면, 그것은 인간이 살아가는 도리를 가르쳐 주는 경전과 현실에서 당면하는 과제인 '시무'가 별개의 문제로 유리되고 마는 사실을 깊이 경계하고 있는 것이다. 이처럼 성호가 '육경'과 '시무'를 일치시키도록 요구하는 것이 바로 경전을 현실에 응용하는 '치용'의 경학이요, 그의 경학이 실용을 추구하는 것은 그의 경학이 실학정신을 발휘하는 것이라 볼 수 있다.[60]

그는 『대학』의 8조목을 설명하면서도, "8개 조목이 분명하고 연속되었으니, 진실로 이에 뜻을 둔다면 마땅히 힘차게 행동해 나가서 다시 막

58) 같은 곳, "詩可以察其隱而安之, 禮不獨施於閨門之內, 而應出事, 非禮不可, … 古人之務實如此, 在今日經術事務, 判爲二道."

59) 『僿說』, '人事門: 六經時務', "凡讀書之士, 皆依文誦說, 不思眞切著己, 之爲事業, 故六經與時務, 判爲二物."

60) 李篪衡, 「星湖經學의 實學的 展開」, 『成均館大學校論文集』 17, 1972.

히고 어둠이 없어야 한다. '성실함'(誠)과 '바로잡음'(正)의 두 단락으로 시험해 보면, 일상의 일에서 체험하여야 하니, 그 명목의 사이에서 분명하게 못 본다면 이렇게 하고서 다시 툭 터진 근본을 바랄 수 있겠는가? 무릇 일이란 '성실함'과 '바로잡음'보다 더 중요한 것이 없고, '효도'(孝)와 '우애'(弟)보다 더 앞서는 것이 없다."[61]고 언급하였다. 이처럼 그는 8조목의 문제도 '인식'의 과제가 아니라 '실행'의 과제임을 강조하고, '8조목'의 실행도 '뜻을 성실하게 함'(誠意)과 '마음을 바로잡음'(正心)을 중시하고, 그 실행으로 일상의 일에서도 '효도'와 '우애'를 가장 먼저 해야 할 과제로 확인하고 있는 것이다.

『대학』의 8조목에 대한 성호의 해석은 8개 조목이 연속되어 있다는 주자의 해석을 따르는 견해와 더불어 '물유본말'(物有本末)의 '물'(物)을 '의·심·신·가·국·천하'(意·心·身·家·國·天下)라 하고, '사유종시'(事有終始)의 '사'(事)를 '성·정·수·제·치·평'(誠·正·修·齊·治·平)라 하였다.[62] 그것은 8조목 가운데서 '격물'·'치지'의 2조목을 빼고 나머지 6조목으로 먼저 할 일과 뒤에 할 일의 순서에 따른 대상의 본말(本末)구조와 대상을 실현하는 선후(先後)의 차례를 제시한 것으로, 주자의 해석에서 벗어나 6조목의 독자적 관점을 보여주고 있는 것이다.[63]

---

61) 『星全』, 권9, 6-7, '答息山李先生'(甲辰), "八箇條目, 分明歷落, 苟志于斯, 宜若沛然行去, 無復窒晦, 而試以誠正兩段, 體驗於日用事上, 其於名目之間, 亦不見分曉, 如是而更有望於昭曠之大原耶, 蓋事莫不有誠正之功, 而孝弟爲先."

62) 『大學疾書』, '附錄', "物言意·心·身·家·國·天下, 事言誠·正·修·齊·治·平."

63) 星湖가 6조목의 '意·心·身·家·國·天下'를 '物'이라 하고, '誠·正·修·齊·治平'을 '事'로 해석한 것은 '物事6條'라 한다면, 茶山이 "意·心·身·家·國·天下에 그 本과 末이 있음을 밝게 보는 것이 物格이요, 誠·正·修·齊·治·平에 그 先과 後가 되는 바를 밝게 인식하는 것이 知至이다."(『與全』[2], 권1, 17, '大學公議')라 하여, '格致6條'를 제시한 것과 매우 긴밀한 유사성을 보여주는 사실이 확인된다.

또한 그는 제자 윤동규(尹東奎)에게 도학의 학풍에서 경학도 문장과 글자의 의리를 깊이 천착하는 데 빠져들어 실행을 소홀히 하는 문제점을 지적하고 있다.

> "송(宋)나라 이후부터 유학자의 학문은 점점 깊고 점점 은미해져, 한 글자 한 구절에 대한 뜻을 깊이 연구하고 지극히 토론한 말들이 상자에 가득 차게 되었다. 사람들은 문득 이렇게만 하는 데에 정신이 빠져서 아는 것을 급선무로 삼고 행하는 것은 모두 뒤로 미루니 성인(聖人)이 '행한 다음 남은 힘이 있거든 글을 배워야 한다.'(『論語』, 1-6)고 말씀한 것과는 그 기상(氣像)이 서로 같지 않음이 이와 같다."[64)]

여기서도 그는 개념의 '인식'에 치우친 도학의 학풍이 지닌 문제점을 지적하고, 공자의 본래 정신은 '실행'이 선행하는 실천적 학풍임을 확인하고 있다. 따라서 그는 알려고 하는 것은 그 목적이 행하려고 하는 것임을 강조하면서 구체적 현실에서 실행을 중시하는 실천적 경학정신을 확립하고자 하였던 것이 사실이다.

『시경』의 이해에서도 성호는 먼저 공자가 '시'에 대한 여러 언급에서 '시'를 읽는 요체를 확인하고 있다. 먼저 "시는 감흥을 일으킬 수 있고, 그 뜻을 살펴볼 수 있고, 여럿이 어울릴 수 있게 한다."(詩, 可以興, 可以觀, 可以羣. 〈『論語』 17-8〉)는 공자의 말씀에 대해, 성호는 그 사회적 의미를 해석하고 있다.

---

64) 『僿說』, '經史門: 儒學', "自宋以還, 儒者之學, 轉深轉隱, 一字兩字之義, 深究極討, 辨說盈篋, 人便汨汨沒沒, 又不免急於知而緩於行, 聖人曰, '行有餘力, 則以學文', 其氣像之不侔如此矣."

"'살펴본다'(觀)는 말은 백성의 풍속을 살펴본다는 것이다. … 백성의 정서는 순응하면 기뻐하고 거스르면 원망한다. (백성의 정서는) 반드시 노래에서 발현되니, 살펴서 펼쳐보면, 민심의 향배(向背)와 정치의 득실(得失)은 여기서 알 수 있다. 무릇 사람을 다스림에는 민심이 떠나서 합치되지 않는 것보다 해로운 것은 없다. 민심이 떠나면 흩어지고 흩어지면 어지러워지며, 합치되면 화합하고 화합하면 안정된다. 정치와 법률로 백성을 오도록 하고 위협하여 모으지만, '시'의 가르침이 서로 기뻐하게 하면서 자취가 없는 것만 못하다."[65]

곧 『시경』은 '시'를 통해 백성의 정서가 드러남을 살펴보고서 백성의 마음을 화합하게 하는 정책의 방향을 결정하고 실행할 수 있다는 통치의 방법으로서 '시'의 중요성과 효율성을 강조하고 있는 것이다.

또한 "『시』 3백 편을 외우면서도 정치를 맡겼을 때 밝게 처리하지 못하거나, 사방에 사신으로 나가서 독자적으로 대처하지 못한다면, 비록 많이 외우고 있다한들 무엇에 쓰겠느냐?"(誦詩三百, 授之以政, 不達, 使於四方, 不能專對, 雖多, 亦奚以爲. 〈『論語』 13-5〉)라 한 공자의 말씀에 대해, 성호는 "정치를 밝게 처리하는 것은 민심을 밝게 아는 것에 달려 있으며, 민심을 밝게 아는 것은 백성의 이익과 해로움을 밝게 아는 것에 달려 있다. 시를 3백 편이나 외면서도 오히려 정치를 밝게 처리하지 못하는 것은 한낱 외기만 하는 것이다."[66]라 하여, 『시경』의 '시'를 읽은 것

65) 『星全』, 권49, 16, '詩經疾書序', "觀之爲言, 觀乎民風, … 民之情, 順則喜, 逆則怨, 必發於歌吟, 察而陳之, 人風之向背, 政治之得失, 於斯可見矣, 凡治人莫害於離而不合, 離則散, 故散則亂,合則和, 故和則安, 政法以來之, 威刦以聚之, 不若詩敎之相悅而無跡也."

66) 『星全』, 권49, 17, '詩經疾書序', "政之所以達, 在於達乎衆心, 達乎衆心, 在於達乎其

이 백성의 민심을 밝게 알고 백성의 이익과 해로움을 잘 살펴서 정치에 실행하는 데 있음을 강조하였다. 그만큼 『시경』은 정치에 활용하는 '치용'이 중요함을 확인하고 있다. 그는 제자 신후담(愼後聃)에게도 "(『시경』의 시 3백 편을) 외기만 하고 정치에 밝게 처리하지 못하면 성인(공자)께서 꾸짖으셨다. 그 활용의 넓음이 이러한데, 오늘날 사람들이 읽고 익히는 데 그치고 마니 어찌 옳겠는가?"[67]라 하였다. 그것은 『시경』의 공부만 아니라, 경전공부 전반에서 읽고 외우는 데 그치는 사실을 깊이 경계하는 것이요, 정치와 현실문제에 경전의 가르침을 널리 활용하는 '치용'을 실현하도록 당부하고 있는 것이다.

2) 경전해석에서 '치용'(致用)의 실학적 과제

『대학』(전10장)의 "윗사람이 늙은이를 늙은이로 대접하면 백성들에서는 효도가 일어나게 되고, 윗사람이 어른을 어른으로 대접하면 백성들에서는 공경함이 일어나게 되며, 윗사람이 고아를 불쌍히 여기면 백성들은 윗사람을 저버리지 않는다."(上老老而民興孝, 上長長而民興弟, 上恤孤而民不倍)는 구절에 대해, 주자는 "늙은이를 늙은이로 대접한다."(老老)를 "나의 늙은이를 늙은이로 대접한다."(老吾老)로 해석하였지만, 성호는 "늙은이를 늙은이로 대접하는 것이나, 어른을 어른으로 대접하는 것이나, 윗사람이 고아를 불쌍히 여기는 것의 세 가지는 문장의 기세로 살펴보면 남에게 미치는 어진 덕에 흡사하니 나의 늙은이를 늙은이로 대접한다는 뜻이 아니다. … 고아가 이미 나의 어린아이가 아니라면 늙은이

利害, 三百之多而猶有所不通者, 是徒誦焉耳."

67) 『星全』, 권22, 37, '答愼耳老'(己巳), "誦而不達於政, 聖人譏之, 其用之廣如此, 今人不過讀習而止, 奚可哉."

와 어른도 마땅히 같은 사례이니, 어찌 남의 늙은이와 어른이 아니겠는가?"[68]라 하였다. 그것은 윗사람이 자기 집안의 노인과 어른을 공경하여 모범을 보임으로써 백성을 감화하는 간접적 방법이 아니라, 윗사람이 백성의 노인과 어른과 고아를 공경하고 보살피는 직접적 방법의 정치를 확인하고 있는 것이다. 이처럼 주자의 해석과는 달리 성호가 『대학』의 원문에서 정치의 방법을 읽는 시각은 경전이해가 정치의 현실 속으로 밀착하는 실학적 시야를 열어주는 것이라 할 수 있다.

성호는 『맹자질서』(孟子疾書)에서 맹자가 말하는 '인의'(仁義)와 '이익'(利)의 관계를 새롭게 해석함으로써 '이익'의 의미를 재음미하였다. 곧 『맹자』의 첫머리에서 맹자가 양혜왕에게 "하필 '이익'(利)을 말씀합니까? 또한 '인의'(仁義)가 있을 따름입니다."(何必曰利, 亦有仁義而已)라 대답한 것에 대해, 주자는 " '인의'는 인심의 고유한 것에서 근원하니 천리의 공변됨이요, '이심'(利心)은 사물과 내가 대응함에서 생겨나니 인욕의 사사로움이다. 천리를 따르면 이익을 구하지 않아도 저절로 이롭지 않음이 없고, 인욕을 따르면 이익을 구해도 얻지 못하고 해로움만 따른다."[69]고 하였다. 여기서 주자는 '인의'와 '이익'을 '천리'(天理)의 공변됨과 '인욕'(人欲)의 사사로움이라는 대립적 관계로 제시하였다.

그러나 성호는 "군자는 '이익'(利)을 바라지 않음이 없다. 다만 '의로움'(義)을 뒤로 미루고 '이익'을 앞세우면 흘러서 '욕심'(欲)이 되니 다시 '의로움'과 화합이 없게 된다. … '이익'이란 천지 사이에 원래 이 도리

---

68) 『星全』, 권19, 31-32, '答尹幼章問目'(癸亥), "老老·長長·恤孤三者, 以文勢考之, 似是及人之仁, 非老吾老之意也, … 孤旣非吾之幼, 則老與長亦當同例, 豈非人之老與長乎."

69) 『孟子集註』, '梁惠王上'(1章), "仁義根於人心之固有, 天理之公也, 利心生於物我之相形, 人欲之私也, 循天理, 則不求利而自無不利, 殉人欲, 則求利未得而害已隨之."

가 있는 것이다. 군자가 비록 사람을 깨우치는데 급하더라도 어찌 이치에 마땅한 말을 가르듯이 끊어내어 버릴 수 있겠는가."[70]라 하였다. 여기서 그는 '의로움'을 뒤로 미루고 '이익'을 앞세우면 '이익'과 '의로움'의 조화를 잃게 됨을 비판한 것일 뿐이지, '이익'의 추구를 거부하는 것이 아님을 밝힘으로써, '이익'의 추구에 따른 문제점을 지적하면서도 '이익'의 가치가 지닌 근원적 정당성을 분명하게 제시하였다.

따라서 그는 맹자가 '인의'를 망각한 '이익'을 경계하고 '인의'와 조화를 이루는 '이익'을 긍정한 것이지, '이익'과 '인의'를 대립시켜 '이익'을 부정하는 견해가 아님을 확인하고 있다. 곧 맹자가 만약 전적으로 '이익'을 거부하는 입장이었다면, " '이익'을 말해서는 안 됩니다. 단지 '인의'가 있을 뿐입니다."(不可曰利, 只有仁義而已.")라 말해야 할 것이지, "하필 '이익'을 말씀합니까? 또한 '인의'가 있을 따름입니다."(何必曰利, 亦有仁義而已)라 말하지 않았을 것이라 지적하고 있다.[71] 이처럼 '이익'의 정당성을 인정하는 성호의 관점은 '이익'을 '인욕'으로 규정하여 엄격히 억제하고 '천리'를 절대적 기준으로 내세우는 '알인욕존천리'(遏人欲存天理)의 도학적 의리론을 벗어나는 현실인식의 세계관으로서, 그의 경학이 지닌 실학적 성격을 엿볼 수 있게 하는 중요한 대목이라 할 수 있다.

성호의 경학에서 '치용'의 실학적 관심을 구체적으로 제시한 경우로 『맹자』에서 제시된 '토지'에 대한 인식과 '정전'(井田)의 토지제도에 대한 해석에서 가장 잘 드러나고 있다. 먼저 그는 토지와 조세의 문제에

---

70) 『孟子疾書』, '梁惠王上'(1章), "君子未嘗不欲利, 但後義而先利, 則流以爲欲, 而無復義之和矣, … 利者天地間元有此道, 君子雖急於喩人, 豈宜截然斷絕而廢當理之言乎."

71) 같은 곳, "如將截然斷絕, 則當云'不可曰利, 只有仁義而已', 可矣, 今乃不曰'不可', 而曰'何必', 不曰'只有', 而曰'亦有', 其旨可見."

대해, "'사람이 있으면 곧 토지가 있다'고 하니, 토지는 모두 백성의 밭이다. 성왕(聖王)은 정지(井地)를 구획하여 백성에게 주니, 백성은 왕의 밭을 받는 것이 아니다. 임금된 자는 백성이 가진 것에 따라 경계를 정해 주어 서로 다투고 빼앗음을 금하는 것이다. 이에 수확의 10에서 하나를 세금으로 부과하는 것은 임금된 자가 수확의 아홉을 면제하여 백성에게 주는 것이 아니라, 백성이 그 하나를 내어서 임금에게 바치는 것이다."[72]라 하였다. 그는 왕망(王莽)이 천하의 밭을 '왕전'(王田)이라 이름 붙인 것에 대해 근본을 잃은 것이라 비판하였다. 그러나 『시경』(小雅: 谷風之什·北山)에서도 "넓은 하늘 아래 임금의 땅이 아닌 곳이 없다."(溥天之下, 莫非王土)고 읊었다. 이에 대해 성호는 임금이 다스리는 영토에 속하는 토지도 백성의 소유요 세금을 내는 주체도 백성임을 역설함으로써, 백성이 토지를 소유하는 기본권을 확인하며, 통치의 목적이 백성에 있고, 군주제도의 통치질서 속에서 백성의 지위를 확립하려는 입장을 밝히고 있는 것이다.

맹자는 "어진 정치란 반드시 토지의 경계를 정하는 것에서부터 시작된다."(夫仁政, 必自經界始. 〈『맹자』, 5-3: 4〉)고 하여, 토지의 경계를 정하는 것이 정치의 출발점임을 강조하였다. 성호가 경전해석에서 토지제도의 문제에 매우 정밀한 관심을 기울였던 것도 정치의 실제에 응용할 수 있는 기준을 확인하기 위한 것이라 할 수 있다. 그는 정전법(井田法)의 토지제도에 대한 주자의 연구도 미진한 점이 있었음을 지적하여, 하(夏)나라에도 '정전'이 있었음을 확인하여 주자가 은(殷)나라 때 '정전'이 시작되었다는 견해의 착오를 확인하는 등 주자의 경전해석에서 토지제도

72) 『孟子疾書』, '滕文公下'(8章), "有人此有土, 土皆民之田也, 聖王畫井而授民, 民非受王之田也, 乃王者因民之有而經界之, 禁其爭奪也, 於是賦以什一, 非王者蠲其九而與民, 乃民出其一而供君也."

에 관한 여러 문제점을 일일이 고증하여 독자적 해석을 하였다.[73]

성호는 삼대(夏·殷·周)의 토지제도는 변함없이 정전(井田)제도로서, 1'정'(正)은 900이랑(畝)이요, 1'정'은 9'전'(田)이고, 1'전'은 사방 100'보'(步: 6尺)로 4'구'(區)요, 1'구'는 사방 50'보'라 확인한다.[74] 시대에 따른 변화는 하(夏)나라에서 1'부'(夫)가 1'구'의 땅(1田 4夫, 1井 36夫)을 배당받았으며, 은(殷)나라에서 1'부'가 2'구'(1田 2夫, 1井 18夫)의 땅을 배당받았으며, 주(周)나라에서 1'부'가 1'전'의 땅(1田 1夫, 1井 9夫)을 배당받았다고 한다.[75] 또한 그는 세금제도로서 하(夏)나라는 '공'(貢)이요, 은나라는 '조'(助)요, 주나라는 이 두 가지를 겸행하였다 하고, 주나라의 '철'(徹)은 '공'·'조'의 경우처럼 세금제도가 아니라 힘을 합하여 농사짓고 고르게 세금을 거둔다는 뜻이라 해석한다. 여기서 그는 1'정'이 8'가'(家)가 각각 1사전(私田)을 경작하고 1공전(公田)을 세금으로 바치는 것이 아니라, 9'부'가 공전과 사전의 모든 수확에서 10분의 1을 세금으로 내는 것이 삼대의 일관된 제도라 해석하고 있다.[76] 따라서 그는 9분의 1 세금이나 11분의 1 세금에 대한 견해를 모두 거부하고 10분의 1 세금이 삼대의 공통된 제도임을 확인하였다.

그는 "법이란 성인의 권도요, 권도는 한 가지를 고집할 수 없다. …

---

73) 『孟子疾書』, '滕文公上'(3章), "井地之法, 朱子亦有未盡究竟者, … 夏少康有田一成云, 則是夏亦有井之驗, 而與朱子殷人始爲井之說不合."

74) 『孟子疾書』, '滕文公上'(3章), "蓋九百畝畫爲一井, 井有九田, 田方百步, 一田爲四區, 區方五十步."

75) 같은 곳, "夏時, 一夫受此一區, … 殷時, … 以一田爲二夫之受, … 周時, … 以一田爲一夫之受."

76) 같은 곳, "蓋夏則貢, 而殷則助, 周人雖兼行二者, … 徹者, 乃國與九夫通均云爾也, 九夫各出十畝, 則國之入爲九十畝, 九夫又各收九十畝, 是乃所以得通均之名, … 三代之制雖更互改易, 而其一田百畝中以十畝爲公家之入, 則未嘗易."

때에 따라 보태고 덜어내어 중용의 제도를 세울 수 있어야 한다."[77]고 하여, '정전'의 제도가 이상적임을 인정하면서도 제도는 시대에 따라 변할 수밖에 없음을 인정하고 있으며, 조선에서 토지의 등급에 따라 수확량을 기준으로 세금을 부과하는 '결부법'(結負法)의 장점을 인정하여 "'결부'의 제도에 근거하여 '정전'의 뜻을 행한다면 진실로 좋을 것이다."[78]라 하여, 우리 현실에 적합한 토지제도와 조세제도의 방책을 제시하고 있음을 보여준다.

나아가 그는 『예기』의 「경해」(經解)편에서 '6경'의 각각에 대해 그 가르침의 방법을 언급하고 그 가르침을 따르지 않은 폐단을 지적한 사실을 주목하여, "경전을 가르치는 목적은 서로 같으나 경유하는 길이 다르다. … 이런 이유를 모르는 자를 가르치게 되면 폐단이 따르기 때문에 「경해」편은 그런 폐단을 없애고 바른길로 돌아가도록 하였던 것이다."[79]라 하여, '6경'의 가르침이 악을 버리고 선한 데로 나아가게 하는 같은 목적에서 여러 가지 방법을 제시한 것이라 확인하고 있다. 그는 「경해」편에서 『서경』의 경우 가르침을 "두루 통하여 멀리 미래를 아는 것."(疏通知遠)이라 언급한 뜻에 대해, "치세(治)와 난세(亂)에 대한 징험을 통달하고, 반드시 먼저 미래의 득실을 깨달아서 이로움을 구하고 해로움은 멀리하도록 하는 것이다. …그러나 시대가 같지 않고, 일도 혹 달라서 한 가지로 판단할 수 없다. 혹 옛날 것만 지키다가 죄를 얻는 입장을 면치 못한다면 역시 가르침에 성과가 없으니, 그 폐단은 백성을 속이는 결과만 초래한다."[80]고 해명함으로써, 과거의 역사적 사실을 인식하는 것

77) 같은 곳, "法者, 聖人之權, 權不可以執一, … 可以因時損益, 立爲中制."

78) 『星全』, 권12, 19, '與鄭汝逸論農圃問答'(甲子), "因結負之制, 行井田之意固好."

79) 『僿說』, '經史門: 經解', "經之爲敎, 同歸而殊塗, 聖人立法本旨有在, 昧者爲之, 則弊亦隨之, 經解所以去弊而反正也."

은 미래의 시대변화에 대응하는 것에 있음을 강조함으로써, 경전의 정신이 성현의 말씀을 묵수하는 데 있는 것이 아니라 현실의 변화 속에 활용하는 데 있는 것임을 밝히고 있는 것도 그의 실학정신을 보여주는 일면이라 할 수 있다.

성호는 '정전'의 '전'이 4'구'로 되어 있다는 증거를 기자(箕子)가 평양에 남긴 토지제도로서 '기전'(箕田)을 증거로 삼고 있으며, 또한 『서경』의 「홍범」이 기자(箕子) 때부터 천하에서 끊어지고 우리나라에 시행되기 시작하였다고 지적하며, 「홍범」의 '구주'(九疇) 가운데서도 '팔정'(八政)을 먼저 시행해야 할 사항이요, '팔정' 가운데서도 '사구'(司寇)의 임무가 먼저 설치해야 할 급한 일이라 하여, 우리나라에서 기자가 시행한 '8조금범'(八條禁法)이란 바로 '팔정'임을 논증하였다. 또한 평양의 4구역 밭은 은나라 제도요, 우리나라가 백의(白衣)를 입어왔고 혼례에 반드시 백마(白馬)를 쓰고 있는 것도 「홍범」의 '팔정'에서 보면 '사도'(司徒)의 임무라 주장하였다.[81] 『서경』의 「홍범」편이 시행된 증거를 우리나라의 역사와 풍속에서 찾고 있는 것은, 그 사실 여부를 떠나서 성호가 지닌 경전과 역사의 연관성에 대한 인식과 우리 역사에 관한 관심을 보여주고 있는 것이다.

---

80) 『僿說』, '經史門: 經解', "書之爲敎, 通達治亂之明驗, 必先覺未來之得失, 欲使求利而遠害, 故以疏通知遠爲主, 然時有不同, 事或有別, 不可以一槩裁之, 而或不免膠守而得罪, 則敎亦不成, 其失誣也."

81) 『星全』, 권41, 13-14, '洪範說', "洪範之絶於天下, 行於東國, 自箕子始, … 首先當施者八政也, 八政之急先當設者, 非司寇之任耶, … 如平壤四區之田, 的是殷制, 而通國白衣, 亘古不變, … 今閭里之婚, 必用白馬, 古俗不廢, 據洪範八政, 此乃司徒之職也."

5. 성호 경학의 의미—도학적 기반과 실학적 정신

성호의 경학은 18세기 전반기 조선사회에서 그가 자리 잡고 있는 사상사의 위치를 뚜렷하게 드러내 주는 좌표가 되고 있다. 그 자신은 조선시대 도학이 한계를 드러내고 조선후기 실학이 처음 꽃봉오리를 터뜨리면서 사상사의 변동기를 맞이하고 있다는 사실을 가장 선명하게 제시해 준 인물이요, 바로 그의 경학은 도학과 실학이라는 사상사의 두 방향이 교차하는 지점에 놓여있다고 하겠다. 그는 주자학의 진지한 계승자이면서 실학을 시대사조의 새로운 흐름으로 제기하는 개척자였다.

그는 『중용질서』의 서문에서 주자학-도학의 사상사적 위치를 밝히면서, 『중용』은 처음 정현(鄭玄)의 주석으로 해명되기 시작하였으나, 주자의 『중용장구』가 출현하면서 정현의 주석은 폐기되고 주자의 『중용장구』가 비교할 수 없이 융성하였던 사실을 돌아보면서, “도(道)는 스스로 융성하고 쇠퇴하기를 반복하며, 경전도 융성하고 쇠퇴함이 있다. 한(漢)나라 때 아침 해가 떠오르고, 송나라 때 정오를 맞이하였다. 주자 이후로 해가 저물녘이 다시 가까워진 것인가? 어찌하여 그 뜻이 도리어 어두워졌는가?”[82]라 하였다. 곧 경전은 한나라 때가 아침이라면, 송나라의 주자학-도학이 정오에 해당하고, 이제 자신의 시대에는 석양을 맞이하게 되었다는 것이다. 그것은 주자학의 한계와 새로운 시대사상의 출현이 필연적이라는 인식을 엿볼 수 있게 한다.

물론 그는 주자학자로서 주자의 경전정신이 지닌 빛을 밝히는 사명을 확인하고 있지만, 주자학의 석양에서 주자의 경학을 보는 시야는 주

82) 『星全』, 권49, 8, ‘中庸疾書序’, “道自興替, 而書亦有汙隆, 朝陽於漢, 亭午於宋, 自朱子以下, 意者桑榆之復迫乎, 何其義之反晦也.”

자를 신성불가침한 진리의 기준으로 신봉하는 교조적 주자학의 폐쇄적 태도를 비판하였다. 여기서 그는 끝없이 의문을 제기하는 '치의'(致疑)의 방법으로 진실을 찾아가는 것이 주자의 진정한 학문정신임을 강조하여, 주자학의 개방적이고 합리적인 입장을 확인하고 있다. 바로 이 점에서 그는 주자학-퇴계학의 계승자이면서도 조선후기의 독선적이고 교조적인 주자학과 차별화된 합리적이고 개방적인 주자학의 성격을 분명하게 제시하였다. 따라서 그는 주자의 경전주석을 중시하고 높이면서도 의심할 수 있는 대목에서는 과감히 의문점을 제기하고 주자와 견해를 달리하는 해석을 제시하였던 것이 사실이다.

따라서 그의 경전해석은 이미 주자만 바라보고 조술(祖述)하는 태도가 아니라, 주자 이전 한나라 때의 경전해석이나 역사서와 제자백가 등에서 제시된 경전에 대한 언급을 광범하게 검토하여 고증하는 작업을 하였으며, 한 경전의 구절을 해석하면서 이에 연관된 다른 경전의 다양한 견해도 비교, 검토하였던 경학적 방법을 제기함으로써, 주자학의 '의리학'(義理學)적 경전해석을 넘어서 실학의 '고증학'적 경전해석의 기풍을 끌어들이고 있는 사실이 주목된다. 또한 그는 경전연구의 목적을 현실에서 활용하는 데 있다는 '치용'(致用)을 강조함으로써, 주자학의 전통에 갇혀있는 주자학이 아니라, 실학으로 열려있는 주자학의 세계를 새롭게 열어주고 있는 것이다.

18세기 후반부터 그의 학맥을 계승하는 성호학파 안에서도 신서파(信西派)에 속하는 정약용 등 진보적 학자들은 실학을 체계화하면서 주자학을 정면으로 비판하는 '탈(脫)주자학'의 학풍을 제기하였다. 또한 홍대용(湛軒 洪大容)을 비롯한 노론(老論) 계열의 북학파(北學派) 실학자들 사이에 주자학을 이탈하는 학풍이 뚜렷해졌다. 그러나 이들보다 반세기 앞서 활동하던 성호는 탈주자학으로서의 실학이 아니라 주자학에 기반하는 실학의 방향을 제시하여, 실학의 전개양상에서도 차별성을 뚜렷이 드러내고 있는 사실이 주목된다.

이러한 성호의 주자학에 기반하는 실학은 안으로는 주자학에서 실학의 방향을 찾아갔다는 점에서 주자학의 내재적 발전으로서 실학이라 할 수 있지만, 그는 당시 중국을 통해 조선사회에 새로 전래해 온 서양의 과학지식과 종교사상을 포함하는 '서학'(西學)을 적극 수용하고 있다는 점에서 동서사상의 종합과 지양을 추구하는 실학의 성격을 보여주고 있다. 그는 경전해석에서도 서양의 천문(天文)·역법(曆法)에 관한 지식을 끌어들이고 있는 사실도 그의 경학이 지닌 열린 정신을 엿볼 수 있게 한다.

제3장

성호학파(星湖學派)의 분파와 관심의 차이

1. 조선시대 사상사에서 성호학파의 위치

천관우 선생은 조선후기 실학의 발생과정을 서술하면서, "유형원(柳馨遠)이 한번 나옴으로써 실학은 학문으로서의 존재가 확인되었고, 이익(李瀷)이 나옴으로써 실학은 학파로서의 존재가 확인되었다 하여도 과언이 아니다."[1]라 언급하였다. 그것은 18세기 초반과 중반에 활동하던 성호 이익(星湖 李瀷, 1681-1763)이 비로소 실학의 학풍을 학파로서 발전시켰던 인물임을 주목하고 있는 것이다.

또한 이우성 선생은 조선후기 실학의 학풍이 지닌 특징을 규정하여, "(1) 성호 이익을 대종으로 하는 경세치용학파(經世致用學派)—토지제도 및 행정기구 기타 제도상의 개혁에 치중하는 유파[18세기 전반], (2) 연암 박지원을 중심으로 하는 이용후생학파(利用厚生學派)—상공업의 유통 및 생산기구 일반 기술면의 혁신을 지표로 하는 유파[18세기 후반],

1) 千寬宇, 「실학의 선구 유형원」, 『조선실학의 개척자 10인』, 신구문화사, 1974, 15쪽.

(3) 완당 김정희에 이르러 일가를 이룩하게 된 실사구시학파(實事求是學派) — 경서(經書) 및 금석(金石)·전고(典故)의 고증을 위주로 하는 유파[19세기 전반].”[2]로 제시하였다. 조선후기 실학의 학풍이 다양한 학문적 관심과 방법적 특성을 잘 보여주고 있다.

실제로 조선후기 실학의 전개과정에서 보면 학파로서 학맥의 계보를 뚜렷하게 드러내고 있는 경우로는 성호학파(星湖學派)와 북학파(北學派)가 두 축을 이루었던 것으로 볼 수 있다. ‘성호학파’는 18세기 전반기에 형성되기 시작한 기호남인(畿湖南人) 계열의 성호 학맥을 이은 학자들로서 ‘경세치용학파’로도 일컬어지기도 하며, ‘북학파’는 홍대용(湛軒 洪大容)·박지원(燕巖 朴趾源)·박제가(楚亭 朴齊家)를 중심으로 18세기 후반기에 형성되기 시작한 노론(老論) 계열의 학자들로서 ‘이용후생학파’로도 일컬어진다. 성호학파와 북학파는 학맥의 배경이나 학풍의 성격도 뚜렷한 차이를 보여주고 있으며, 조선후기 사상사에서 매우 중요한 위치를 차지하고 있는 것이 사실이다. 이에 비해 ‘실사구시학파’로 일컬어지기도 하는 고증학의 학풍은 북학파의 학맥에 연결되는 김정희뿐만 아니라, 성호학파에 속하는 정약용, 강화학파(江華學派)에 속하는 신작(石泉 申綽) 등 다양한 학맥에서 논의되고 있는 학문방법론이라 할 수 있으며, 그만큼 학파로서의 독자적 성격은 매우 약하다는 점을 지적할 수 있다.

성호학파는 성호를 종장(宗匠)으로 삼는 성호의 제자들과 그 영향을 받은 후학들에 의해 형성되었으므로, 학맥이 비교적 분명하게 드러나며, 그만큼 성호의 학문적 영향이 뚜렷하게 미치고 있다는 점이 주목된다.

성호는 18세기 전반기의 실학사상을 대표하는 실학자이면서 동시에 주자와 퇴계의 도학(道學) 전통을 계승한 도학자라는 사실이 그의 학문

---

2) 李佑成, 「韓國의 歷史像」, 『창작과비평』, 1982, 14쪽.

세계가 지닌 특징이라 할 수 있다. 홍대용·정약용·최한기(惠岡 崔漢綺) 등 18세기 후반에서 19세 중반 사이의 중요한 실학자들이 도학의 학문체계에서 벗어나 실학의 독자적 철학체계를 탐색하고 제시하였던 사실에 비교해 보면, 성호는 실학과 도학을 동시에 포용하고 있다는 점은 그의 사상체계가 도학에서 실학으로 옮겨가는 과정에 있는 것이라 볼 수도 있다. 그러나 그는 도학의 학문전통과 실학의 새로운 학문세계 양쪽을 모두 진지하고 충실하게 포용하였다는 점에서 도학과 실학은 그의 학문체계에서 두 날개의 역할을 하고 있는 것이라 하겠다. 이처럼 도학과 실학이라는 이질적 학풍을 동시에 포용하고 있다는 사실은 그만큼 그의 학문정신이 이 시대 도학자들의 정통주의적 폐쇄성에서 벗어나 열린 학문정신을 지니고 있음을 말해 주는 것이기도 하다.

그렇다면 성호의 학문체계에서 도학적 인식과 실학적 관심이 어떻게 그의 제자와 후학들로 이루어진 성호학파를 통해 계승되고 있는지를 이해하는 것이 성호학파의 사상적 성격을 파악하는 데 핵심적 과제가 될 수 있을 것이다. 성호학파 안에서는 도학적 성향이 강한 학자들과 도학적 성향에서 이탈하는 학자들로 학풍의 차이가 뚜렷하게 드러났던 것이 사실이다. 이러한 성호학파의 분화양상으로 안정복(順菴 安鼎福)을 비롯한 노성층(老成層)의 온건주의자들을 '우파'(右派)라 하고, 권철신(鹿庵 權哲身)을 비롯한 소장층의 급진주의자들을 '좌파'(左派)로 나누기도 한다.[3)]

그런데 성호학파의 분화양상에서 가장 중요한 계기는 성호에 의해 본격적으로 소개되고 수용되기 시작한 서양과학기술과 천주교교리를 포함하는 '서학'(西學)에 대한 인식입장에서 드러나는 점이 주목된다. 성호 문하에서 노성층인 신후담(河濱 愼後聃)과 안정복은 도학적 학문기반이

3) 李佑成, 같은 책, 93-94쪽.

강하였으며, 이에 따라 서학에 적극적 비판태도를 보였다는 점에서 '공서파'(攻西派)라 한다면, 소장층인 권철신과 이가환(錦帶 李家煥) 등은 도학적 학풍에서 벗어나서 서양과학기술이나 천주교신앙에 깊은 이해를 보이고 있다는 점에서 '신서파'(信西派)라 볼 수 있을 것이다.

따라서 성호학파의 전개과정과 사상적 성격을 이해하는 문제는 먼저 성호의 학문체계와 성격을 간략하게 개관하고, 성호문하에서 사제(師弟) 사이에 이루어진 학문적 토론과정을 통해 성호문인의 학문적 성향을 이해할 필요가 있다. 이에 따라 성호학파의 학풍과 전개과정을 '공서파'와 '신서파'로 나누어 점검해 보고자 한다.

2. 성호의 학문세계 — 도학의 계승과 실학의 계발

1) 도학적 토양에서 싹트는 실학적 사유

(1) 치의(致疑)와 치용(致用)의 실학적 경학

성호의 도학은 경학·성리학·예학의 분야에서 주자와 퇴계를 기준으로 받아들이면서 개방적 학문정신을 통해 실학적 사유를 드러내고 있다. 그는 "학문은 반드시 의심하기를 요구한다. 의심하지 않으면 얻은 바도 확고하지 않다."[4]고 하여, 학문정신의 출발을 '치의'(致疑), 곧 의심하는 것으로 확인하였다.

먼저 그의 경학은 도학에 기반하면서 실학으로 나아가는 통로를 열어가고 있다. 따라서 그는 "조금 의심하면 조금 진보할 것이요, 크게 의

4) 『星全』, 권54, 35, '中庸疾書後說', "學必要致疑, 不致疑, 得亦不固."

심하면 크게 진보할 것이다. 많이 의심하는 것도 무방하다. 그러므로 의심할 것이 없는 곳조차 의심하여 볼 필요가 있다."[5]는 주자의 언급을 인용하여, '의심하는 것'(致疑)을 주자의 경학정신으로 확인하고 있다.

성호는 당시 조선의 도학자들이 주자의 경전해석에 대해 의심하거나 새로운 해석을 용납하지 않는 교조적 태도에 빠져 고루하고 진취성이 없음을 비판하였다. 그는 의문을 갖는 것이 학문적 탐구를 위한 필수적 조건임에도 불구하고, 의문을 제기하는 학자에 대해 헐뜯고 얽어매는 당시의 학풍은 엄혹한 법과 각박한 형벌을 쓰려는 의도가 있는 것이라 보았다. 따라서 그는 당시 조선의 도학자들을 가리켜 유교 안의 혹독한 법가(法家)들이라 규정하고, 이들이 학문을 질식시키는 과오를 저지르고 있음을 비판하였다.

성호의 경학연구를 집약하는 '질서'(疾書)의 저술은 단순히 선현(先賢)의 해석을 답습하자는 것이 아니라 자신의 관점에서 독자적인 문제의식을 추구하고 있다.[6]

'질서'의 저술순서도, 도학전통의 독서순서에 따라 『대학』에서 시작하는 것과는 달리, 『맹자』에서 시작하여 사서의 성립순서를 거슬러 올라가고 있다. 그것은 시기적으로 후기에 저작되어 기록이 가장 분명한 경전에서 출발하여야 한다는 것으로, 의리의 중요성에 앞서서 객관적 사실성을 중시하는 입장이요, 그만큼 경학 방법의 실학적 태도를 보여주는 것이라 하겠다.

---

5) 『僿說』, '人事門: 尹彥明質魯', "朱子有訓, 小疑則小進, 大疑則大進, 多著疑不妨, 故無疑處有疑看也."
星湖의 이 인용문은 朱子의 어떤 저술에서 나온 것인지 아직 확인하지 못하였다.

6) 성호의 경학저술로서 疾書는 七書(四書·三經)의 疾書가 중심이지만, 주자학의 기본교과서라 할 수 있는 『小學』·『近思錄』·『心經附註』·『家禮』의 疾書를 합치면, 11종의 '疾書'가 있다.

나아가 그는 경전을 연구하는 목적을 '현실에 응용하기 위한 것', 곧 '치용'(致用)이라 밝히고 있다. 곧 "'경'(經)을 설명하면서 천하의 모든 일에 베풀지 않는다면 이것은 헛되이 읽을 줄 아는 것일 뿐이다."[7]라 하여, 경전은 결코 공허하게 지식의 자료로 삼을 것이 아니라 현실에 구체적으로 활용할 것을 역설하였다. 그것은 바로 그의 경학이 실학을 지향하는 기본방향을 보여주는 것이기도 하다. 따라서 그는 '시'(詩)로써 백성의 숨겨진 실정을 살펴서 백성을 안심하고 살 수 있게 하는 것이 바로 『시경』(詩經)으로 백성을 다스림에 활용하는 것이요, 『예경』(禮經)은 집안에서 바깥에 나가 일을 처리하거나 임금의 명령을 받들어 외국에 나가 외교(外交)를 하는 데도 '예'(禮)에 따라 대처해야 하는 것임을 지적하였다. 이처럼 그는 경학의 본래 정신이 '무실'(務實: 실무에 힘씀)에 있음을 강조하며, 당시의 학풍이 경술(經術)과 사무(事務)가 유리되어, 서로에 대해 깜깜하게 모르는 현실을 반성하고 있다.[8] 이처럼 그는 경전의 지식을 현실의 사업에 절실하고 유용하게 발휘하게 함으로써, '육경'(六經)과 '시무'(時務)의 일치를 추구하는 것이 바로 자신의 실학적 경학정신임을 제시하였던 것이다.

(2) 성리학의 주리론(主理論)적 정립

다음으로 성리학의 인식에서 성호는 "군자는 '리'(理)로써 '기'(氣)를 통어하여, 활동할 때나 고요할 때나 '도'(道)와 합치해야 한다. 그렇지 않으면 '리'가 닫히고 '기'가 작용하여, 영명하고 지각하는 마음이 도리어 ('기'의) 부림을 받게 된다."[9]고 하여, '리'를 '기'의 주재로 확인하는

---

7) 『僿說』, '經史門: 誦詩', "窮經將以致用也, 說經而不措於天下萬事, 是徒能讀耳."

8) 같은 곳, "古人之務實如此, 在今日經術事務, 判爲二道, 易地則霧然何哉."

9) 『僿說』, '人事門: 色欲', "君子以理御氣, 動靜合道, 不然者, 理閉而氣用事, 靈覺之心,

‘주리론’(主理論)을 기본원리로 확인하고 있다. 이 점에서 그는 주자와 퇴계의 성리설을 계승하는 입장에 서 있는 것이다.

이와 더불어 그는 ‘기’를 자연현상 속에서 구체적으로 관찰함으로써, ‘기’의 양상과 크기를 구별하는 데 주의를 기울여, “사람의 ‘일신지기’(一身之氣)가 사지(四肢)와 백체(百體)에서 유행하는 것은 한 몸 속에 형질을 갖추지 않은 것이지만, 심장·신장(腎臟) 따위는 한 몸 속에 각각 형질을 갖춘 것이다.”[10]라 하여, 한 몸의 전체를 흘러다니며 활동하는 ‘유행’(流行)의 ‘기’와 다양한 크기(범위)의 고정된 기관 속에서 활동하여 개별적 형체를 이루는 ‘형질’(形質)의 ‘기’라는 두 가지 양상으로 분석하고 있다. 그것은 ‘기’의 양상으로 ‘유행’이라는 활동성과 ‘형질’이라는 형체성을 구별하고 있는 것이다. 이러한 성호의 ‘리’·‘기’ 개념은 주자-퇴계의 주리론을 계승하면서도, ‘기’ 개념의 새로운 인식을 통하여 그의 실학정신이 지닌 경험적 관찰을 개입시키고 있음을 보여준다.

그는 ‘심’(心)의 존재양상으로 초목(草木)은 ‘생장지심’(生長之心)만 있는 단계지만, 금수(禽獸)는 ‘생장지심’을 바탕으로 ‘지각지심’(知覺之心)까지 있는 단계요, 인간은 ‘생장지심’·‘지각지심’에다 ‘리의지심’(理義之心)이 있는 단계라 하여, 존재양상에 따라 ‘심’의 중층(重層)구조를 제시하고 있다. 여기서 그는 초목이나 천지(天地)는 심장이 없으므로 ‘초목의 심’·‘천지의 심’이란 단지 유추한 것일 뿐이라 하여, 엄격한 의미에서 ‘심’은 지각 이후의 단계를 의미하는 것으로 본다.[11] 이러한 성호의 ‘심

反爲所使.”

10) 『星全』, 권9, 14, ‘答李畏庵’, “人之一身之氣, 流行於四肢百體者, 卽一身中不具形質者也, 其心臟腎臟之類, 乃一身中各具形質者.”

11) 『星全』, 권41, 20-22, ‘心說’. 星湖의 ‘心3層說’은 茶山의 ‘性3層說’에 연결되고 있다. 여기서 星湖의 心 개념이나 茶山의 性 개념은 『荀子』(王制)에서 “水火有氣而無生, 草木有生而無知, 禽獸有知而無義, 人有氣·有生·有知·亦且有義.”라 하여, 水

3층설'(心三層說)은 성리학적 '심' 개념의 틀에서 벗어나 경험적 관찰의 분류체계를 제시하고 있다는 점에서 실학적 사유로 넘어가고 있는 과정을 엿볼 수 있게 한다.

성호의 도학은 주자와 퇴계를 학문적 기반으로 삼고 있다는 사실이 주목된다. 그는 29세 때(1709) 퇴계의 족적을 찾아 영남으로 유람하면서 퇴계가 강학하던 순흥(順興)의 소수서원(紹修書院)과 퇴계가 공부하던 청량산(淸凉山)을 둘러보고, 예안(禮安)으로 도산서원(陶山書院)을 찾아가 참배하면서 퇴계의 유풍(遺風)을 직접 체험함으로써, 퇴계를 사숙(私淑)하는 자신의 학풍을 확인하였다. 그는 "우리나라에 퇴계가 있는 것은 중국에 공자가 있는 것과 같다."[12]고 하여, 극진한 존숭태도를 밝혔으며, 그 자신 퇴계의 학문을 정밀하게 연구하여 『이자수어』(李子粹語)·『사칠신편』(四七新編)·『이선생예설유편』(李先生禮說類編)의 세 가지 저술을 통해 퇴계의 학문체계를 그 시대에 새롭게 정립하는 데 결정적 역할을 하고 있다. 또한 성호 자신이 그 당시 퇴계학파의 중요한 학자들인 이만부(息山 李萬敷)·이식(畏庵 李栻)과 더불어 왕복 문답하였고, 권상일(淸臺 權相一)과는 여러 해에 걸쳐 왕복토론을 하였던 사실은 그가 퇴계학맥에 깊이 뿌리내리고 있음을 보여준다. 성호의 문인 권철신은 "퇴계의 뒤로, 하헌(夏軒: 白湖 尹鑴)의 학문이 근본과 지말이 갖춰 있고, 하헌의 뒤로, 성호의 학문이 옛 성인을 잇고 미래의 학문을 열어준다."[13]고 언급

火(氣)-草木(生)-禽獸(知)-人(義)으로 존재양상을 중층구조를 제시한 것을 인용하고 있지만, 실제로는 마테오 리치가 『天主實義』에서 제시한 '魂3品說'(生魂·覺魂·靈魂)에서 직접적 영향을 받고 있는 것으로 보인다(금장태, 『東西交涉과 近代韓國思想』, 성균관대학교출판부, 1984, 105-106쪽).

12) 『星全』, 권56, 1, '書退溪先生筆後', "東邦之有退溪, 猶中國之有孔子."

13) 『與全』, 제1집, 권15, 35, '鹿庵權哲身墓誌銘'(附見閑話條), "退溪之後, 夏軒之學, 有本有末, 夏軒之後, 星翁之學, 繼往開來."

하였다. 그것은 퇴계의 학풍이 윤휴(白湖 尹鑴)의 단계를 넘어 성호의 단계로 전개되는 과정에서 성호의 위치를 찾고 있는 것이다.

(3) 시대에 따른 변화의 의례

그다음 예학의 영역으로 성호는 예학의 저술이 경학 다음에 양적으로도 가장 많다. 그의 예학은 단순히 번쇄한 의례절차를 고증하는 데 빠져있는 것이 아니라, 의례가 정치와 교화에 미치는 영향이 중대함을 주목하고 있는 것이다. 성호의 예학저술은 『가례질서』(家禮疾書)를 비롯하여 의례문제에 관한 다양한 논의를 편집한 『성호예설유편』(星湖禮說類編)이 있다. 그의 예학은 『가례』에 관한 구체적이고 세밀한 검토와 더불어 종묘(宗廟)의 제도를 비롯하여 국가의례에 대해서도 관심을 보이며, 나아가 예경(禮經: 周禮·儀禮·禮記)에 대한 논의와 더불어 조선의 예설에 관해서도 면밀하게 검토하고 있다.

그는 '예'를 불변의 원리(天理)와 가변의 조건(時)이 결합된 것임을 주목하여, 의례의 절도란 '시대'(時)에 따라 조절하게 되므로 '예'(禮)에서 '시대'의 중요성을 강조한다. 따라서 주자가 『가례』를 편찬한 것도 바로 이 불변의 기준과 시대에 따른 변화의 종합으로서 '예'를 정립하고자 한 것이라 보았다.[14] 따라서 그는 의례의 불변적 근본원리와 가변적 현실조건을 한 시대에 표준으로 제시한 『가례』의 중요성을 강조하면서도 의례가 시대와 현실의 조건에 따라 부단히 적응하고 변화해야 함을 중시하였던 것이다. 그는 퇴계를 비롯한 우리나라 학자들의 예학 인식에 관해서도 폭넓고 세심하게 검토하고 있음을 보여준다.[15]

---

14) 『星全』, 권49, 12-13, '家禮疾書序', "守古者, 刻舟而求劍也, 循今者, 撫籥而疑日也, 朱子有憂之, 爲之家禮."

15) 星湖는 退溪의 禮說에 관한 문답을 분류 편집한 『李先生禮說類編』을 편찬하여

2) 경세론과 서학의 실학적 관심

(1) 경세론의 현실인식

성호는 생산과 경제분야의 과제로서 토지제도·수리(水利)·전폐(錢幣)·조세(租稅) 등이나, 사회현실과 제도분야의 과제로서 붕당(朋黨)·학교제도·과거(科擧)제도·노비제도·경장론(更張論) 등 다양한 경세론(經世論)의 문제에 대해 구체적 현실인식과 개혁대책을 제시하였다는 점에서 그의 실학적 정신을 선명하게 드러내고 있다.

그는 경세론의 영역에서 특히 율곡과 유형원(磻溪 柳馨遠)을 앞 시대의 가장 탁월한 학자로 높이 평가하고 있다. 특히 율곡이 많은 반대를 무릅쓰고 경장론을 제시하여 사회적 폐단의 개혁을 도모하였던 점을 극진히 칭송하면서, 당시 율곡을 숭배하는 율곡학파의 인물들이 율곡의 경장론을 외면하고 있는 사실을 비판하였다. 여기서 그는 율곡이 추구한 '경장'의 큰 과제란 조세제도(貢案)의 개혁으로서, 토지에 세금의 부과가 일정하지 않아서 가혹하게 거두어들여 민생이 고통에 빠지는 것을 막고자 하였던 것으로 파악하고 있다. 또한 그는 유형원이 율곡을 이어서 현실제도의 개혁을 위한 대책에 가장 탁월한 식견을 제시하였던 인물임을 강조하여, 그 자신이 경세론에서 율곡과 유형원을 계승하고 있음을 분명하게 보여준다.

성호의 경세론은 관료제도·토지제도·조세제도·군사제도 등에 걸쳐

퇴계의 예학을 체계적으로 정리하였으며, 17세기 예학자로서 퇴계학파의 대표적 예학자인 愚伏 鄭經世의 禮說에 대해 몇 가지 의문점을 제시하였다(「讀鄭愚伏先生論禮記疑」). 또한 栗谷의 제자인 沙溪 金長生을 높이 평가하면서 김장생의 『疑禮問解』에 대해 120조목에 걸쳐 의문점을 정밀하게 검토하였고(「金沙溪疑禮問解辨疑」), 18세기 초기 近畿南人 학자인 聽泉 鄭東稷의 『疑禮考證』에 대해서도 33조목에 걸쳐 자세하게 검토하고 있다(「書鄭聽泉疑禮考證」).

당시 현실의 모순을 개혁하고 민생의 보호 대책을 추구하는 것이었다. 그는 토지제도의 개혁방안으로 균전제(均田制)를 제시하여, 토지의 겸병(兼倂)이 확산되면서 파산하여 떠도는 서민의 생활기반을 보장하기 위해 매매할 수 없는 일정한 면적의 영업전(永業田)을 확보하도록 주장하였던 것은 민생의 기반을 보장하기 위한 현실적 방안을 제시한 것이다.

성호는 토지제도와 조세제도에서 정확하게 토지를 측량하고 호구(戶口)를 조사할 것을 강조함으로써, 경제개혁의 객관적 실상파악을 전제로 삼는 합리성을 보여주었다. 또한 누락된 토지가 많아 국가재정의 손실이 심한 문제점과 더불어 국가재정이 빈약하여 관리의 봉록이 지나치게 적은 데 따라 불법적 수취(收取)로 백성이 과중한 부담을 지게 되는 악순환의 문제점을 지적하였다.[16] 성호의 경세론적 관심을 꿰뚫고 있는 원칙은 관리의 침탈로부터 곤궁에 빠진 민생을 보호함으로써 국가의 안정과 사회의 질서를 확립하자는 것이다.

그는 우리의 노비제도가 혹독하여 한번 노비에 떨어지면 만세토록 벗어날 수 없으니, 한 나라 안에 천인(賤人)이 열에 아홉이 됨을 지적하고, 우리나라가 예로부터 가난하고 군사가 약해서 스스로 기세를 떨칠 수 없는 것은 모두 이 노비제의 해독임을 역설하였다.[17] 여기서 그는 노비의 종부법(從父法)을 폐지하도록 요구하며, 노비의 사유(私有)를 한정시킬 것과 나아가 노비도 과거에 응시할 수 있게 하여 합격한 자는 국가에서 속량시킬 것을 제안함으로써, 노비를 점차 속량(贖良)함으로써 국가의 힘을 기를 것을 역설하였다.

---

16) 『星全』, 권45, 37, '論括田', "竊念我國俸祿太薄, 羣僚胥徒皆不足以自養, 其勢不得已法外加斂, 不然將無以爲生也."

17) 『星全』, 권46, 13, '論奴婢', "萬世不得脫, 於是一國之內, 賤者十九, … 東方自昔, 國貧而兵弱, 不能自振, 莫非此法爲之害也."

'붕당'(朋黨)의 원인을 규정하면서, 그는 한정된 벼슬자리와 이권을 차지하기 위해 다수 선비가 다투는 데서 발생하는 것으로 지적하고, '붕당'의 폐단을 막기 위해서는 과거제도의 폐단을 고침으로써 이욕의 통로를 막아 백성의 뜻을 안정시켜야 할 것을 제시하였다.[18] 그는 『대학』에서 생산을 증대하는 방법으로 '먹는 자를 적게 한다'(食之者寡)는 말의 뜻을 "일하지 않고 단지 먹기만 하는 자를 제거하는 것."[19]이라 해석하여, 사대부들도 생업을 위해 노동할 것을 요구하고 있다. 따라서 그는 선비 계층이 관료로만 진출하려는 폐단을 개혁하기 위해 선비도 농업생산에 종사해야 한다는 '사농합일'(士農合一)의 원칙을 제시함으로써, 신분적 차별을 감소시키고, 백성의 안정된 생활 기반을 확보하는 개혁방책을 제시하였다.

(2) 서학(西學)의 적극적 수용

16세기 말 중국에 전래하기 시작한 서양근세의 과학기술과 서양의 종교사상을 포함하는 '서학'(西學)의 문물은 17세기 초 이수광(芝峯 李睟光)에 의해 처음 소개되었는데, 18세기 초 성호에 이르러 본격적인 관심과 인식의 대상으로 떠오르게 되었다. 성호의 부친 이하진(梅山 李夏鎭)이 사신으로 갔던 길에 연경(燕京)에서 구매해 온 수천 권의 서적들 가운데는 서양과학서적을 포함하여 상당수의 서학서적이 있었으며, 그는 서양과학과 서양문물 및 서양종교에 관한 다양한 서학서적을 접하였다. 특히 서양의 과학지식에 관해 폭넓은 이해와 적극적 수용태도를 밝힘으

18) 『星全』, 권45, 29, '論朋黨', "簡科擧防雜進也, 明考課汰茸闒也, 然後惜名宦毋多與也, 愼陞超毋輕擢也, 務稱材毋數遷也, 使利竇塞而民志定也, 如是而已矣, 不然雖殺之不禁."

19) 李瀷, 『藿憂錄』, '生財', "食寡者, 非謂口食者少也, 卽除無事而但食也."

로써, 그 자신의 실학사상을 형성하는 데 중요한 기반을 확보하였다.[20)]

성호의 서학에 대한 태도는 일방적이 아니라 양면적 성격을 지니고 있다. 곧 서양과학지식에 대해 그 탁월성을 인정하고 당시 조선의 학자들 가운데서 가장 진취적인 이해와 수용태도를 보여준다. 이와 더불어 서양의 윤리적 인식에 대해서도 유교와 소통할 수 있는 것으로 긍정하는 입장을 제시하였다. 다만 서양종교인 천주교의 신앙조목에 대해서는 비합리적이고 허황한 것으로 비판함으로써 서학에 대해 선택적 포용과 비판이라는 양면성을 보여주었다.

당시 조선사회에서는 서양의 역법(曆法)을 중심으로 서양과학이 미약하지만 수용되기 시작하여, 1653(孝宗 4년)에는 우리나라에서도 시헌력(時憲曆)이 채용되었다. 성호는 서양 역법의 우월성을 강조하면서, 당시 시행하는 '시헌력'이 서양인 탕약망(湯若望, Adam Schall)이 만든 것임을 확인하면서, 중국의 성인도 서양인의 천문학을 따라야 할 것이라 인정하였다. 그것은 중국 중심적 정통의식에서 벗어나 자연현상의 객관적 인식입장을 확립하고 있음을 의미하며, 도학의 정통의식을 넘어서 실학의 실증적 학풍과 개방정신을 확보하고 있음을 말해 주는 것이다.

성호는 서양인의 세계지도인 「만국전도」(萬國全圖)에 관심을 기울이고, 땅이 둥글다는 지구설(地球說)을 받아들이며, 바다 위에서 배를 타고 있을 때 배가 한 바퀴 돌면 바닷가의 언덕이 도는 것처럼 느껴지는 사실을 들면서 지구가 하루에 한 바퀴씩 동쪽으로 도는 자전설(自轉說)도 확인하고 있다. 나아가 그는 양마락(陽瑪諾, Emmanuel Diaz)의 『천문략』(天問略)을 통해 지구가 우주의 중심이라는 설명을 받아들이면서, 서양

---

20) 星湖가 읽은 西學서적으로는 曆算法(6종)·天文圖(6종)·地理書(3종)·地圖(2종)·機器書(1종)·水利書(1종) 및 宗敎書(3종)으로 22종의 목록이 확인된다(李元淳, '星湖 李瀷의 西學세계', 『교회사연구』 1, 1977, 8-9쪽).

천문학의 계산법에 따라 지구의 직경이 3만 리이고 둘레가 9만 리인 구형(球形)임을 인정하고 있다.〈『星湖僿說』, 天地門: 天問天對 및 天地門: 日天之行〉 이처럼 중국전통의 천원지방설(天圓地方說)에서 벗어나 지구설(地球說)과 그 수학적 계산법을 수용한다는 것은 바로 하늘과 대지가 상하로 마주 대하고 있는 전통적 우주론을 버리고, 둥근 지구 바깥으로 모든 별이 돌며 둥근 하늘이 층층이 쌓여 있다는 서양천문학의 우주구조를 받아들였다. 그것은 서양천문학의 이해에 따른 우주론의 변화를 받아들임으로써, 동양전통의 형이상학적 우주론으로부터 벗어나는 변화의 길을 열어주는 것이다.

성호는 천문학에 있어서 서양이 첫째이고, 회회(回回: 아라비아)가 둘째요, 중국이 가장 뒤떨어졌다고 평가하였던 것도, 서양천문학을 전면적으로 수용하는 입장을 보여주는 것이며, 이에 따라 기하학(幾何學)과 삼각법(三角法) 등 수학에 대해서도 상당한 이해를 보여준다. 여기서 그는 "비록 성인의 지혜로도 다하지 못함이 있으니, 후세 사람이 이에 따라 더욱 보태고 다듬어가면 세월이 갈수록 더욱 정교해지기 마련이다."[21] 라 하여, 기기(器機)와 수리(數理)의 방법은 후세로 내려올수록 교묘해진다는 자연과학적 지식의 진보에 대한 확신을 밝히고 있다. 따라서 그는 옛 성현을 모든 지식의 기준으로 삼는 상고적(尙古的) 시야에서 벗어나 과학지식이 후세로 내려올수록 진보한다는 미래지향의 시야로 방향을 전환하고 있음을 보여준다.

또한 그는 애유략(艾儒略, Julio Aleni)의 『직방외기』(職方外記)나 남회인(南懷仁, F. Verbiest)의 「곤여지도」(坤輿地圖) 등 서양 선교사들의 지리서와 지도를 보면서 그들이 실지로 답사하고 측량하여 경위선(經緯線)을

---

21) 『僿說』, '天地門: 曆象', "雖聖智有所未盡, 而後人因以增修, 宜其愈久而愈精也."

그려 작성한 지도의 정확성을 인정하였다. 이러한 세계지도와 지리서를 통한 세계의 실상에 대한 새로운 인식은 중국중심적 '화이론'(華夷論)의 세계관에서 벗어날 수 있는 길을 열어주었다.

여기서 성호의 실학정신은 중국중심의 세계관에서 벗어나면서 우리나라와 우리 역사의 독자성을 발견하고 있다. 그는 우리나라 사람들이 우리 땅에서 태어나 살면서도 우리나라의 사실을 외면하고 우리 역사서인 『동국통감』조차 읽지 않는 사실을 질책하면서, "우리나라는 스스로 우리나라이다. 그 규모와 제도와 체질과 형세가 중국역사와는 스스로 다르다."[22]라 하여, 우리 역사의 독자성을 강조하였던 것이다.

3. 성호문하의 학문적 관심과 학파의 분열

1) 성호문하에서 토론과 학문적 관심

성호가 제자들과 문답하고 토론한 주제는 다양하다. 그 분야를 크게 경학·성리학·예학·경세론·역사·서학의 여섯 영역으로 구분하여 개괄해 볼 수 있을 것이다. 성호는 제자들과 왕복 편지를 통해 공통적으로 가장 활발하게 토론한 주제는 실학적 경세론의 문제보다는 도학전통의 영역인 경학·성리학·예학의 문제이었다. 실학의 중심문제인 경세론에 관해서는 제자들과 사이에 토론이 거의 없는 형편이었으며, 다만 안정복과는 우리 역사의 서술문제에 활발한 토론이 있었고, 서학문제는 신후담과 안정복과 사이에서 드러나고 있다.

---

22) 『星全』, 권25, 21, '答安百順'(乙亥), "東國自東國, 其規制體勢, 自與中史有別."

(1) 경학의 창의적 해석

성호 자신이 가장 많은 힘을 기울여 저술하였던 주제는 경학의 영역으로, '사서삼경'을 중심으로 『소학』(小學)·『근사록』(近思錄)·『심경』(心經)·『가례』(家禮)에 이르기까지 각각 '질서'(疾書)를 지었다. 그의 경학적 기본입장은 경전이 결코 공허한 관념적 지식의 자료가 아니라 구체적 현실에서 활용되어야 하는 '치용'(致用)의 과제임을 역설하는 것이다. 이 점은 바로 성호의 경학이 '실학'을 지향하는 기본방향을 제시하는 것이요, '도학'의 계승이면서 실학의 출발이 되고 있음을 가장 잘 보여주는 것이기도 하다.

곧 『시경』(詩經)을 읽는 것도 '시'(詩)를 통해 백성의 숨겨진 실정을 살펴서 백성을 안심하고 살 수 있게 하는 것이라 본다. 따라서 『시경』은 백성을 다스림에 활용하는 것이요, 『예경』(禮經)은 집안에서나 바깥에 나가 일을 처리할 경우와, 임금의 명령을 받들어 외국에 나가 외교를 하는데도 '예'(禮)에 따라 대처하는 것임을 강조하였다. 따라서 그는 경학의 본래 정신이 실무에 힘쓰는 '무실'(務實)에 있음을 역설하여, "옛사람의 '무실'은 이와 같은데, 오늘날에는 경술(經術)과 사무(事務)가 갈라져 두 가지 일이 되어서, 자리가 바뀌면 깜깜하니 어찌된 것인가."[23]라 하였다. 곧 당시의 경학이 현실의 사무와 동떨어져 현실에 어두워서 대응능력이 없다는 문제점을 분명하게 지적하고 있다. 그만큼 경전의 인식이 현실의 사무에 활용되기를 추구하는 것이 바로 성호의 경학이 지닌 실학적 성격임을 보여준다.

신후담은 경학에 깊은 관심을 기울였으며, 특히 『주역상사신편』(周易象辭新編) 10권을 비롯하여 역학(易學)에 관한 여러 저술을 남기고 있다.

---

23) 같은 곳, "古人之務實如此, 在今日經術事務, 判爲二道, 易地則霧然何哉."

그는 스승 성호의 『역경질서』(易經疾書)에 대해 요점을 정리하면서 자신의 견해를 붙여 『이성호역경질서찬요』(李星湖易經疾書纂要)를 저술하고, 자신의 의문점을 성호에게 질문하여 토론을 벌이기도 하였다. 성호는 신후담이 저술한 『주역상사신편』을 읽고 나서 그 마음씀이 지극히 세밀함을 칭찬하면서, 한결같이 핵심을 분석하여 유감없이 하였지만, 그 가운데 억지로 끌어다 붙인 것이 있음을 지적하였다. 곧 풍괘(豊卦) 육이효(六二爻)의 "두성(斗星)을 본다."(見斗)는 구절을 해석하면서, 건-양(乾陽)의 체(體)가 올라가 위에 있어서 '리괘'(離卦)와 상대되는 것을 별의 형상에 해당시키며, 진칠(震七)로 두성(斗星)의 수에 해당시키는 것들을 억지로 끌어다 붙인 경우로 지적하였다.24) 여기서 성호는 "무릇 괘(卦)에는 본체(本體)가 있고, 변체(變體)가 있고, 호체(互體)가 있고, 원체(原體)가 있으며, 그 밖에 상(象)을 유추하고 수(數)를 연역함에는 그 이론이 지극히 많은데, 만약 흡사한 것으로 분명하게 대응시킨다면 아마 끝내 합치하지 않을 이치가 없을 것 같다. 그러나 유독 여기서 말하는 것은 반드시 그 뜻이 있는 곳이 있을 것이다."25)라 하여, 유사한 것을 확실한 근거 없이 유추하여 일치시키는 무리한 해석의 문제점을 지적하였다. 그만큼 『주역』의 해석에서 쉽게 빠지게 되는 근거 없는 유추의 오류를 엄격히 경계하고 있음을 보여준다.

윤동규와 경전의 다양한 문제에 관해 토론하면서, 『논어』(鄕黨)의 구절 가운데, 마구간이 불탔을 때 공자가 조정에서 물러 나오자 물었던 말

24) 『星全』, 권22, 35, '答愼耳老'(甲寅), "今觀『新編』, 用意至細, 誠有欽歎, 然一皆剖覈, 不復遺憾, 其間容或有牽強者存, 如豐之見斗, 以乾陽之體, 升而在上, 與离爲對, 當星之象, 以震七當斗之數之類是也."

25) 『星全』, 권22, 35, '答愼耳老'(甲寅), "凡卦有本體有變體有互體有原體, 其佗推象演數, 其說極夥, 若以彷彿勘對之, 亦恐無終不合之理, 然獨於此言之, 必有其意在也."

씀에 대해 『논어집주』에서 제시된 주자의 해석을 따르면, "'사람이 다쳤느냐'라 말씀하시고, 말에 대해서는 묻지 않았다."(曰傷人乎, 不問馬)는 것이다. 그런데 주자의 해석과는 달리, "'사람이 다치지 않았느냐'라 말씀하고 나서, 말에 대해 물었다."(曰傷人乎不, 問馬)고 해석하는 견해가 있어서 구두점이 달라짐에 따른 해석의 차이가 쟁점으로 제기되었다. 이에 대해 성호는 "사람이 다치지 않았느냐."(傷人乎不)를 한 구절로 삼은 경우로 명 태조의 설이 그러하였다고 들은 일이 있음을 밝히면서, 주자의 해석도 옳다고 인정하였다. 곧 "말에 대해 묻지 않았다는 것은 끝내 묻지 않았다고 말하는 것이 아니다. 조정에서 물러 나오자마자 사람에게 급히 물을 즈음에 (말에 대해) 물을 겨를이 없었을 뿐이다. 만약 여기에 얽매어 끝내 묻지 않았다는 뜻으로 삼는다면 '남은 것이라고는 없다'(靡有孑遺)의 구절을 해석하는 것에 거의 가까운 것이 아니겠는가?"[26] 라 하였다. 주자의 해석대로 '말에 대해 묻지 않았다'(不問馬)는 말은 사실을 확인하는 언급이 아니라, 큰 재난을 당한 상황 속에서 말이 다쳤는지를 물을 겨를이 없었음을 말하는 것이라 해명하고 있다. 이러한 해석은 『시경』(大雅·湯之什·雲漢)의 '남은 것이라고는 없다'(靡有孑遺)는 구절을 해석하는 경우처럼 글자 그대로 해석하는 것이 아니라 문맥 속에서 상황과 의미를 따라 해석하기를 요구하는 것이다.

(2) 성리설의 새로운 시각

성호는 성리설의 문제로서 퇴계의 사칠론(四七論)에 관해 집중적 관심을 기울였다. 특히 그는 퇴계를 계승하는 입장에서 '사칠론'의 쟁점을

---

26) 『星全』, 권20, 19, '答尹幼章別紙'(己亥), "不問馬者, 非謂終不問, 其才退朝, 急問人之際, 不暇問耳, 若泥此而作終不問之意, 則不幾於靡有孑遺之解耶."

체계적으로 해명하여 『사칠신편』(四七新編)을 편찬함으로써, 퇴계의 '사칠론'에 대한 인식을 심화시켜 주고 있는 것이 사실이다.

신후담은 40세 때(1741) 『사칠동이변』(四七同異辨)을 저술하였는데, 그 속에서 스승 성호의 『사칠신편』에 대한 의문점(「星湖李丈四七新編記疑」)을 제기하기도 하여, '사칠론'에 대해 성호와 견해 차이를 밝혔다. 이에 성호는 신후담의 『사칠동이변』을 읽고 나서 「사칠동이변후제」(四七同異辨後題)를 지어 반론을 제기하였지만, 성호는 그해 겨울에 다시 생각하고 「사칠동이변중발」(四七同異辨重跋)을 지어 신후담의 견해에 적극 찬성하였다 한다.27)

신후담이 "'사단'이 발현되는 곳에 타야 할 '기'는 '지각의 기'이고, '칠정'은 '기'가 발동한 것이란 '형기의 기'이다."(四端發處所乘之氣, 是知覺之氣, 七情氣發, 是形氣之氣)라는 견해를 제시한 데 대해, 성호는 "양쪽의 '기'자가 주장하는 바는 본래 다른데, 퇴계의 '이와 기는 서로 의존한다'(理氣相須)는 설에서부터 뒤섞임을 면하지 못하였다. 이 단락을 간파함은 탁월하여 깊이 찬탄하는 바이다. … 내가 주장하는 바의 분별과 경계는 오로지 여기에 있다."28)라 하여, 신후담의 견해를 그대로 동의하고 있다. 또한 성호는 "내가 그래서 '이가 발현하고 기가 따른다'(理發氣隨)는 점에서는 사단과 칠정이 같다고 말한다. 만약 칠정은 '이가 발현함'

---

27) 『河濱全集』(2), 320-321쪽, '四七同異辨 · 星湖李丈四七新編記疑'.
愼後聃의 『四七同異辨』은 『河濱全集』(2)에 수록되어 있는데, 「四七同異辨序」 · 「四七說同」 · 「四七說異」 · 「星湖李丈四七新編記疑」와 더불어 星湖의 저술로 「四七同異辨後題」 · 「四七同異辨重跋」이 수록되어 있고, 그다음에 성호에게 올린 편지인 「上星湖論四七 別紙」와 困齋 鄭介淸의 四七說에 의문점을 제기한 「鄭困齋四七說記疑」이 수록되어 있다. 그러나 『星全』에는 성호의 저술이라는 「四七同異辨後題」와 「四七同異辨重跋」이 수록되어 있지 않다.

28) 『星全』, 권23, 21, '答愼耳老'(辛酉), "兩氣字所主本異, 而自退溪理氣相須之說, 未免混淪, 此段見得卓然, 深所欽歎, … 瀷所主張分界, 專在乎此."

(理發)의 위에 다시 한 층의 싹터 나오는 맥락이 있으니, 이른바 '형기의 사사로움'이 이것이다. 이 의리는 나의 벗 신후담이 깨달은 것이다."[29] 라 하였다.

여기서 성호는 '사칠론'에 대한 자신의 핵심적 견해로서 '기'라는 글자가 문맥에 따라 의미가 다른 것임을 제기함으로써, 사단과 칠정이 모두 '기'의 발동이라 보는 율곡의 '기발이승일도설'(氣發理乘一途說)을 정면으로 거부하였다. 그뿐만 아니라 퇴계의 '이'와 '기'가 서로 주장이 되면서 상대편을 기다린다는 '이기호발설'(理氣互發說)을 극복하고, 사단과 칠정이 모두 '이'가 발현하는 것이라는 '이발기수설'(理發氣隨說)을 새롭게 제시하였다. 나아가 퇴계에서 '기발'(氣發)이라는 용어의 의미도 '이발'(理發)의 전제 위에서 또 하나의 단계를 가리키는 것으로 새롭게 해석하고 있다. 이처럼 퇴계의 '사칠론'에 대한 쟁점을 새로운 시야에서 해석하였던 자신의 견해가 그의 제자인 신후담이 터득한 것임을 확인하여, '사칠론'에 대한 해석에서 신후담의 창의적 해석을 받아들이고 있음을 보여준다. 이러한 사실에서 당시 '사칠론'의 해석을 통해 전개된 성호문하의 연구와 토론이 얼마나 창의적이고 높은 수준을 이루었던 것인지를 확인할 수 있다.

성호문하에서 안정복은 특히 윤동규(邵南 尹東奎)·이병휴(貞山 李秉休)와 가장 친밀하였는데, 윤동규의 독실함과 이병휴의 정밀함을 높이 드러내고 있다. 당시 신후담과 성호 사이에 사칠론의 해석에 대한 토론이 전개되었을 때, 윤동규는 신후담의 견해에 반박하여 성호와 토론하였고, 이병휴는 다시 신후담의 견해를 지지하여 안정복과 토론을 전개

29) 李瀷, 『四七新編』, '重跋', "余故曰, 理發氣隨, 四七同然, 而若七情則理發上面, 更有一層苗脈, 所謂形氣之私, 是也, 此義吾友愼耳老得之."

하였다.[30] 이처럼 퇴계에서 시작되는 '사칠론'이 성호문하에서도 새로운 해석이 제기되면서 활발한 토론의 마당을 펼치고 있음을 보여준다.

(3) 예설에 관한 토론

성호는 퇴계의 성리설뿐만 아니라 예설도 체계적으로 분류하여 『이선생예설유편』(李先生禮說類編)을 편찬하였다. 또한 성호 자신도 제자들과 더불어 다양한 주제의 의례절차와 의미를 규정하는 예설에 관해 정밀한 토론을 전개하고 예설에 관련된 많은 논설을 남겼으며, 그 연구성과는 뒤에 『성호예설류편』(星湖禮說類編)으로 편집되기도 하였다. 당시 성호와 제자들 사이에 광범하게 예설에 관한 문답과 토론이 전개되었던 사실은 의례절차를 올바르게 실행하여야 한다는 현실적 요구가 매우 컸던 사실을 엿볼 수 있다.

'묘제'(廟制)의 경우를 보면, 성호는 신후담에게 보낸 편지에서 대부(大夫)의 3묘(廟)제도에 대해서는 『예기』의 「제법」(祭法)편과 「왕제」(王制)편의 기록에서 차이가 의문점이 되고 있음을 지적하였다.[31] 나아가 성호는 『공자가어』(孔子家語)의 「묘제」(廟制)편에서는 대부의 3묘를 1소(昭)· 1목(穆)과 태조의 묘(太祖之廟: 太廟)로 들고서, 태조의 묘를 황고묘(皇考廟)라 하고, 황고묘는 시조묘(始祖廟)가 되고 향상(享嘗: 四時祭)으로 그치며 현고(顯考: 高祖)는 묘(廟)가 없다는 언급을 주목하였다. 또한 그는

---

30) 『順菴集』, '順菴先生行狀'[黃德吉], 7, "李先生著四七新編, 發明李子理發氣發之論, … 其後遯窩愼公後聃以爲氣隨之氣屬心, 氣發之氣屬形, 氣公理上七情, 莫非道心, 李先生作新編, 重跋以識之, 邵南辨之甚力, 李先生乃抹去重跋, 貞山復主愼說, 質諸先生."

31) 「祭法」편에서는 "大夫立三廟·二壇, 曰考廟·曰王考廟·曰皇考廟, 享嘗乃止, 顯考·祖考無廟, 有禱焉爲壇祭之, 去壇爲鬼."라 하고, 「王制」편에서는 "大夫 三廟, 一昭·一穆, 與大祖之廟而三."이라 기록하고 있다.

「제법」편에 붙인 공영달(孔穎達)의 소(疏)에서, “단(壇)을 떠나면 귀(鬼)가 된다는 것은 고조(高祖)를 말한다. 만약 단에서 옮겨가면 귀가 되니 다시 제사 드릴 수 없다. 다만 태조의 단에서 천(薦)을 드릴 뿐이다.”라 언급한 사실을 인용하고 있다.[32] 이처럼 성호는 대부의 경우에도 고조에 제사를 드릴 수 없는 것이 옛 예법임을 확인하여 당시 조선사회에서 『주자가례』를 근거로 사대봉사(四代奉祀)하는 것이 예법에 어긋나는 것임을 확인하고 있다.

따라서 성호는 윤동규의 질문에 답하면서, “오늘날 사람은 4세(四世)에 제사 드리고 또 시조에 제사하니 진실로 나라의 제사와 구별이 없다. 이것은 4세에 제사 드림이 과도할 뿐이지 시조에 제사하는 것이 과도한 것은 아니다. … 만약 주자가례도 따르지 않을 수 없다고 한다면 반드시 고조에 제사를 드려야 하니, 비록 나라의 제사와 구별이 없다는 혐의가 있지만 단지 이렇게 할 수 있을 따름이요, 다시 다른 도리는 없다.”[33]고 하여, 사대부의 집안에서 사대봉사가 예법의 법도를 넘는 사실을 분명하게 인식하도록 요구하고 있는 것이다.

또한 안정복과 제사문제에 대해 논의하면서도, “제사의 이치는 성인이 제정한 것이 있는데, 이를 의심하는 것은 성인을 욕되게 하는 죄가 있다. 이미 장례를 마치고 신(神)을 실(室)이나 당(堂)에 모셔 왔는데, 또 무덤에서 제사를 지내는 것은 의리에 없는 것이다.”[34]라 하였다. 그것은

---

32) 『星全』, 권23, 18, ‘與愼耳老’(辛酉), “偶閱家語廟制篇云, 大夫立三廟, 一昭一穆, 與太祖之廟而三, 曰皇考廟, 繼云, 皇考廟爲始祖廟, 享嘗乃止, 顯考無廟, … (祭法)疏云, 去壇爲鬼者, 謂高祖, 若遷去於壇, 則爲鬼, 不復得祭, 但薦之於太祖之壇而已.”

33) 『星全』, 권20, 14, ‘答尹幼章別紙’(己亥), “今人祭四世而又祭始祖, 誠與國家無別, 此特祭四世之過也, 非祭始祖之過也, … 如曰朱子家禮亦不可不從, 而必祭高祖, 則雖有與國家無別之嫌, 只得如此而已, 更無佗道理也.”

34) 『星全』, 권26, 32, ‘與安百順’(戊寅), “祭祀之理, 聖人有制, 疑之者有侮聖之罪, 旣葬

『주자가례』에서 받아들인 묘제(墓祭)도 성인이 제정한 예법에 어긋나는 것임을 분명하게 지적하고 있는 것이다. 이처럼 『주자가례』의 권위에 따라 광범하게 실행되고 있는 사대부의 '사대봉사'나 '묘제'에 대해서도 경전에 근거하여 옛 성인이 제정한 예법의 원리를 근거로 예법에 어긋나는 것임을 밝힘으로써, 경전의 정신을 새롭게 각성하여 현실의 의례제도를 성찰하고 있음을 보여준다.

(4) 경세론에 대한 논의

성호는 율곡과 유형원(磻溪 柳馨遠)을 경세론의 탁월한 인물로 존중하며, 토지·수리(水利)·전폐(錢幣)·조세(租稅)제도 등 경제문제나 붕당(朋黨)·학제(學制)·과거(科擧)·노비(奴婢) 등 사회제도의 문제에 대해 현실의 구체적 문제점과 경장(更張)을 위한 개혁대책을 제시함으로써 실학정신을 전개하고 있다. 그는 친우 정상기(農圃子 鄭尙驥, 1678-1752)의 저술인 『농포문답』(農圃問答)에서 제시된 토지제도의 문제에 관해 토론하기도 하였을 뿐, 제자들과는 경세문제에 관해 논의한 것이 별달리 보이지 않는다. 다만 신후담에게 보낸 답장에서 "이즈음에 유반계(磻溪 柳馨遠)의 『수록』(磻溪隧錄)을 구하였는데, 규모가 매우 치밀하고 역량이 심히 큰데, 그 귀취는 (토지의) 경계를 근본으로 삼으니 이것은 진실로 당연하다. 그러나 어찌 쉽게 시행될 수 있겠는가?"[35]라 하여, 『반계수록』을 논하면서 그 규모와 역량과 논리에 크게 감탄하고 있으면서도, 현실에서 시행의 어려움을 지적하였다.

神返室堂, 又祭於墓恐無義."

35) 『星全』, 권23, 13, '答愼耳老'(丙辰), "近得柳磻溪『隨錄』, 規模甚密, 力量許大, 其歸乃以經界爲本, 此固當然, 然豈可易以行耶."

(5) 우리역사에 대한 구체적 관심

성호는 우리의 역사·풍속에 관한 관심이 깊었다. 따라서 그는 우리 역사를 시로 읊어 「해동악부」(海東樂府)를 지었고, 우리 속담을 수집하여 「백언해」(百諺解)를 편찬하기도 하였다. 안정복은 스승 성호의 지도를 받으면서 우리 역사를 편찬하여 『동사강목』(東史綱目)을 저술하였던 것은 성호학파의 중요한 실학정신의 업적이요, 실학파의 대표적 우리역사 편찬서의 하나이다.

성호는 제자 안정복이 우리역사의 편찬에 관심이 있는 사실을 격려하면서, "오늘날의 사람들은 동쪽 나라에 살면서 오직 동쪽 나라의 일에는 전혀 살펴서 알려고 하지 않아, 심지어 '『동국통감』(東國通鑑)을 누가 읽느냐'라 말하니, 그 어긋남이 이와 같다. 우리나라는 스스로 우리나라요, 그 규모와 체제는 저절로 중국역사와 구별이 있다."[36]고 하여, 당시 조선의 지식인들이 우리역사에 무관심한 현실을 비판하면서, 우리역사의 독자적 서술이 필요함을 역설하였다. 안정복은 스승 성호가 오랫동안 우리역사에 관심을 기울여 왔음을 듣고서 강령과 요목을 정해 놓은 것이 있는지 물으면서, 자신이 '동사강목'이라는 제목으로 우리 역사를 편찬하면서 단군과 기자의 시대는 사료가 없으니 삼국시대로부터 서술을 시작할 것인지 등의 문제점에 관해 질문하였다. 이에 대해 성호는 "단군과 기자는 어찌 표출시키지 않을 수 있겠는가? 삼국 이하는 독립하면 단독으로 기록하고, 병립하면 구분하여 주석할 따름이다."[37]라 하여, 사료가 부족하더라도 단군과 기자를 독립시켜 서술할 것을 당부하

---

36) 『星全』, 권25, 21, '答安百順'(乙亥), "今人生乎東邦, 惟東事全不省覺, 至曰東國通鑑有誰讀之, 其乖戾如此."

37) 『星全』, 권25, 15, '答安百順問目', "檀箕何可不表出耶, 三國以下, 獨立則獨書, 並立則分註而已."

였다. 여기서 그는 삼국이 병행하는 시대는 정통이 없는 것이요, 신라가 삼국을 통일한 다음에 신라가 정통이 되는 것이며, 후삼국에서는 정통이 없고, 후백제가 고려에 항복한 다음에 고려가 정통이 되는 것이라는 역사의 사실에 따른 정통의 인식을 제시하였다.

특히 성호는 왕조의 강역(疆域)이나 지명의 고증에 세밀한 관심을 보여, “이른바 기자의 강역은 상세하게 고증할 수 없지만, 뒤에 서쪽의 경계를 수천 리나 연(燕)나라에 잃었으니, 요하(遼河)와 심양(瀋陽)은 그 영역 안이었다. 삼국시대의 말기에 신라는 그 영역을 거느릴 수 없어 발해가 그 땅에 크게 자리 잡아 동쪽으로 바다에 이르게 하였다. 뒤에 발해는 걸안에 멸망하니, 이것이 우리나라가 요하의 땅을 잃게 된 경과이다.”[38]라 하여, 요동과 요서가 모두 우리의 옛 땅인데 이 영토를 잃게 된 과정을 명확히 확인하고 있다.

특히 지명에 대해 성호는 윤동규에게 보낸 답장에서 우리나라의 지방과 산수의 지명이 뒤섞여 밝히기 어렵게 된 원인으로 우리나라 사람들이 경솔해서 우리 역사를 믿지 않고 중국의 기록으로 우리 지명을 기록하였기 때문임을 지적하면서, 압록강이 격수(溴水)요, 청천강이 산수(滻水)요, 대동강이 열수(洌水)요, 저탄(豬灘)이 패수(浿水)요, 한강이 대수(帶水)가 틀림없다고 고증하였다. 또한 ‘조선’(朝鮮)의 ‘조’는 동쪽이요, ‘선’은 선비(鮮卑)로, 선비족의 동쪽 나라를 가리키는 명칭으로 추정하기도 하였다.[39] 그 고증의 정확성에 대한 쟁점은 남아 있겠지만, 성호문하에

---

38) 『星全』, 권26, 3, ‘答安百順’(丙子), “所謂箕子提封, 其詳不可考, 後失西界數千里於燕, 則遼瀋卽其域內, 三國之末, 新羅不能統御, 使渤海坐大其地, 東傅于海, 後爲契丹所滅, 則此東方失遼之始末也.”

39) 『星全』, 권20, 36-37, ‘答尹幼章’(丙子), “吾以爲鴨綠爲溴水, 淸川爲滻水, 大同爲洌水, 豬灘爲浿水, 漢江爲帶水, 此則無疑, … 朝鮮者疑是鮮卑之鮮, 朝者東也.”

서 우리 영토의 범위와 국명의 위치와 지명의 고증에 정밀한 관심을 기울이고 있는 것은 바로 실학정신이 발현되는 하나의 중요한 양상이라 할 수 있다.

(6) 서학의 적극적 수용

성호는 서학의 서양과학에 대해 적극적인 지지와 그 탁월성을 인정하였으며, 서양의 윤리적 인식도 유교와 소통할 수 있는 것으로 긍정하였다. 다만 서양종교인 천주교교리에서 신비적 신앙조목에 관련된 것은 비합리적이고 환상적인 것으로 비판함으로써 수용과 비판의 양면성을 보여주고 있다. 여기서 성호의 초기 제자들인 신후담과 안정복은 성호가 적극적으로 수용하였던 서양과학지식이나 윤리사상에 대해서는 별다른 관심을 보이지 않고, 성호가 비판하였던 천주교교리와 신앙에 대해 강경한 비판입장을 밝혔으니, '공서파'(攻西派)로 분류될 수 있다. 이에 비해 권철신·이가환 등 후기 제자들과 그 후학들 가운데는 서양과학에 대한 적극적 관심을 보이다가 뒤에 천주교신앙을 받아들이는 데까지 나가기도 하여, '신서파'(信西派)로 분류된다. 성호문하에서 서학문제에 관한 토론은 주로 '공서파'의 신후담과 안정복에서 찾아볼 수 있다.

신후담은 23세 때(1724) 성호문하에 나가자 성호와 서학에 대해 문답하면서, 마테오 리치에 관해 질문하였던 일이 있다. 이에 대해 성호는 『천주실의』 등 천주교 교리서를 본 것을 근거로 "비록 그 '도'가 우리 유교에 반드시 합치하는지는 알 수 없지만, '도'에 나아가서 그 도달한 바를 논한다면 또한 '성인'이라 할 수 있다."[40]고 하여, 마테오 리치를 '성인'

40) 『河濱全集』(7), 3쪽, '紀聞錄·甲辰春見李星湖紀聞', "雖未知其道之必合於吾儒, 而就其道而論其所至, 則亦可謂聖人矣."

으로까지 극진히 높였다. 또한 신후담은 천주교의 천당지옥설이 불교와 다름이 없다고 지적하자, 성호는 "비록 불교와 대략 같지만, 불교는 '적멸'일 뿐이나, 마테오 리치의 학문에는 실용처가 있다."[41]고 하여 긍정적 측면을 주목하고 있음을 보여준다. 이처럼 신후담은 처음부터 성호의 서양과학기술에 대한 긍정적 입장에 동조하지 않고, 천주교교리에 대해 정면으로 비판하는 도학전통적 이단배척론의 입장을 보여주고 있는 사실을 엿볼 수 있다.

안정복은 신후담보다는 좀 더 온건한 점이 있지만, 서학에 대해 비판적 입장은 분명하게 밝히고 있다. 그는 스승 성호에게 서양학문(洋學)도 학술로써 말할 만한 것이 있는지 물었을 때, 성호는 서학의 학술로서 "삼혼(三魂)의 설 및 영신(靈神)이 죽지 않는다는 설, 천당과 지옥의 설에 대해 말하고서, '이것은 반드시 이단이요, 단지 불교의 별파(別派)이다'라 말하였다."[42]고 한다. 곧 성호는 서학의 교리적 핵심문제로서 영혼개념과 사후세계의 인식을 지적하면서, 서학을 불교와 같은 계열로 규정하여 비판입장을 밝혔다는 것이다. 이처럼 안정복은 성호가 서학에 대해 기본적으로 비판적 입장을 지녔음을 강조하려는 의도를 보여주고 있다.

또한 안정복은 성호가 "천주의 설을 나는 믿지 않는다. 귀신도 소멸하는 데 더디고 빠른 구별이 있으므로 낱낱이 같은 것은 아니다."라 하여, 서학의 '천주' 개념과 '귀신' 개념에 대해서도 부정하고 있음을 지적하였다 한다. 또한 "『칠극』(七克)은 바로 사물(四勿)을 주석한 것이다. 그 언급에 폐부를 찌르는 말이 많지만, 이것은 문장가의 재치있는 말이나

41) 『河濱全集』(7), 4쪽, '紀聞錄·甲辰春見李星湖紀聞', "雖與佛氏畧同, 而佛氏則寂滅而已, 西泰之學, 則有實用處."

42) 『順菴集』, 권17, 26, '天學問答(附錄)', "先生曰, … 因言三魂之說及靈神不死天堂地獄之語, 曰此決是異端, 専是佛氏之別派也."

아이들의 경계하는 말에 불과하다. 그러나 그 허황한 말을 깎아내고 경계하는 말을 간추리면 우리 유교의 극기(克己)공부에 얼마간의 도움이 없지 않을 것이다. 이단의 글이라 하더라도 그 말이 옳으면 취할 따름이다."[43]라 언급한 사실을 들어, 성호가 서학의 윤리서인 『칠극』에 대해 긍정적 입장을 밝히면서, 그 말이 정당할 경우에는 이단의 말이라도 받아들인다는 열린 자세를 확인하고 있다.

안정복은 1757년 성호에게 올린 편지에서 서학서적으로 『천주실의』·『기인십편』(畸人十篇)·『변학유독』(辨學遺牘)의 세 가지를 열거하면서 자신의 비판적 입장을 제시하고 있다. 그는 이 편지에서 "근래에 서양의 서적을 보니, 그 학설이 비록 정밀하지만 끝내는 이단의 학설이었습니다. 우리 유교에서 자신을 닦고 성품을 배양하며, 선을 행하고 악을 제거하는 것은 마땅히 해야 할 것을 하는 데 불과하며, 털끝만큼도 죽은 다음에 복을 구하는 뜻이 없는데, 천주교에서는 자신을 닦는다는 것이 오로지 하느님(天臺)의 심판 때문이니, 이것이 우리 유교와 크게 다른 것입니다."[44]라 하였다. 이처럼 안정복은 서학서의 학설이 정밀함을 인정하였지만, 서학이 사후에 심판을 전제로 하는 것이라는 점에서 오직 도덕의 당위성을 따르는 유교와 근원적으로 다른 '이단'임을 밝히고 있다.

이에 대해 성호가 안정복에게 보낸 답장에서는 천주교의 학설을 자신이 믿지 않음을 전제로 밝히면서, "그 천체를 말하고 지구를 설명한

---

43) 『順菴集』, 권17, 26-27, '天學問答(附錄)', "答曰, 天主之說, 非吾所信, 鬼神之有淹速之別, 非箇箇同然也, 又曰, 七克之書, 是四勿之註脚, 其言盖多刺骨之語, 是不過如文人之才談, 小兒之警語, 然而削其荒誕之語而節略警語, 於吾儒克己之功, 未必無少補, 異端之書, 其言是則取之而已."

44) 『順菴集』, 권2, 16, '上星湖先生別紙(丁丑)', "近觀西洋書, 其說雖精覈, 而終是異端之學也, 吾儒之修己養性, 行善去惡者, 是不過爲所當爲, 而無一毫徼福於身後之意, 西學則其所以修身者, 專爲天臺之審判, 此與吾儒大相不同矣."

것은 궁구함이 깊고 역량이 포괄되어 일찍이 없었던 것이다. … 시헌력(時憲曆)이 나옴에 이르러 합치하지 않음이 없으니 역법(曆法)의 도리가 비로소 밝혀졌다. 어찌 외국이라 하여 경시할 수 있겠는가?"[45]라 하여, 서양과학지식에 대해서는 적극적 긍정의 입장을 강조하고 있다. 이처럼 안정복은 서학에서 천주교교리가 유교의 가르침에 어긋나는 이단임을 주목하고 있다면, 성호는 서학에서 천주교교리의 이단적 성격을 인정하면서도 자연과학지식이 탁월함을 중시하였던 것으로서, 서로 서학을 바라보는 시각의 차이를 드러내고 있음을 보여준다.

2) 서학(西學)에 대한 인식과 성호학파의 분열

성호의 '서학'에 대한 개방적 수용태도는 그의 제자들에게 깊은 충격을 주었다. 이에 따라 그의 제자들 가운데 초기의 제자들로 노장층인 신후담과 안정복은 천주교교리에 대한 비판을 주도하여 '공서파'로 분류되고, 성호의 개방적 사유에 영향을 크게 받았던 후기의 제자들로 소장층인 권철신과 이가환 및 그 후학들은 서양과학의 수용에 관심을 기울이다가 천주교신앙을 수용하기에 이르렀으므로 '신서파'로 분류된다. 이처럼 성호학파의 문인들과 후학들 사이에서 '서학'에 대한 인식태도에 따라 학풍과 인맥이 양분되는 분열양상을 보이고 있는 사실이 주목된다. 그것은 성호학파에서 '서학'의 문제가 얼마나 큰 충격을 주었으며, 얼마나 중요한 주제로 받아들여지고 있는지를 잘 엿볼 수 있게 한다. 또한 18세기 후반에 '서학'에 대한 비판과 수용이 성호학파에 의해 주도되었

---

45) 『星全』, 권26, 19, '答安百順', "其談天說地, 究極到底, 力量包括, 蓋未始有也, … 至通憲出而無所不合, 曆道始明, 豈可以外國而少之哉."

다는 사실은 이 시대 사상사에서 성호학파가 지닌 독특한 위치를 보여주는 것이기도 하다.

'공서파'는 주자학적 기반이 강하여, 천주교교리에 대한 비판적 의식이 철저하였으며, 서양과학에 대해서도 무시하거나 소극적 이해의 입장을 가졌지만, '신서파'는 주자학적 기반에서 벗어나 성호가 적극 수용하였던 서양과학기술에 관심을 기울였고, 천주교교리에 대해서도 우호적인 이해가 마침내 신앙의 수용에까지 나아가게 되었던 것이다. '공서파'가 노장층이요, '신서파'가 소장층이었다는 사실은 성호가 중년 시절과 노년 시절에 학문적 관심의 경향이나 스승으로서 지녔던 권위가 달랐을 것이니, 중년의 성호를 만났던 제자들은 스승과 토론하는 경향이 강하였다면, 노년의 성호를 만났던 제자들은 스승의 견해를 수용하는 경향이 강하였던 것으로 볼 수 있다. 또한 1720-1740년대 성호문하에 입문한 제자들이 처하고 있던 시대는 여전히 도학적 전통이 확고한 상황이었다면, 1750-1760년대 성호문하에 입문한 제자들이 처하고 있던 시대는 청조(淸朝) 문물의 수용과정에서나 조선사회의 사상동향에서 이미 도학이념의 기반에 동요가 일어나기 시작한 상황이었다는 점을 유의할 필요가 있을 것이다.

먼저 공서파의 '서학'에 대한 비판활동을 보면, 신후담은 성호문하에 나갔던 초기인 23세 때(1724) 곧바로 '서학' 문제에 관심을 기울여 천주교교리와 서양문물을 주자학적 입장에서 철저히 비판하는 『서학변』(西學辨)을 저술하였다. 이 『서학변』은 조선시대 유학자들의 천주교에 대한 체계적 비판이론의 시발점이 되었다. 성호문하에서는 경학·성리학·예학 등 도학의 기본과제에 관한 토론이 주류를 이루었지만, 성호문하에 들어오면 쉽게 스승 성호가 제시하는 '서학'에 대한 인식에 자극을 받고 관심을 기울이게 되었던 사실을 확인할 수 있다. 초기 제자들인 신후담

(河濱 愼後聃, 1702-1761)과 안정복(順菴 安鼎福, 1712-1791)은 서양과학기술에 대해서는 거의 관심을 보이지 않았지만, 천주교교리에 대해서는 일찍부터 엄격한 비판적 입장을 밝혔던 사실을 확인할 수 있다. 실제로 신후담과 안정복은 스승보다 더욱 강경하게 천주교교리를 비판하는 데 열중하였던 것이 사실이다. 신후담이 1724년 『서학변』을 저술하였던 것은 18세기 초반에 천주교 교리서들을 도학-주자학의 입장에서 이론적으로 비판하는 데 선구적 역할을 하였던 것이라면, 안정복이 1785년 「천학고」(天學考)와 「천학문답」(天學問答)을 저술하였던 것은, 18세기 후반에 와서 성호학파의 신서파들 사이에 천주교신앙이 발생하고 전파되는 단계에서 천주교신앙에 대한 비판이론을 전개하는 데 선구적 역할을 하였던 사실을 보여준다. 신후담의 경우는 문헌으로 서학서적을 연구하는 단계에서 엄격한 비판론을 제기한 것이라면, 안정복의 경우는 천주교의 신앙활동이 자신의 주변에서 일어난 단계에서 이에 대해 방어적 배척론을 제기하였던 것이라 할 수 있다.

물론 성호학파 안에서 천주교교리를 비판하는 것은 성호가 천주교교리의 신비적 신앙내용을 비판하였던 사실과 같은 입장을 취하고 있는 것은 사실이다. 그러나 스승 성호가 적극적 수용자세를 보였던 서양과학기술에는 관심을 보이지 않고, 성호가 포용적 이해태도를 보인 천주교의 윤리사상에 대해서도 외면하면서, 오직 비판의 논리에만 적극적 관심을 보였던 사실이 해명되어야 할 과제이다. 이 점에서 성호의 도학-주자학적 입장은 논리적 정당성을 찾아 끝없이 의문을 제기하여 진리를 추구하는 것이라면, 성호문하의 '공서파' 학자들의 도학-주자학은 주자학을 정통으로 확인하며 주자학에 배치되는 이단을 배척하는 호교론적 입장으로 도학의 수호를 추구하는 것이라 할 수 있다. 그것은 성호가 새로운 변혁과 이질적 사유에 대해 포용을 지향하는 주자학의 진보적 이론가라면, 성호문하의 공서파는 당시 사회의 일반적 조류이었던 배타적 정통주의를 따르는 주자학의 보수적 입장을 여전히 견지하고 있다는 차이를 보여주는 것이다. 따라서 성호문하의 공서파는 스승 성호의 입장보다 당시 사회의 보수적 정통론의 입장을 따르고 있는 측면을 인정하지 않을 수 없다.

다음으로 신서파의 '서학'에 대한 수용과정을 보면, 그 중심인물은 성호문하에서 직접 배운 이가환·권철신·권일신(權日身)·홍유한(洪儒漢)을 비롯하여, 그 후학으로 이기양(李基讓)·이벽(李檗)·이승훈(李承薰)·정약전(丁若銓)·정약용(丁若鏞) 등이 있다. 신서파를 이끌어간 두 중심인물은 이가환과 권철신이라 할 수 있는데, 이가환은 서양과학기술을 적극적 받아들여 성호의 실학정신을 계승하는 역할을 담당하였다면, 권철신은 경전해석의 새로운 시도를 하였으며, 나아가 천주교교리에 깊은 이해를 지녔던 이벽을 통해 천주교신앙을 받아들이면서 신앙공동체의 배경이 되었던 인물이라 할 수 있다. 대체로 보면 신서파는 처음에 성호가 적극 수용하였던 서양과학기술의 이해에 관심을 기울이다가 뒤에는 성호가 비판하였던 천주교교리의 신비적 신앙까지 받아들이는 방향으로 전개되었던 것이다.

신서파에서는 이가환을 중심으로 하는 서양과학기술의 연구 풍조가 하나의 흐름을 이루었다. 그 후학으로 정약전도 이벽과 더불어 『기하원본』(幾何原本)을 연구하였던 사실이 있고, 이승훈도 북경에 갔을 때 천주교교당을 찾아가 입교하려는 의사를 밝히면서 수학에 관한 지식을 얻으려는 의사를 드러내었으며, 교리서와 함께 『기하원본』과 『수리정온』(數理精蘊) 등의 서양과학서적을 받아왔던 사실을 확인할 수 있다.[46)]

46) 崔奭祐의 「빠리外邦傳敎會의 韓國進出」, 『柳洪烈博士華甲記念論叢』, 1971, 467-468쪽.

이가환·이벽·이승훈·정약전·정약용 등 신서파의 인물들은 수학을 기초로 한 서양과학의 이해에 당시 가장 높은 수준을 이루었을 것이다. 실제로 정약용이 지적한 것처럼 천문·역법(曆法)·농정(農政)·수리(水利)·측량(測量)·천문계산(推驗)에 관한 논의가 신서파 인물들 사이에 일종의 풍조가 일어났던 것이 사실이다.[47] 당시 이가환은 역상(曆象)에 관한 책문(策問)에 대해 서양천문학의 '청몽기설'(靑濛氣說) 등 새로운 이론으로 대답하였고, 또한 정약전은 과거시험의 문제로 나온 '오행'(五行)에 대해 답안을 작성하면서 서학의 사행설(四行說)을 주장하였다 하여 반대파의 비난을 받기도 하였다.[48]

이에 비해 신서파 안에서도 권철신은 주자의 경전주석에서 벗어나 새로운 해석을 시도한 또 하나의 흐름을 이루고 있다. 그는 윤휴(白湖 尹鑴)를 성호학파의 사상적 원류로 받아들이고 있으며, 제자들과 천진암(天眞庵)·주어사(走魚寺)에서 강학회를 열었을 때(1777-1779) 당시 천주교 교리에 깊은 이해와 확신을 하였던 이벽이 참여하면서 천주교교리에 관한 토론이 일어났던 것으로 보인다. 이벽의 영향 아래 권일신·이승훈·정약전·정약종·정약용 등이 천주교신앙을 받아들이게 되고, 1784년 이승훈이 북경에서 처음으로 서양 신부로부터 영세를 받고 돌아오자, 이들 성호학파 신서파의 청년 유학자들을 중심으로 천주교 신앙공동체가 성립되었던 것이다.

성호학파의 '신서파' 유학자들이 서양과학에 관심을 기울이다가 서양과학의 배경으로 제시되었던 천주교교리에 대해 긍정적 이해를 하게 되는 것은 당연한 과정이라 보이지만, 여기서 나아가 유교지식인으로서

47) 『與全』[1], 권9, 43b, '辨謗辭同副承旨疏', "此時原有一種風氣, 有能說天文曆象之家, 農政水利之器, 測量推驗之法者, 流俗相傳, 指爲該洽."

48) 李晩采, 『闢衛編』, 권4, '副司直朴長卨上疏'.

천주교신앙을 받아들이게 되었다는 사실은 그 이유가 해명되어야 할 필요가 있다. 이들 '신서파'들이 서양과학기술에 대한 관심에서 천주교신앙으로 넘어가는 요인을 네 가지 측면에서 찾아볼 수 있을 것이다.

첫째, 서학 쪽의 요인으로는 예수회선교사들의 한역서학서(漢譯西學書)가 제시한 보유론(補儒論)의 적응주의 교리해석을 들 수 있다. 예수회의 보유론으로 제시된 천주교 교리서는 주자학의 형이상학과 천주교를 차별화하면서 유교경전과 천주교를 일치시키는 보유론(補儒論)의 적응주의적 선교정책이었다. 이러한 '보유론'의 교리서는 주자학에서 벗어나 새로운 세계관을 탐색하는 유교지식인에게 매우 의미 있고 설득력 있게 제시되었다는 점에서 이해의 단계를 넘어 수용의 단계로 접근하게 되었던 것으로 보인다.

둘째, 서양과학서보다 천주교 교리서가 유교지식인에게 훨씬 더 이해하기 쉬웠다는 점을 들 수 있다. 한문으로 번역된 수학과 천문학 등 서양과학지식을 독학으로 연구하여 이해하는 데는 엄청난 노력이 필요하였을 뿐만 아니라 지극히 어려운 과제였을 것이다. 그러나 이에 비해 '보유론'의 입장에서 유교경전과 연결시켜 설명한 천주교 교리서는 마음을 열고 있는 유교지식인이라면 누구나 쉽게 이해할 수 있었을 것이다. 따라서 어려운 길보다 쉬운 길로 빠져들게 되었을 것으로 보인다.

셋째, 조선사회의 상황적 요인으로는 도학-주자학의 유교 이념이 조선후기 사회체제에 제기되는 온갖 제도적 모순과 현실적 비리를 해결하는 데 한계를 드러내고 있음을 들 수 있다. 조선사회의 통치원리인 도학-주자학의 이념이 지배체제 속에서 권위화하면서 사회현실의 모순을 심화시키고 있으며 해결대책에 무기력함을 드러내었다. 이에 따라 비판의식과 개혁정신이 강한 실학파의 청년유학자들에게 새로운 세계관을 모색하는 과정에서 의미 있는 대안으로 천주교신앙이 받아들여지게 되었을 가능성이 크다.

넷째, 서학의 지리학적 지식은 지구 위에 실증되는 여러 나라가 지도상의 위치로 제시되었다. 이에 따라 주자학이 뒷받침하는 중국중심의 천하관이 붕괴하게 되었다는 점을 들 수 있다. 도학자들은 중국을 세계의 중심으로 받아들이는 세계관에 따라 중화와 오랑캐를 대립적으로 인식하는 화이론(華夷論)을 제시하여 왔다. 그러나 중국중심의 세계관이 무너지면서 동양과 서양이 함께 펼쳐진 새로운 지리적 세계관을 받아들이게 되면, 천주교신앙에 대한 거부감은 상대적으로 약화될 수밖에 없었을 것으로 보인다. 이에 따라 신서파의 청년유학자들은 중국만 바라보는 시야에서 벗어나 중국과 서양을 함께 바라보게 되었고, 새로운 세계질서의 방향 속에 서양의 위치가 커지는 만큼 천주교신앙에 대해서도 우호적 접근이 가능하였던 것이라 할 수 있다.

성호학파의 신서파 청년유학자들은 서양과학지식을 발판으로 천주교교리에 대한 이해를 심화시켰고, 다음 단계로 천주교교리의 이해를 발판으로 천주교신앙의 수용에까지 나아갔다. 이러한 사실은 조선사회의 이념적 기반을 뿌리에서부터 흔드는 과격한 변동으로 조선사회에 큰 충격을 주는 위험한 도전일 수 있었던 것이 사실이다. 따라서 성호학파 안에서 공서파인 안정복은 신서파의 도전이 가져올 사회적 충격을 방어하기 위해 서학에 대한 비판이론을 한층 더 엄격하게 제기하였던 것이다. 그것은 조선사회 안에서 서학문제에 대한 수용-신봉과 비판-배척의 대립이 가장 먼저 성호학파 안에서 일어나게 되었던 사실을 말해 준다. 이처럼 성호학파 내부에서는 성호를 계승하는 입장의 차이 내지 세계관의 차이에 따라, 성호의 생전에 비판과 이해의 양면으로 대립적 관점이 제기되었고, 성호의 사후에 곧바로 공서파와 신서파로 학파의 분열이 일어났던 것이다.

4. 성호학파의 전개와 학문적 관심

1) 성호학파 공서파의 전개과정

천주교교리와 신앙활동에 대해 비판적 입장의 저술을 남긴 공서파의 대표적 인물로는 신후담과 안정복을 들 수 있다. 신후담은 1724년 『서학변』(西學辨)을 저술하여 천주교교리와 서양문물에 대해 정밀한 이론적 비판을 전개하였다. 이에 비해 안정복은 1785년 「천학문답」(天學問答)과 「천학고」(天學考)를 저술하여 당시 신서파의 천주교 신앙활동이 일어나기 시작하는 현실에 대해 이를 견제하기 위해 비판이론을 제시하였던 것이다.

(1) 신후담의 이단비판론과 도학적 학풍

신후담(河濱·遯窩 愼後聃, 1702-1761)은 18세기 전반과 중반기에 활동하였던 성호학파 공서파의 선구적 인물이다. 그는 소년 시절부터 제자백가와 불교 등의 유교 정통에서 벗어난 이학(異學)에 관심을 지녔다가, 17세 때부터 도학-주자학의 진실성에 대한 신념을 수립하기 시작하였다. 23세 때(1724)부터 성호문하에 나왔는데, 이 무렵 그는 일찍부터 제자백가의 여러 유파를 비판적으로 해석하는 『팔가총평』(八家總評)[49]과 서학서적을 조목별로 비판하는 『서학변』(西學辨)을 저술하였다. 이처럼 그는 20대 전반에 이미 도학의 정통론에 근거하여 제자백가와 서학을 비판하

49) 愼後聃의 『八家總評』은 그 구성체제에서 보면 明나라 沈津의 『百家類纂』을 거의 그대로 수용하면서 자신의 비판이론을 전개하고 있는 것이며, 그 내용에서 보면 許穆의 『文叢』이 제자백가의 저술을 초록하는 수준인 것을 넘어서 제자백가에 대한 체계적 비판이라는 점에서 독보적인 업적이라 할 수 있다.

는 학문적 입장을 정립하고 있었음을 보여준다.

바로 이 점에서 신후담은 성호의 문인이지만, 성호의 학문영역에서 실학적 측면을 계승한 것이라기보다 도학적 측면을 계승하였다고 할 수 있다. 그만큼 그는 스승 성호보다 도학적 입장을 견고하게 지키고 있었던 것이다. 그가 제자백가를 비판한 『팔가총평』의 저술은 이미 18세 때부터 착수하였던 것으로 성호문하에 나왔던 23세 때 완성한 것이라 한다. 당시 도학의 정통의식에서는 제자백가를 이단으로 배제하고 있지만, 비판의 중심대상은 불교와 더불어 제자백가 가운데 노자·장자(老莊)였다. 그렇다면 신후담이 20대 초반에 제자백가 전반에 대해 체계적으로 비판을 시도하고 있는 사실은 그가 일찍부터 도학적 정통의식을 철저하게 정립하고 있음을 보여주고 있는 것이라 하겠다.

신후담은 『팔가총평』에서 우선 유가류(儒家類)와 도가류(道家類)에 가장 큰 비중을 두고 해석하면서, 유가류 안에서도 유교의 정통에서 벗어난 유형들을 비판함으로써 유교 이념의 정통을 확인하는 데 주의를 기울이고 있다. 또한 유교지식인에게 가장 큰 영향력을 끼치는 위험요소로서 도가사상에 특별히 세심한 주의를 기울여 비판적 검토를 하고 있음을 보여준다. 그의 제자백가에 대한 비판논리는 전면적 배척과 거부가 아니라, 제자백가의 이론이 모두 한 단서에서 정당성이 있지만, '도'의 근본으로서 중용을 잃음에 따라 모든 폐단이 발생하는 것으로 지적하고 있다. 따라서 유가의 '도'를 근본으로 확인함으로써, 제자백가가 지닌 부분적 단서들을 유가의 '도' 안에 포용될 수 있는 길을 열어놓았다. 바로 이 점에서 그의 제자백가에 대한 비판논리는 폐단에 대한 비판을 엄격히 하면서 포용론의 큰 틀을 확보하고 있음을 보여준다.

이에 비해 신후담은 23세 때(1724) 성호문하에 나와 수학하면서 서학에 접하게 되자, 곧바로 천주교 교리서인 『영언려작』(靈言蠡勺)과 『천주실의』를 비롯하여, 서양지리와 문물을 소개한 『직방외기』(職方外紀)를 조목별로 비판하는 『서학변』(西學辨)을 저술하였다. 그의 『서학변』은 조선사회에서 천주교 교리서에 대한 체계적 비판서로는 가장 선행하는 저술이다. 『서학변』에서 제시한 신후담의 비판입장을 요약하면, 한마디로 '서학'(천주교)을 이단으로 규정하는 데서 출발한다. 여기서 그는 "무릇 이단의 학설은 그 근원이 모두 '이욕'(利)에서 나온다. … 그 이른바 정신이 불멸한다는 것은 이미 살기를 탐내고 죽기를 아쉬워하는 세상 사람의 마음에 충분히 맞추고 있다."[50]고 지적하였다. 이단은 인간의 사사로운 욕심인 '이욕'(利)을 추구하는 것이요, 유교는 인간의 정대한 도리인 '의리'(義)를 추구하는 것으로 대립시킴으로써, 이단의 그릇됨을 확인하였다. 이 점에서 불교의 윤회설이나 천주교의 천당지옥설이 영혼의 불멸을 전제로 하고 있는 것은 바로 인간이 영원한 삶을 탐내는 욕심에서 나온 것이라 지적하고 있다.

신후담의 천주교교리에 대한 비판의 주제는 '천주'의 존재와 '영혼'의 개념문제에 초점을 맞추고 있다. 먼저 '천주'의 존재에 대해, 『천주실의』에서 '천주'를 유교의 '상제'와 일치시키고 있는 보유론적 입장에 대해, "우리 유교에서 '상제'를 설명하는 이론에 근거함으로써, 참된 것에 의탁하여 거짓된 것을 선전하려는 계책을 삼으니, 끝내는 스스로 감출 수 없을 것이다."[51]라 하였다. 그것은 유교를 참된 것이요, 천주교를 거짓된 것으로 규정하여 근원적으로 대립시키고 있다. 따라서 '천주'를 '상제'와 일치시키는 것은 거짓된 것을 참된 것에 결합시켜 정당화하려

50) 『河濱全集』(7), 21-22쪽, '西學辨: 靈言蠡勺', "大抵異端之學, 其源皆出於利, … 其所謂精神不滅者, 旣足以中世人貪生惜死之心."

51) 『河濱全集』(7), 72쪽, '西學辨: 天主實義', "因吾儒論上帝之說, 以爲托眞衒僞之計, 而終有所不能自掩者."

는 기만적 술법으로 규정하여 정면으로 거부하는 것이다. 또한 '천주'가 인간의 몸으로 태어났다는 '강생설'(降生說)에 대해서도 "천주가 각국에 강생하였다고 듣지 못하였는데, 서양의 나라에만 홀로 강생하였다 하니, 천주가 은혜를 베푸는 도리란 치우치고 사사로움이 심하다 할 수 있다. (저들이 말하는) 큰 아비(古今大父)가 되고 공변된 임금(宇宙公君)이 되는 것이 어디에 있다는 것인가?"[52]라 하였다. 곧 우주의 아비요, 임금으로서 보편적 존재라는 '천주' 개념과 '천주'가 서양의 특정 지역에 강생하였다는 '강생설'은 천주교의 교리가 그 자체에서 모순되는 것이라는 비판이다.

다음으로 '영혼' 개념에 대해 신후담은 '영혼' 개념이 천주교교리의 근본과제요, 다른 모든 문제를 포함하는 것으로 중시하여, 가장 먼저 비판하고 있다. 그는 천주교의 '영혼불멸설'은 이 세상의 고통스러움과 죽음의 근심을 극진하게 말하는 것이라 지적하였다. 이와 달리 유교의 사생관(死生觀)은 "스스로 즐거운 곳이 있다. 군자가 태어나는 때를 편안히 맞고 죽음을 순조롭게 대응하는 마음은 살고 죽음에 근심하는 일이 없다."[53]고 제시하였다. 그것은 천주교가 죽음을 두려워하기 때문에 죽은 뒤에 '영혼'이 불멸한다고 주장하지만, 유교는 죽음과 삶에 태연하고 순응하기 때문에 죽은 뒤에도 소멸되지 않는다는 근거 없는 주장을 하지 않는 것이라 대립시키고 있는 것이다.

이러한 신후담의 천주교교리에 대한 비판은 유교적 사유의 합리성을 기준으로 천주교의 신앙적 세계를 전면적으로 부정하는 것이다. 그러나

---

52) 『河濱全集』(7), 91쪽, '西學辨: 天主實義', "不聞天主之降生於各國, 獨生語西泰之國, 則天主施恩之道, 可謂偏私之甚, 而惡在其爲大父公君也."

53) 『河濱全集』(7), 83쪽, '西學辨: 天主實義', "吾儒名教之自有樂地, 而君子安時處順之心, 未嘗戚戚於生死."

그의 천주교교리에 대한 비판은 적대적 배척의 태도가 아니라 논리적 모순을 지적하는 이론적 비판의 태도를 지키고 있는 점이 주목된다. 물론 천주교의 영혼불멸설이나 천당지옥설 및 신앙의례에 대해서는 불교와 동일시하는 도학전통의 이단비판론을 끌어들이고 있는 것도 사실이다. 또한 그는 스승 성호가 서학의 세계지리에 대한 지식을 적극적으로 받아들였던 입장과는 달리, 세계지리에 대해서도 여전히 도학의 중국중심적 화이론(華夷論)의 의식에 사로잡혀 있는 한계를 보여주고 있다.

신후담이 천주교교리를 비판한 『서학변』이나 제자백가를 비판한 『팔가총평』이 모두 23세 때의 저술이라는 사실은 그의 학문적 출발점이 도학-주자학의 이단비판론(闢異端論)에 있음을 보여준다. 그것은 도학의 정통성에 대한 방어적 수호의식이 일찍부터 확립되고 있음을 의미하는 것이다. 따라서 그의 평생을 통한 학문적 관심영역도 경학·성리학·수양론·예학 등 도학의 기본영역에 집중되고 있음을 보여준다. 그의 경학 저술은 사서(四書)에 관해, 『논어』와 『맹자』에는 차의(箚疑)를 붙이고, 『대학』과 『중용』에는 후설(後說)을 붙였으며, 오경(五經)에 관해 『주역』의 주석에 가장 많은 힘을 기울였는데 『주역상사신편』(周易象辭新編), 『주역통의』(周易通義), 『이성호역경질서찬요』(李星湖易經疾書纂要) 등 많은 저술이 있고, 『시경』·『서경』·『춘추』에 대해서도 약간의 주석이 있다. 유교의 윤리서인 『소학』에 차의(箚疑)를 붙인 것은 24세 때이고, 수양론의 저술로 『심경』(心經)에 차의를 붙인 것은 32세 때이다. 성리설의 저술로 『사칠동이변』(四七同異辨)이 있고, 예학의 저술로 『상제예설』(喪祭禮說)과 『가례차의』(家禮箚疑)는 가장 늦게 56세 때 이루어졌다. 이러한 그의 저술은 그가 성호문하에서 수학하였지만 성호가 도학에서 실학으로 넘어오는 과정을 보여주는 경우와 달리, 도학으로 회귀하는 모습을 보여주는 것이라 할 수 있다.

(2) 안정복의 도학계승과 실학적 학풍

안정복(順菴 安鼎福, 1712-1791)은 35세 때(1746) 뒤늦게 성호문하에 나왔다. 이러한 사실은 그의 학문체계가 이미 도학-주자학의 기반 위에 확고하게 정립된 이후에 성호를 스승으로 섬겼음을 말하여 준다. 그는 성호문하의 동문 선배인 윤동규와 함께 성호가 30대 초에 퇴계의 말씀과 행적의 중요한 대목을 뽑아서 편찬한 『도동편』(道東編)을 40여 년 후(1753)에 『근사록』(近思錄)의 체제에 맞추어 다시 편집하여 『이자수어』(李子粹語)로 제목을 고쳐 완성하였다. 『이자수어』의 편집은 스승 성호를 통해 퇴계의 도학적 학풍을 계승하고 있음을 보여준다.

퇴계의 학맥을 계승하는 학풍으로 안정복은 자신의 제자 황덕길(黃德吉)에게 퇴계의 말씀과 행적을 간추려 편찬한 『이자수어』를 가르쳤으며, 주자를 배우고자 하면 먼저 퇴계를 배우도록 지시하였다. 여기서 안정복은 "공자·맹자의 말씀은 나라의 법령과 같다면, 정자·주자의 말씀은 엄격한 스승이 훈계하고 격려함과 같고, 퇴계의 말씀은 인자한 아버지의 훈계와 같다."[54]라 언급하였다. 따라서 황덕길은 안정복의 학통을 서술하면서, "오직 우리 퇴계 선생만이 저 멀리 주자의 계통을 이어받았고, 성호 선생이 직접 퇴계의 학맥에 접속하였으니, 도학의 전승에 유래함이 있다. 선생(안정복)은 절차탁마하여 이미 성호를 계승하였으며, 모범으로 삼아 따름은 오직 퇴계에게 있었고, 그 연원을 거슬러 올라가면 주자를 배우기 원하였던 것이다."[55]라 하였다. 이처럼 안정복의 도학적

---

54) 『順菴集』, '順菴先生行狀'[黃德吉], 9-10, "孔孟之言, 如王朝之法令, 程朱之言, 如嚴師之勅厲, 退溪之言, 如慈父之訓戒."

55) 『順菴集』, '順菴先生行狀'[黃德吉], 10, "惟吾退溪夫子遠紹考亭之統, 星湖先生直接退溪之緖, 道學之傳, 有自來矣, 先生切磋琢磨, 旣承於星湖, 楷模準繩, 惟在於退溪, 若溯其源頭, 則所願學朱子也."

학풍은 가장 가깝고 친밀한 가르침을 퇴계에서 찾는 것이요, 여기서 거슬러 올라가 정자·주자로 나아가고, 다시 더 근원으로 공자·맹자에게로 올라가는 학통의 도학적 성격을 밝혔다. 곧 공자→주자→퇴계→성호→안정복으로 계승되어 내려온 도통의 학맥을 확인하고 있는 것이다.

또한 안정복이 『주자어류』 140권에서 학문에 절실한 내용을 가려 뽑아 『주자어류절요』(朱子語類節要) 8권으로 편찬하고서, 이를 '주자문하의 『논어』'(朱門之論語)라 하였으며, 퇴계가 『주자대전』에서 편지를 가려 뽑아 『주자서절요』(朱子書節要)를 편찬한 것과 표리를 이루게 하였다 한다.[56] 이것은 퇴계를 이어 주자학의 기반을 확립하는 과정에서 중요한 편찬 작업을 수행한 것이라 할 수 있다. 도학-주자학을 계승하는 입장에서 그는 동문 후배인 권철신이 양명학의 심즉리설(心卽理說)을 받아들인데 대해 "내 마음이 아는 바의 이치와 사물에 흩어져 있는 이치가 합하여 하나가 되니, 하필 마음이 이치가 된다고 곧바로 해설할 것이며, 마음이 아는 바를 '양지'(良知)로 여길 것인가."[57]라 하여, 왕양명의 '심즉리설'을 비판하였다. 이처럼 안정복은 성호의 폭넓은 학문적 관심 가운데서 주자와 퇴계의 학맥을 계승하는 도학 전통의 학풍을 소중하게 지키고 있었던 것이 사실이다. 바로 이 점에서는 신후담과 공통성을 보여주지만, 그는 신후담과는 달리 도학-주자학에 집착되어 있지 않고 성호의 새로운 학풍으로서 실학적 문제의식에도 깊은 영향을 받고 있음을 보여준다.

---

56) 『順菴集』, '順菴先生行狀'[黃德吉], 5, "揀語類全編中切於學問者爲八冊, 名曰語類節要, 又謂是篇爲朱門之論語, 庶可與書節要, 相爲表裏."

57) 『順菴集』, 권6, 5, '答權旣明書'(丙戌), "吾心所知之理, 與散在物上之理, 合而爲一, 何必直訓心爲理, 又以心之所知爲良知."

안정복은 "아래에서 배워 위로 통달한다."(下學而上達. 〈『논어』, 14-35〉)는 공자의 언급에서 '아래에서 배운다'는 '하학'(下學)은 비근한 것이요, 일상생활 속의 인륜(日用彝倫)이라 해석하면서, "이른바 학문이란 다만 '하학'일 뿐이다. … 후세에 학문을 논하면서 반드시 '심학'(心學)이라 말하거나 '이학'(理學)이라 말하지만, '심'(心)이나 '이'(理)라는 글자는 형체도 그림자도 없어 포착되지 않는 것이니, 모두 허공에 걸어놓은 이야기이다."[58]라 하여, 일상적 현실을 강조하고, 도학의 관념적 측면을 공허한 것이라 비판하고 있다. 그만큼 그는 '하학'의 일상적 현실성을 중시하는 실학적 입장을 밝히고 있는 것이다. 이에 따라 그는 비근한 일상성에 학문의 기초를 세우는 학문체계를 추구하여, 성호문하에 나오기 전인 29세 때(1740) 『하학지남』(下學指南)을 편찬하기도 하였던 것이다.

이러한 일상적 현실에 대한 실학적 관심에 따라 안정복은 박학(博學)의 학풍으로 자연현상과 사회제도에 대한 지식을 정리하여 『만물류취』(萬物類聚)를 저술하고, 명물도수(名物度數)나 경사(經史)와 시문(詩文) 등에 관한 지식을 방대하게 집성하여 『잡동산이』(雜同散異) 53책을 저술하기도 하였다. 스승 성호가 박학적 지식을 집성한 『성호사설』도 주제별로 분류하여 『성호사설류편』(星湖僿說類編)을 편집한 사실도 있지만, 실학의 박학적 학풍을 계승하는 작업이라 할 수 있다. 또한 그는 사회제도에 관한 관심 속에서 행정의 구체적 과제를 제시한 『임관정요』(臨官政要)를 저술하여 경세론적 문제에도 관심을 보여주었다.

안정복의 실학적 관심은 우리역사를 고증하여 주자의 『통감강목』(統監綱目)에서 제시된 '강목'(綱目) 체계로 서술한 『동사강목』(東史綱目)의

---

58) 『順菴集』, 권19, 1, '題下學指南', "所謂學者, 只是下學而已, … 後世論學, 必曰心學, 曰理學, 心理二字, 是無形影無摸捉, 都是懸空說話也."

저술에서 가장 잘 드러난다. 그는 『동사강목』과 더불어 『열조통기』(列朝通紀)를 저술한 것도 실학정신이 우리역사 연구에 발휘되었던 업적이라 할 수 있다. 또한 그는 사료의 고증에서 객관성을 강조하여, 신라 초기의 왕호(王號)인 거서간(居西干)·차차웅(次次雄)·이사금(尼師今)·마립간(麻立干) 등이 오랑캐 말임을 싫어하여 최치원(崔致遠)이 『연대력』(年代曆)에서 고쳐 쓰고 『동국통감』(東國通鑑)에서도 이를 따른 것에 대해, "역사는 사실대로 기록하는 글이라 사실대로 써야 한다."(『동사강목』, '凡例·名號')라 하여, 『삼국사기』의 기록을 그대로 되살리고 있다. 그만큼 역사기록이 사실을 고증하여 그대로 기록하는 실증적 태도를 중시하고 있음을 보여주는 것이다.

안정복의 서학비판은 두 단계로 구분해 볼 수 있다. 첫 단계는 46~47세 때(1757-1758) 성호문하에서 스승 성호와 서학문제를 토론하면서 천주교 교리서에 대한 비판적 입장을 밝혔던 일이요, 둘째 단계는 73~74세 때(1784-1785) 당시 성호학파 안에서 신서파의 후배학자들이 천주교 신앙에 빠져들기 시작하자 그들을 깨우쳐야 한다는 강한 책임감과 위기의식으로 천주교교리와 신앙활동에 대한 구체적 비판론을 전개하였던 일이다.

안정복은 성호문하에서 성호의 서양과학에 대한 수용태도에 거의 무관심하였다. 그는 다만 우르시스(Ursis, 熊三拔)의 『태서수법』(泰西水法)에서 제시한 수차(水車)제도의 농업기술에 대해 긍정적 언급을 하는 정도에 그치고 있다.[59] 이처럼 그는 서양과학에 대해 거의 무관심하였지만, 이와 달리 천주교교리에 대해서는 예민한 비판적 관심을 보여주고 있다.

---

59) 『臨官政要』, 續編, '時措: 農桑章'(『順菴叢書』上), "欲興水利, 莫先於水車, 水車之制, 莫先於泰西水法, 其法簡而易行, 當今有巧識者, 講求而行之."

그의 천주교교리에 대한 비판입장은 1757년 성호에게 올린 편지에서 분명하게 제시되고 있지만, 1784년 동문 후배인 신서파의 권철신에게 세 차례나 보낸 편지에서도 당시 권철신이 천주교를 신봉하는 사실을 알고 천주교가 불교와 마찬가지로 이단임을 지적하여 경계하였다.[60] 또한 그는 서학이 지극히 허망함을 비판함과 더불어 당시 당파적 대립이 격심한 현실에서 천주교신앙이 공격의 목표가 되면 같은 당파인 남인시파(南人時派)의 존립이 위태롭게 된다는 사실을 깊이 경계하였다.

안정복이 권철신을 비롯한 신서파 인물들을 깨우치기 위해 천주교교리에 대해 비판하며 질책하자, 신서파에서는 안정복을 가리켜, "지옥이 베풀어진 것은 바로 그(안정복)를 위해서이다."[61]라 하며, 반발하고 있었던 사실을 엿볼 수 있다. 또한 1785년 천주교도의 집회가 형조에 적발되면서 사방에서 비판이 일어나자, 신서파에서는 안정복을 가리켜 사단(事端)을 일으키는 재앙의 우두머리(禍首)라 비난하기도 하였다.[62] 이처럼 안정복의 천주교 비판이론은 신서파를 설득할 수도 없었고, 공서파와 신서파의 대립적 입장만 분명하게 드러내 주고 말았던 것이다.

성호문하의 많은 제자 가운데 그 학맥이 지속해서 이어져간 경우는 안정복의 학맥이 가장 뚜렷하다. 안정복의 제자는 황덕길(下廬 黃德吉, 1750-1827)이요, 그 제자는 허전(性齋 許傳, 1797-1886)이다. 한말에 활동하던 허전에 이르면 실학적 학풍은 거의 쇠퇴하였지만, 그 반면에 예학과 경세론에 깊은 조예를 지녔던 것이 사실이다. 허전은 근기(近畿) 지

60) 『順菴集』, 권6, 29, '答權旣明'(甲辰), "今爲天主之學者, 晝夜祈懇, 祈免墮地獄, 是皆佛學也."

61) 『順菴集』, 권6, 34, '與權旣明書'(甲辰), "公輩旣溺于此, 則不能洗心旋踵以袪此習, 反謂之曰地獄之說, 正爲某丈, 愚於此甘受,而不忍爲此態也."

62) 『順菴集』, 권8, 70, '答李士興'(乙巳), "近來從京外親知之去來者, 或及書尺間, 有所聞見, 則以此老漢爲惹起事端之一禍首, 其言狼藉."

역의 인물이지만 김해부사(金海府使)로 내려가 있는 동안 영남지방에 그 학풍이 계승되어 허전의 제자로 허훈(舫山 許薰, 1836-1907)이 나왔고, 허훈의 제자인 장지연(韋菴 張志淵, 1864-1920)은 애국계몽사상가로서 활동하였다. 그렇다면 성호 이후 안정복은 실학적 학풍을 유지하였다면, 황덕길→허전→허훈으로 내려가면서 도학으로 되돌아갔다가 장지연에 이르러 애국계몽사상으로 변전하는 과정을 보여주고 있는 것이다.

2) 성호학파 신서파의 전개과정

(1) 신서파의 신앙활동 전개

17세기 초 조선사회에 서양문물이 처음 전래한 이후 170년 남짓한 세월이 지난 뒤인 18세기 말엽에 이르러 성호학파 신서파의 청년층 유교지식인 사이에 천주교 신앙활동이 일어나기 시작하였다. 성호의 서학에 대한 긍정적 관심과 수용태도를 계승하였던 인물로서 성호의 직접 제자인 권철신·권일신·이가환과 그 계승자인 이벽·이승훈·정약전·정약용 등을 들 수 있다. 이들은 대체로 천문·역법·수학 등 서양과학에 관한 연구에 관심을 기울이다가 천주교교리에 대한 이해가 심화되었으며, 마침내 천주교신앙을 받아들이는 단계에까지 나아갔다. 1784년 초에 이승훈이 북경에서 영세를 받고 돌아오고, 이벽이 정약전·정약종·정약용 형제와 권철신·권일신 형제에 전교하면서 신서파의 청년들 속에 천주교신앙공동체가 성립하게 되었다. 성호학파 신서파의 천주교 신앙활동은 크게 세 단계로 나누어 볼 수 있을 것이다.

첫째, 발생단계에서는 천진암·주어사 강학회(1777-1779)가 주목된다. 이 강학회에서는 성호의 제자인 42세의 권철신을 스승으로 모시고 김원성(金源星)·권상학(權相學)·이총억(李寵億)·정약전·이벽 등이 참석하였으며,[63] 하루의 강학이 끝나고 나서 밤이면 이벽의 주도로 천주교교리에 관한 토론이 벌어졌던 것으로 보인다. 당시 이벽은 이미 보유론적 교리서를 통해 천주교교리에 대한 깊은 이해를 넘어 천주교신앙을 받아들이고 있었으며, 설득력 있게 토론을 벌였을 것이다. 이 강학회에 참석하였던 인물들이 뒤에 대부분 천주교신앙을 받아들였던 사실을 보면, 천주교신앙의 온상이 되었던 것이라 볼 수 있다.

둘째, 활동단계에서는 이승훈이 북경에서 영세를 받고 1784년 봄에 돌아오자 천주교 신앙활동이 시작되었다. 이승훈은 이벽을 비롯한 몇 사람에게 영세를 주면서, 천주교 신앙공동체가 성립하였고 이들의 신앙집회가 열렸다. 1785년 봄 명례방(明禮坊)에서 열렸던 신서파의 신앙집회가 형조에 적발되었을 때, 이 집회에서 이벽이 주석에 앉고 이승훈·정약전·정약종·정약용(3형제)·권일신(권철신의 아우)·권상문(권일신의 아들) 등이 참석하고 있었다 한다. 이 사건이 알려지자 성균관의 태학생들은 통문(通文)을 돌려 배척하였으며, 신앙집회에 참석한 신서파 청년들은 가정에서 부형들로부터 엄중한 문책을 받았다. 이승훈도 글을 지어 배교하는 뜻을 밝혀야 하였고, 이벽도 결국 배교를 선언해야 하였다. 신앙집회가 형조에 적발된 이후에도 지하신앙운동이 조직화되었으며, 이때 이승훈은 10명의 신부를 임명하고 주교를 추대하여 성사(聖事)를 집행함으로써 이른바 '가성직'(假聖職)의 조직이 이루어졌다.[64] '가성직'이 불법으로 규정될 뿐만 아니라, 1790년 북경교회로부터 제사의례도 금지하라는 지시를 받게 되었다.

---

63) 『與全』[1], 권15, '先仲氏墓誌銘' 및 '鹿菴權哲身墓誌銘'. 다산은 天眞庵·走魚寺 강학회가 1779년 열렸다고 기록하고 있으나, Ch. Dallet의 『한국천주교회사』에서는 1777년 열린 것으로 기록하고 있다.

64) 趙珖, 『조선후기 천주교사 연구』(고려대 민족문화연구소, 1988), 56쪽.

셋째, 붕괴단계에서는 북경교회의 제사금지령에 따라 1791년 전라도 진산(珍山: 현 충남 금산군 진산면)에서 윤지충(尹持忠) 등이 제사를 폐지하고 신주를 불태웠던 사건이 일어났다. 이 사건을 계기로 그동안 온건정책을 지켜오던 조선정부도 윤지충 등을 처형하고, 천주교 서적의 소지와 천주교 신앙활동을 금지하는 금교령(禁敎令)을 공식적으로 반포하였다. 이에 따라 보유론적 교리서에 깊이 의존하여 스스로 천주교신앙을 받아들였던 초기 신자들 가운데 상당수는 신앙공동체에서 이탈하였다. 그러나 보유론적 교리서에 의존도가 약하고 후기의 독단적 교리서를 받아들여 천주교에 입교한 인물들로서 정약종·윤지충·권상연·황사영 등의 천주교도들은 순교를 당하면서도 신앙을 지켰던 사실이 대조적으로 드러난다.[65] 금교령이 내려진 이후 신서파의 초기 천주교도들이 대부분 이탈하였지만, 천주교신앙공동체는 그 중심세력이 중인과 서민의 하층 계급과 부녀자로 옮겨가고 전국으로 확산되어 가는 새로운 단계로 넘어갔던 것이다.

1800년 천주교탄압에 온건정책을 펼치던 정조(正祖)가 죽고 순조(純祖)가 즉위하자 천주교도들을 체포하기 시작하였고, 1801년 신유교옥(辛酉敎獄)이 일어났다. 이 교옥에서 신서파의 중심인물인 권철신·이가환 등이 혹독한 신문을 받고 옥사하였으며, 정약종은 처형되고, 정약전·정약용은 유배당하면서 사실상 신서파의 활동은 무너졌다. 신서파의 마지

65) 천주교 신앙공동체를 처음 형성하였던 인물로 李檗·李承薰·權日身·丁若銓·丁若鍾·丁若鏞 등의 信西派 인물들은 1791년 辛亥珍山 사건 이후 權日身·丁若鍾을 제외하면 대부분 신앙공동체에서 이탈하였던 것으로 보인다. 1791년 祭祀를 폐지한 尹持忠은 丁若鏞의 외사촌이요, 辛酉敎獄(1801) 때의 黃嗣永은 정약용의 사촌매부요, 己亥敎獄(1839) 때의 丁夏祥은 정약용의 조카였으니 이들은 인맥으로만 信西派에 연결될 뿐이지 이미 성호학파의 학풍과는 관계가 없는 천주교 신도들로 星湖學派의 信西派라 보기는 어렵다.

막 명맥은 정약용에서 끝나는 것으로 볼 수 있다. 그 이후로도 천주교 신앙활동은 계속되었지만, 성호학파 신서파의 활동은 신유교옥으로 끝났다고 볼 수 있다.

신서파의 서학인식에 대한 이해는 신서파의 중심인물로 서학의 과학기술연구에 주력하였던 이가환과 유교경전의 새로운 해석의 길을 찾아갔던 권철신을 통해 살펴볼 수 있을 것이다. 또한 이벽은 천주교신앙을 전파하는 데 주도적 역할을 하였던 점에서 중요한 의미가 있고, 정약용은 천주교교리의 신앙적 세계관을 빛으로 삼아 유교경전을 새롭게 해석하였다. 따라서 사상사의 관점으로 보면 성호학파 '신서파'의 전개과정 속에 정약용이 가장 중요한 비중을 갖고 있지만, 복합적인 문제를 안고 있는 경우로 다음 장(章)에서 다루고자 한다.[66]

(2) 이가환의 서학수용

18세기 말에 성호학파 신서파가 조선사회에 어떤 방향을 탐색하였는지, 그리고 그 탐색이 어떻게 한계에 부딪혀 좌절하게 되었는지는 이가환(錦帶 李家煥, 1742-1801)에서 좀 더 분명하게 엿볼 수 있다. 이가환은 성호의 종손(從孫)으로 성호 만년의 제자이기도 하다. 그가 성호에게 훈계의 말씀을 청하자, 성호는 학문하고 처신하는 도리를 조목별로 제시하여 훈계하는 글(「姪孫家煥求訓誡, 書以寄之」)을 주기도 하였고, 특히 학문을 이루는 데 방해가 되는 요인을 경계하는 글을 지어주면서, "바깥에서 유혹하는 것이 두 가지가 있는데, '이단'은 여기에 관여되지 않는다. 어찌 일찍이 노장과 불교가 사람을 그르치는 것을 보았느냐. 혼란한 풍

---

66) 금장태, 「다산경학의 事天學的 성격과 西學的 조명」(『실학과 서학 ― 한국근대사상의 원류』, 지식과 교양, 2012) 참조.

속이 사람을 몰아감은 몽둥이나 칼날보다 심하고, 과거제도가 지조를 꺾어놓음은 음식이나 여색보다 심하다."[67]라 하였다. 곧 퇴폐한 풍속이 인간의 심성을 파괴하고 과거공부가 학문을 성취하려는 꿈을 무너뜨리는 사실을 깊이 경계하고 있다. 여기서 성호가 '이단'의 해독을 극심한 것이라 강조하지 않는 점은 그의 실학적 열린 정신을 보여주며, 이가환은 성호로부터 그 영향을 깊이 받아들였던 것으로 보인다.

이가환은 일찍부터 천문·역법·수학·의학 등 서양과학에 관한 연구를 하였다. 정약용의 기록에 의하며 그는 "평소에 천체의 운행을 계산하는 책을 좋아하여 일·월과 다섯 행성이 서로 침식하고 숨거나 드러나는 시기와 황도(黃道)·적도(赤道)가 교차하는 도수의 그 근본이치를 모두 통달하였으며, 아울러 지구의 둘레와 지름의 도수는 별도로 도설(圖說)이 있어서 후생들에게 제시하였다. (천주교도로) 지목받게 된 것은 무릇 이 때문이다."[68]라 하였다. 이가환이 천문학과 수학에 얼마나 해박하였는지 엿볼 수 있으며, 그가 성호학파 신서파의 젊은 후학들에게 천문학과 수학을 가르치는 스승의 역할을 하였음을 짐작할 수 있다. 그러나 서양천문학에 해박하였기 때문에 천주교도로 지목을 받고 시련을 당하였다는 것은 신서파가 이 시대에 부딪히고 있는 가장 큰 장벽이었으며, 서양과학의 도입이 보수적 도학자의 이단배척론에 막히고 말게 되는 시대적 한계를 보여주는 것이다.

이가환은 성호학파 신서파의 소장층을 이끌어가는 역할과 더불어 서

67) 『星全』, 卷48, 32-33, '書寄姪孫家煥', "外誘有二, 異端不與, 曷嘗見老佛之誤人, 毅俗驅人, 甚于梃刃, 科式奪志, 劇于食色."

68) 『與全』[1], 권15, 25, '貞軒墓誌銘', "雅好曆象之書, 凡日月五星, 交食伏見之期, 及黃道赤道, 交距差互之度, 悉通其本理, 竝地球圜徑諸度, 另有圖說, 以示後生, 其得指目, 凡以是也,."

양과학기술을 도입하여 생산의 향상을 통해 실학정신을 사회현실에서 실현시켜 볼 수 있는 하나의 통로를 담당하였던 것으로 볼 수 있다. 그러나 과학기술의 도입도 천주교신앙에 대한 배타적 거부감에 막혀 좌절될 수밖에 없었던 것이 현실이었다. 정조임금은 이가환에게 수학과 천문학에 관한 저술을 하도록 권고하면서, 북경에서 서양과학 서적을 사오려는 계획을 그에게 의논하였는데, 이때 이가환은 "세상 사람들이 어리석어 (서양의) 수학이 어떤 이론인지, (서양의) 종교가 어떤 술법인지 알지 못하고서, 혼동하여 꾸짖으니, 이제 이(서양과학) 서적을 편찬하면 저에 대한 비방이 더욱 심해질 뿐 아니라, 임금님의 성스러운 덕망에도 누를 끼칠 것입니다."[69]라 대답하였다. 그래서 정조임금은 서양과학서적을 도입하고 연구를 촉진하려는 계획도 중단하고 말았다 한다. 이처럼 정조와 이가환이 지녔던 서양과학기술을 도입하여 사회발전을 도모하려는 진취적 관심도 당시 사회의 배타적 폐쇄성에 막혀 좌절되고 말았던 사실을 엿볼 수 있다.

이가환은 생질인 이승훈과 이승훈의 처남인 정약전·정약용 형제 등 신서파의 후학들과 함께 성호의 저술을 읽으며 서양과학지식에 대한 교육도 활발하게 하였던 중심인물이었다. 이벽도 수학과 천문학에 밝아, 정약전은 이벽에게서 수학과 천문학에 관해 듣고 유클릿의 『기하원본』(幾何原本)을 연구하기도 하였다 한다. 그만큼 성호가 보여준 서양과학기술 도입의 학풍은 성호학파 안에서 이가환을 중심으로 전개되었던 것이며, 그 가장 큰 사회적 결실은 정조의 왕명에 따라 정약용이 수원성을 설계하면서 기중기(起重機) 등 서양과학기술의 기계를 제작하여 활용하

69) 『與全』[1], 권15, 23, '貞軒墓誌銘', "流俗貿貿, 不知數理爲何說, 敎法爲何術, 混同嗔喝, 今編是書, 不唯臣謗益增, 抑將上累聖德."

였던 사실에서 드러난 것이다.

이가환이 천주교신앙을 받아들였는지는 명확하지 않다. 그러나 그는 1784년 이벽이 천주교를 선전하고 있다는 소문을 듣고서, "아아, 『천주실의』와 『칠극』의 서적은 나도 전날 보았는데, 비록 일컬을 만한 깨우침이 있지만 끝내는 정학(正學)이 아니다. 이벽이 이것(서학)으로 우리 도(유교)를 바꾸려 하니 어찌된 것인가."라 말하면서, 이벽을 찾아가 힐책하였는데, 이벽의 유창한 변론은 장대한 강물 같고 굳게 지킴은 철벽 같아서, 이가환은 말로 논쟁할 수 없음을 알고 돌아갔다고 한다.[70] 이 대목은 이가환이 서양과학기술을 수용하여 깊이 연구해 왔지만, 천주교 신앙에는 거부태도를 보였던 사실을 분명하게 보여주는 것이라 할 수 있다.

이가환은 천주교신앙을 받아들였다는 자취가 분명하지 않지만, 그를 따르는 신서파의 후학들이 많이 이벽의 영향으로 천주교신앙을 받아들였고, 그는 이들과 교유를 계속하고 있었으니, 의심을 받을 여지는 컸다. 그는 공조판서까지 올라 관료로서 지위가 높고 비중이 컸던 만큼 반대파에서는 그를 '사학(邪學)의 괴수'라 고발하기도 하였다. 그는 벼슬에 나가 정조임금의 각별한 신임과 총애를 받아 대사헌·대사성·형조참판·공조판서 등 고위 관료로 활동하였지만, 정조임금이 죽자(1800) 천주교에 물든 사학죄인(邪學罪人)으로 지목되어 곤장 아래 죽음을 당하고 말았다. 이가환의 죽음은 서양과학기술의 도입을 추구하는 실학적 정책의 시도가 좌절된 것이요, 그것은 당시 도학의 배타적 폐쇄성으로 근대를 향한 변혁의 가능성마저 꺾이고 말았던 사실을 보여준다.

---

70) 『與全』[1], 권15, 24, '貞軒墓誌銘', "曰噫, 實義七克之書, 我昔見之, 雖有名喩, 終非正學, 檗欲以此易吾道何哉, 遂往詰之, 檗雄辯如長河, 固守如鐵壁, 公知不可以口舌爭, 遂止不往."

(3) 권철신의 경학적 전환

성호는 만년에 젊은 제자인 권철신(鹿庵 權哲身, 1736-1801)에게 보낸 편지에서, 당시 조선사회의 통치원리인 유교 이념의 무기력함을 지적하여, “오늘날 세상의 습속을 살펴보면 마치 물이 흘러 빠져나간 듯하여, 수십 년 전과 비교해도 이미 뚜렷하게 달라졌다. 나는 사람들을 대하면서 일찍이 유교의 학술로 말하지 않는다. 아무 이익이 없기 때문이다.”[71] 라 하였다. 이미 유교가 현실의 문제를 해결하는 데 아무 도움이 안 되는 쓸모없고 공허한 관념에 불과하다는 유교전통의 시대적 한계를 절실하게 토로한 것이다. 성호의 이러한 언급은 전통의 도학이념이 한계에 부딪혀 있음을 절감하면서 학문의 방향으로 새로운 세계관을 탐색하기를 요구하는 것이라 이해할 수 있다.

정약용의 기록에 의하면, 1784년 이벽은 천주교를 선교하여 따르는 무리가 여럿이 된 다음에, “감호(鑑湖: 權哲身)는 선비들의 신망을 받고 있으니, 감호가 (천주교를) 따르면 따르지 않을 자가 없을 것이다.”라 하고서, 권철신을 찾아가 열흘 동안 머물며 전교를 하였는데, 권철신의 아우 권일신이 열심히 이벽을 따라 천주교도가 되었다 한다. 여기서 정약용은 권철신이 천주교교리에 대한 반응이 어떠하였는지 언급하지 않고, 다만 권철신이 「우제의」(虞祭義) 한편을 지어 제사의 뜻을 밝혔다고만 지적하였다.[72] 아우 권일신과는 달리 권철신이 천주교신앙활동에 소극적이었던 것은 사실이지만 ‘암브로시오’라는 세례명까지 전하고 있으니

71) 『星全』, 권30, 30, ‘答權旣明’(庚辰), “觀今世習, 如水頹下, 比數十年前已判別矣, 吾對人未嘗以儒術爲辭, 無益故也.”

72) 『與全』[1], 권15, 34, ‘鹿菴權哲身墓誌銘’, “始李檗首宣西教, 從者旣衆, 曰鑑湖士流之望, 鑑湖從而靡不從矣, 遂駕至鑑湖, 旬而後反, 於是公之弟日身熱心從檗, 公作虞祭義一篇, 以明祭祀之義.”

권철신이 천주교에 입교하였을 가능성은 충분히 있는 것으로 보인다. 권일신은 제사를 폐지한 진산(珍山)사건 때 고발되어 옥중에서 혹독한 신문을 받고 출옥하자(1792) 바로 죽었다. 이때부터 권철신의 학맥은 끊어지고 말았으며, 신유교옥 때(1801) 투옥되어 옥중에서 죽음을 당하고 시신이 거리에 버려지는 형벌을 받았다. 권철신 자신은 천주교신앙활동에 별로 나섰던 사실이 없었다 하더라도 그의 문하와 집안에 천주교도가 많았으니 천주교도의 정신적 배경이 되었던 점은 인정할 수 있을 것이다.

권철신은 성호문하에서 도학-주자학의 전통을 고수하였던 공서파의 인물들과는 달리, 주자학의 경전해석을 넘어서 새로운 사유체계를 탐색하고 있었던 것이 사실이다. 이 점에서 그는 자신의 학문적 근원을 서술하면서, "퇴계의 뒤로 하헌(夏軒: 白湖 尹鑴)의 학문은 근본이 있고 지말이 있었으며, 하헌의 뒤로 성호의 학문은 옛 성인을 이어가고 장래의 학문을 열어갔다."[73]고 하였다. 윤휴의 학문에 대해 '근본이 있고 지말이 있다'(有本有末)는 지적은 도학이 근본의 원리에 집착하여 지말의 현실을 망각하고 있는 문제점을 극복하고 있다는 것이라면, 성호의 학문에 대해 '옛 성인을 이어가고 장래의 학문을 열어갔다'(繼往開來)는 지적은 도학의 전통을 계승하면서도 미래를 지향하여 새로운 학문세계를 열어주는 실학의 학풍을 제시하는 것이라 하겠다. 성호의 학풍이 도학에서 실학으로 넘어오는 과정이라 한다면, 권철신의 학문적 과제는 한마디로 성호의 실학정신을 새로운 시대에 적용시키기 위한 새로운 세계관과 이론체계를 탐색하는 것이라 할 수 있을 것이다.

73) 『與全』[1], 권15, 35, '鹿菴權哲身墓誌銘'(附見閒話條), "退溪之後, 夏軒之學, 有本有末, 夏軒之後, 星翁之學, 繼往開來."

정약용의 기록에 따르면 권철신이 죽음을 당한 다음에도 그의 저술로 『시칭』(詩稱) 2권과 『대학설』(大學說) 1권은 남아 있었다고 하나, 지금은 이것마저 사라지고 말았으며, 정약용이 전하는 몇 가지 단편적 언급으로 그의 사상적 성격을 엿볼 수 있을 뿐이다. 곧 『대학』에 대한 견해로서, '격물'(格物)은 '사물에 근본과 지말이 있다'는 언급에 근거하여 사물에서 근본과 지말을 바로잡는 것이요, '치지'(致知)는 '앎에 앞서고 뒤서는 바가 있다'는 언급에 근거하여 앎에서 앞서고 뒤서는 차례를 이루는 것이라 해석하였다 한다. 또한 '효·제·자'(孝弟慈)를 '명덕'(明德)이라 해석하고, 『대학』의 옛 판본은 순서가 뒤바뀐 것이 없다고 보았다 한다.[74] 이러한 해석은 모두 주자의 견해와 정면으로 상반되는 새로운 해석이요, 정약용의 이론과 정확히 일치한다. 또한 『중용』에 대한 견해로서, '들리지 않는바'(所不聞)나 '보이지 않는바'(所不睹)란 '하늘의 일(上天之載)이 소리도 없고 냄새도 없다'는 것이라 하였다. 나아가 '사단'(四端)의 '단'은 끄트머리(末端)가 아니라 첫머리(首)라 하고 '인·의·예·지'는 일을 행한 다음에 성립되는 명칭이라 하였다 한다.[75] 이러한 해석도 주자의 견해와 상반된 해석이요, 정약용의 이론과 일치하는 것이 사실이다. 바로 이 점에서 신서파의 한 축을 이루는 권철신의 경학적 해석이 정약용에게 계승되고 있음을 확인할 수 있게 한다. 권철신의 경전해석

---

74) 『與全』[1], 권15, 34, '鹿菴權哲身墓誌銘', "其論大學, 以爲格物者格物有本末之物, 致知者致知所先後之知, 又以孝弟慈爲明德, 而舊本不必有錯簡."

75) 같은 곳, "其論中庸, 以所不聞所不睹, 爲天載之無聲無臭, 其論四端, 以端爲首, 如趙岐之說, 而仁義禮智, 爲行事之成名."
여기서 '上天之載'의 '載'를 朱子는 '事'라 해석하였다(『中庸章句』 33章). 그러나 丁若鏞은 『漢書』(揚雄傳)에서 '上天之縡'로 인용된 사실을 주목하여, 顔師古 등이 '縡'를 '事'로 해석한 것과 달리 '縡'를 만물을 宰制하는 것으로서 主宰(宰)의 의미로 해석하고 있다.(『與全』[2], 권3, 30-31, '中庸自箴', "漢書揚雄傳引詩曰上天之縡, … 余謂縡者宰也, 宰制萬物.")

에서는 유교경전 속에 하늘(上天)의 주재자적 위치를 강조하는 점이나 덕이 선천적으로 주어져 있는 것이 아니라, 실행한 다음에 성립되는 명칭이라는 견해는 천주교교리의 세계관에서 영향을 받았을 여지가 상당히 엿보이는 사실을 주목해 볼 필요가 있을 것이다.

5. 성호학파의 사상적 성격과 의미

성호는 18세기 전반기에서 안으로 주자와 퇴계의 도학전통을 소중하게 계승하면서 주자학적 세계관을 정밀하게 성찰하였으며, 밖으로 사회제도와 경세의 개혁방책을 검토하면서 넓게는 서양과학기술을 중심으로 '서학'의 새로운 학풍을 받아들였던 인물이다. 따라서 그는 도학의 전통을 토대로 확인하면서 실학의 새로운 세계를 열어주고 있었다. 이 점에서 성호의 학문은 성리학(內)과 경세론(外), 도학(往)과 실학(來), 우리역사의 국학(東)과 과학기술의 서학(西)을 포괄하는 다양성과 넓은 폭을 가졌던 것이요, 그만큼 포용적이며 진취적이었다고 할 수 있다.

그러나 성호의 제자들은 스승처럼 넓은 폭을 지킬 수 없었던 것이 현실이다. 18세기 전반기의 장년 시절 제자들은 도학 쪽에 기울어졌고 경세론과 우리역사에 상당한 관심을 보여주는 수준이었지만, '서학'에 대해서는 성호가 수용한 서양과학에는 관심을 보이지 않고 다만 성호가 비판한 천주교교리에 대해서는 격렬한 비판태도를 강화하는 보수적 성향을 드러내었다. 이에 비해 18세기 중반 이후 노년 시절 제자들은 도학에 관심이 약하거나 이탈하는 경향이 뚜렷하고 서양과학기술에 관심을 기울이며 천주교신앙을 수용하는 데까지 나가는 양극적 태도를 보였던 것이 사실이다. 이러한 시대적 현실에 대한 인식 속에서 성호의 문인들이 새로운 변동의 요인을 막고 나서야 한다는 책임감을 표출한 ‘공서파’와 새로운 변화의 통로를 찾아 나서야 한다는 사명감을 표출한 ‘신서파’가 분열되었던 것이라 할 수 있다.

이미 18세기 전반과 중반 이후는 시대적 변화가 뚜렷하게 일어나고 있었으며, 성호 자신도 도학의 전통이 시대현실에서 한계에 부딪히고 있다는 것을 절실히 각성하고 있었던 것으로 보인다. 그가 만년에 지었던 것으로 보이는 시에서는, “예절과 법도는 말없이 썩어가고/ 유교인의 역량이야 숲 속에 은거하기에나 알맞구나/ 기름 등불 송진 등잔 갖추어 비쳐 보며/ 전해 받은 경전 밤중에 마주하고 있자니 서글퍼지기만 하는구나.”[76]라 읊었다. 그것은 시대의 붕괴과정을 바라보면서 유학자로서 한계를 절실하게 토로하는 것이지만, 동시에 새로운 변화의 방향을 찾아야 한다는 절박감을 드러내고 있는 것으로도 읽힌다. 이러한 위기의식에 대응하는 논리는 두 가지 형식으로 드러날 수 있다. 하나는 전통을 고수하고 변동에 저항하는 보수적 방어의 논리요, 다른 하나는 새로운 지식을 수용하여 변화의 방향을 탐색하는 진취적 변혁의 논리이다. 성호학파가 신후담과 안정복을 대표로 하는 ‘공서파’와 이가환과 권철신을 대표로 하는 ‘신서파’로 분열하고 있다는 사실은, 18세기 조선사회의 상황에 대응하는 두 가지 기본적 사유형식을 드러내 주고 있는 것이라 하겠다.

바로 이 점에서 ‘공서파’의 방어논리나 ‘신서파’의 변혁논리는 조선후기 사상사의 흐름에 나타나는 두 가지 대표적 사유형식을 반영하고 있는 것이라 할 수 있으며, 그만큼 성호학파가 시대사회의 변동상황에

76) 『星全』, 권4, 2, ‘余嘗夢得詩, 末一句韻不協, 改成一絶’, “禮法從容歸腐朽, 儒家伎倆合林泉, 脂油松瀝俱堪照, 夜對遺經獨悵然.”

선구적으로 가장 예민하게 반응하고 있다는 사실을 보여준다. 성호학파의 두 흐름이 지닌 학문체계는 '서학'과 관련 없는 다양한 문제에 대한 인식을 내포하고 있는 것이 사실이다. 그러나 두 흐름이 사상적 분열을 초래하였던 가장 중요한 계기가 '서학'에 대한 비판이냐 수용이냐에 따라 일어났다는 점에서 '공서파'와 '신서파'로 명칭을 부여할 수 있다는 생각이다.

일단 '공서파'와 '신서파'로 명명해 놓고 보면, 18세기 말과 19세기초의 상황에서, 조선정부는 '공서파'의 입장을 취하여 '신서파'를 정면으로 억압하였다. 이에 따라 성호학파의 '신서파'는 1801년 신유교옥으로 사실상 소멸되었고, 정약용이 유일한 계승자로 명맥을 이어가는 상황이었다. 조선정부의 천주교 억압정책으로 '신서파'는 붕괴되고 말았지만, 천주교도는 지하신앙활동으로 활발하게 이어져 갔던 것이 사실이다. 이에 비해 '공서파'는 안정복을 통해 학맥이 근대에까지 이어져 내려갔지만, 그 도학적 기반에 따라 실학적 성격은 점차 상실하고 도학적 성격을 선명하게 드러내었으니, 성호의 학풍에서 보면 진취성을 잃고 퇴보하였던 것으로 보이기도 한다. 그러나 조선사회가 붕괴되면서 '공서파'의 방향이 무너지고 말았으며, 오히려 소멸된 '신서파'가 새로운 시대의 방향을 열어주는 원천으로 주목을 받고 있음을 보게 된다. 이 점에서 '공서파'와 '신서파'라는 성호학파의 분열현상은 조선후기 사상사의 전개방향을 압축시켜 드러내는 것이기도 하며, 변동기의 사상적 대응방법으로 두 가지 기본방향을 보여주는 사유형식의 전형으로 이해될 수도 있을 것이다.

제4장

다산과 천주교

다산의 사천학(事天學)과 천주교교리의 활용

1. 다산사상에서 천주교의 문제

다산 정약용(茶山 丁若鏞, 1762-1836)은 18세기 말에서 19세기 초에 활동하던 조선후기 실학의 대표적 인물이다. 그의 학문정신은 어떤 전통이나 권위에 얽매임이 없이 진실을 추구하는 열린 정신을 발휘하였다. 그는 "학문이란 천하가 공유하는 것이다. 진실로 그 말이 도리에 위배되면 비록 대인군자에게서 나왔다 하더라도 감히 존숭하여 믿을 수 없는데, 하물며 그보다 못한 자에게서 나온 경우에랴. 진실로 그 말이 이치에 맞는다면 비록 하찮은 사람에게서 나왔다 하더라도 마땅히 들어올려야 하는데, 하물며 그보다 더 훌륭한 자에게서 나온 경우에랴."[1]라 하였다. 곧 그는 학문을 명성이나 신분의 차이와는 상관없고, 나아가 당파나 종파와도 상관없으며, 객관적 공정성과 개방적 포용성을 생명으로 하는

1) 『與全』[1], 권14, 31, '心經疾書跋', "學問者, 天下之公物也, 苟其言之倍道, 雖出於大人君子者, 尙不敢尊信, 況下於是者哉, 苟其言之中理, 雖出於鄙夫庸人者, 尙當表章之, 況進於是者哉."

것임을 밝히고 있다.

무엇보다 학문의 기준으로서 공정성과 포용성을 신념으로 확보함으로써, 다산은 그 시대에 만날 수 있는 다양한 사상조류에 능동적으로 접촉할 수 있었다. 나아가 별다른 구애됨이 없이 비판과 수용을 병행함으로써, 여러 사상조류를 자신의 사상체계 속에 종합하는 것이 가능하였던 것이다. 여기서 그가 서양의 과학기술과 천주교신앙을 포함하는 서학을 적극 받아들일 수 있었던 것도 바로 그의 학문정신이 지닌 열린 자세에서 가능하였던 것이라 할 수 있다. 특히 다산이 서학을 만나게 된 계기는 소년 시절부터 성호(星湖 李瀷)의 저술을 읽으면서 성호가 서양 과학기술의 수용에 적극적 관심을 보였던 개방적 사유의 발판을 디디고 올라설 수 있었기 때문이고, 성호학파에서도 진보적 성향이 있는 젊은 층의 인물들인 이가환(李家煥)·권철신(權哲身)을 중심으로 하는 이른바 신서파(信西派)의 학풍 속에서 배양되었던 것이 사실이다. 그만큼 다산은 그 시대의 새로운 사상조류 속에 뿌리를 내리고 섭취하면서, 자신의 실학적 사유체계가 지닌 독창성의 세계를 형성할 수 있었다는 사실을 유의할 필요가 있다.

실학자로서 다산의 학문적 관심은 현실의 문제와 긴밀하게 연결되어 있다. 그는 일찍부터 성호의 실학이 지닌 현실제도의 개혁론을 학습하면서, 생산기술의 효용성에 관심이 깊었다. 이러한 관심은 바로 서양과학기술의 도입을 통해 조선사회의 생산기술을 향상시킴으로써 극심한 빈곤 속에 고통받는 민생을 안정시키는 것이었다. 그렇다면 그의 실학적 관심은 현실의 모순을 해결하기 위한 개혁론이었다. 그는 개혁의 방법과 방향을 찾아가는 과정에서 서양과학기술이 효용성을 위한 대책으로 중시되었던 것이라 할 수 있다. 이에 비해 그가 수용한 천주교교리의 세계관은 도학적 사유전통의 근원적 개혁을 위한 전망을 제공해 주었던 것으로 보인다. 그렇다면 다산의 서학에 관한 관심은 새로운 문물과 지식에 대한 호기심이나 호의적 이해의 차원을 훨씬 넘어서는 것이다. 그는 당시 사회체제가 지닌 온갖 문제를 해결하기 위해 모색하던 개혁방책의 핵심조건으로 서학의 가능성을 인식하여 적극 추구하였던 것이라 하겠다.

다산은 조선후기 사회를 살아가면서 변혁의 논리를 탐색하여 서학의 세계관을 끌어들이면서 조선사회를 지배하는 정통이념이었던 도학-주자학과 정면으로 충돌하지 않을 수 없었다. 여기서 다산은 도학의 세계관에 대해 정면으로 비판하는 이론을 전개하면서 그 대응의 논리적 근거를 유교 '경전'에서 확보하고자 하였다. 경전은 도학-주자학의 이념이 기반하는 근거이기도 하므로, 경전해석에서 도학의 논리와 자신의 논리를 대결시키면서 그 정당성과 진실성을 확인하고자 하였던 것이다. 이러한 경전해석의 쟁점을 표출시키면서, 경전을 해석하는 주자와 다산 자신의 시선이 어떤 세계관에 근거하고 있는가를 극명하게 대비시키고 있다. 그는 도학이 기반을 두고 있는 세계관으로서 이기(理氣)철학과 음양오행론(陰陽五行論)의 자연관을 경전의 본래 의미와 선명하게 단절시킴으로써, 경전을 바라볼 수 있는 새로운 시야를 열어주었다. 바로 이 점에서 다산의 경전해석은 경학(經學)의 역사에서도 유교사상의 획기적인 전환점을 정립하였던 것임을 주목할 필요가 있다.

그렇다면 다산의 사상에서 천주교교리의 세계관이 어떻게 수용되고 어떤 역할을 하고 있는지를 엿보기 위해서는 다산의 경전해석에 관심을 집중해야 할 것이다. 다산의 경학은 한대(漢代)의 훈고학(訓詁學)이나 송대(宋代)의 성리학(性理學)이나 청대(淸代)의 고증학(考證學)에 대해 자유롭게 비판하거나 섭취하여 선택적 수용을 하고 있지만, 가장 중요한 점은 경전을 해석하는 도학의 세계관을 넘어서는 논리를 천주교교리의 세계관에서 끌어들이고 있다는 사실이다. 그렇다고 다산이 천주교교리에 근거하여 유교경전을 해석하고 있다는 말은 아니다. 천주교교리에서 끌어들인 빛으로 경전에 내재한 논리를 조명하여 발굴해내었다고 할 수 있을 것이다. 바로 이 점에서 다산이 해석해낸 경전의 세계관과 당시에 소개된 천주교교리의 세계관 사이에 일치점을 발견할 수 있다. 이에 따라 다산의 경전해석에 천주교교리의 영향이 어떻게 작용하고 있는지를 엿볼 수 있고, 동시에 다산이 천주교교리의 세계관을 유교경전해석에 어떻게 활용하고 있는지를 확인할 수 있을 것이다.

여기서는 다산의 사상이 천주교교리와 어떤 범위에서 어떻게 연관되는지를 해명하기 위해, 먼저 다산과 천주교의 관계를 바라보는 시각에서 서로 다른 입장들을 점검해 보고, 이어서 다산 자신이 천주교와 직접 연관된 활동의 범위를 확인해 보고자 한다. 이러한 이해의 배경 아래서 다산의 경전해석을 중심으로 그가 새롭게 경전을 해석하는 세계관의 성격이 무엇인지 살펴본다면, 다산과 천주교의 거리와 연결고리가 좀 더 분명하게 드러날 수 있을 것으로 본다. 유교경전과 천주교교리의 연결고리를 확인할 수 있는 가장 핵심적인 주제는 궁극존재로서 '상제(上帝)-천주(天主)'의 개념에 대한 인식과 인간존재의 문제로서 '심성(心性)-영혼(靈魂)'에 대한 인식이라 할 수 있다. 삼비아소(Fransesco Sambiaso, 畢方濟, 1582-1649)는 『영언려작』(靈言蠡勺, 1624)의 서문에서 어거스틴(St. Augustin)의 말을 인용하여, "철학은 전체가 두 가지 근본에 귀결한다. 그 하나는 영혼을 논하는 것이요, 다른 하나는 천주를 논하는 것이다. 영혼을 논하는 것은 사람으로 하여금 자신을 인식하게 하고, 천주를 논하는 것은 사람으로 하여금 그 근원을 인식하게 한다."2)고 하여, '영혼'과 '천주'의

2) 『靈言蠡勺』(『天學初函』[2], 1965, 臺北, 1130쪽), "亞吾斯丁曰費祿蘇非亞(philosophia)

문제를 철학의 근본을 이루는 두 축으로 확인하였다. 마테오 리치(Matteo Ricci, 利瑪竇, 1552-1610)의 대표적 교리서인 『천주실의』(天主實義)에서도 천주와 영혼의 문제가 가장 중요한 중심주제로 다루어지고 있는 것이 사실이다. 다산이 새롭게 구축하는 세계관 속에서 천주교교리의 수용을 통한 유교경전의 재해석으로서 '천-상제' 개념의 인격신적 인식에 눈을 뜨고, 여기서 나아가 인간이 '천-상제'를 어떻게 섬겨야 하는지 신앙적 태도의 문제로 확산해 가는 양상을 확인할 수 있다. 이와 더불어 '심성-영혼' 개념의 인식으로부터 인간관계의 규범과 인간의 사회적 신분질서에 대한 이해의 문제로 확산되는 과정을 음미해 볼 필요가 있을 것이다.

2. 다산과 천주교의 만남이 갖는 성격

1) 다산과 천주교의 관계를 바라보는 시각

다산과 천주교신앙의 관계를 바라보는 시각을 검토하기 위해서는, ① 입장의 다양성을 확인하는 문제와, ② 다산의 학문적 연원인 성호의 실학사상과 연관성을 이해하는 문제와, ③ 다산의 저술에서 경전해석을 중심으로 천주교의 영향을 점검하는 문제로 나누어 해명해 볼 수 있을 것이다.

總歸兩大端, 其一論亞尼瑪(anima), 其一論陡斯(Deus), 論亞尼瑪者令人認己, 論陡斯者, 令人認其源."

(1) 다산과 천주교의 관계를 보는 입장의 다양성

다산과 천주교신앙의 관계를 바라보는 입장은 매우 다양한 차이를 드러내고 있다는 사실을 돌아볼 필요가 있다. 기본적으로 다산이 20대의 청년기에 잠시 천주교에 빠졌던 일은 있지만 30대 이후로 철저한 유학자였다는 견해에서부터 중간에 잠시 배교하였지만, 마지막까지 천주교도였다는 견해에 이르기까지 상반된 견해가 제기된다.

공통된 견해는 그가 20대의 청년 시절 천주교신앙에 깊이 빠졌었지만, 30세 무렵 이후로 천주교신앙을 떠났다는 것이다. 이 점은 다산의 저술과 당시의 여러 기록에서도 확인되는 사실로 별다른 견해차이가 없다. 그러나 한 쪽 끝에서는 30세 무렵 이후로 한번 천주교신앙을 떠나 배교(背教)한 다음에 죽을 때까지 천주교신앙과 단절하고 유교적 신념을 지켰다는 것이고, 다른 쪽 끝에서는 40세에 강진으로 유배된 이후 어느 시기부터 다시 신앙을 회복하여 만년에 남모르게 신앙생활을 하다가 천주교 신자로서 종부성사(終傅聖事)를 받고 죽었다는 극단적 대립된 견해가 제시되고 있다. 다산의 저술을 중심으로 연구하는 학자들은 대체로 전자의 견해에 찬동하는 경향이 있고, 천주교 교회사 쪽 자료를 중심으로 연구하는 학자들은 대체로 후자의 견해에 찬동하는 경향이 있는 것으로 보인다. 물론 그 중간에 여러 다양한 견해가 제기되고 있는 것도 사실이다.

우리시대보다 200년 정도 앞서서 살았던 인물로서, 그 시대를 대표하는 학자인 다산이라는 한 인물의 행적과 신념에 대해 이렇게 상반된 견해가 충돌하고 있다. 그것은 물론 다산 자신의 저술을 통한 기록과 달레(Ch. Dallet)의 『한국천주교회사』를 비롯한 천주교 교회사의 기록이 상반된 대답을 하고 있기 때문에 발생하는 문제이다. 다산이 살았던 당시의 사회는 천주교신앙에 대해 엄격한 금교령(禁教令)을 내렸고, 혹독하게 억압하는 상황이었다. 그러니 다산 자신이 배교하였다는 사실은 쉽게 공개할 수 있겠지만, 그가 신앙활동을 하였다 하더라도 자신의 신앙활동을 공개적으로 밝히기는 지극히 어려운 일이다. 그렇다면 그 자신의 저술을 통한 기록이 사실을 은폐할 가능성도 없는 것은 아니다.

다산은 자신이 청년 시절 천주교신앙을 받아들였었다는 과거적 사실만으로도 공직자로서 자신의 활동에 심한 제약을 당하였고, 심지어 생명을 잃을 위기에 놓이기도 하였으며, 끝내는 18년간의 오랜 유배생활을 해야 하는 처지였다. 만약 그 자신이 만년에도 천주교신앙을 간직하고 있었다면 그는 겉으로 자기 신앙을 철저히 감추고 속으로 비밀스럽게 신앙을 지켜야 하였을 것이다. 겉으로는 유교인이지만 속으로는 천주교 신자라는 이른바 '외유내야'(外儒內耶)의 이중생활을 하였을지도 모르는 일이다. 과연 다산이 신앙적으로 이중생활을 하였을까? 그러나 섣불리 단정하거나 가정하여 유추한다는 것도 사실에서 벗어날 수 있다. 물론 새로운 증거자료가 충분하게 나온다면 좀 더 확실하게 대답할 수 있겠지만, 이미 우리는 다산의 많은 저술과 연구성과를 가지고 있으니, 현재의 조건에서 다산과 천주교신앙의 관계를 바라보는 시각을 정리해 볼 수는 있을 것이다.

다산과 천주교신앙의 관계를 바라보는 관점은 종파적 소속의 관점에 따라 천주교 신자였는가 천주교신앙의 배교자였는가를 가리는 문제만 있는 것은 아니다. 학문적 관점에서 보면, 다산이 천주교교리의 어떤 견해를 어떤 관심에서 이해하였는지 또 어떤 수준으로 수용하거나 어떤 논리로 거부하였는지를 확인하는 문제도 중요하다. 나아가 사상사의 관점에서 보면, 다산의 천주교교리에 관한 이해가 그의 유교경전해석이나 당시의 사회문제에 대한 견해에서 어떤 영향을 미치고 어떤 변화를 일으켰으며, 어떻게 새로운 창조적 해석을 제시하고 있는지를 밝히는 것은 더욱 중요한 의미가 있는 것으로 생각된다.

(2) 성호의 실학사상과 연관성

다산과 천주교신앙의 관계는 다산의 사상적 연원인 성호의 실학정신과 연관하여 이해될 필요가 있다. 다산이 천주교교리를 포함한 서학을 만날 수 있었던 것은 그가 성호학파의 신서파(信西派) 인물들과 교유하면서 배양하였던 실학의 학풍에서 가능한 것이었다. 다산이 처음 서학을 접하게 된 것은 16세 때(1777) 서울에서 누님의 남편으로 22세의 이승훈(蔓川 李承薰, 1756-1801)과 함께 이승훈의 외삼촌으로 성호의 종손인 36세의 이가환(貞軒 李家煥, 1742-1801)을 따라 성호의 저술을 읽으면서 성호학파의 학풍에 접하기 시작하였다.

성호의 실학 세계에서는 한편으로 주자와 퇴계의 성리학을 계승하는 도학 전통의 사유가 확실히 자리 잡고 있었지만, 다른 한편으로 서양과학의 적극적 도입을 주장하고 있었다. 특히 서양과학에 대한 성호의 관심은 열렬한 것이었다. 성호는 아담 샬(Adam Schall, 湯若望)이 제작한 시헌력(時憲曆)에 대해, 일식(日蝕)과 월식(月蝕)의 계산에 조금도 어긋남이 없음을 강조하고, 성인이 다시 태어나도 반드시 이를 따를 것이라 극찬하였다. 또한 서양의 천문·역법(曆法)과 더불어 세계지리에 대한 지식이나 각종 기기(機器)와 문물에 깊은 관심과 이해를 보여주었다.[3] 그것은 서양의 과학기술을 도입함으로써 유교전통의 낡은 과학지식을 대체하려는 변혁의 요구라 할 수 있다. 다산은 특히 서양과학 도입을 추구하는

3) 星湖가 소개하고 있는 서학서적(21종)과 서양문물(9건)을 보면 그의 서학에 대한 이해의 폭이 얼마나 넓은 것인지 쉽게 확인할 수 있다. (이원순, 「성호 이익의 서학세계」, 『교회사연구』 1, 한국교회사연구소, 1977, 8-9쪽 및 한우근, 『성호이익연구』, 서울대학교출판부, 1980, 49쪽 참조)

성호의 변혁적 사유 속에서 유교전통의 낡은 세계관을 벗어나기 위한 지각의 동요를 분명하게 감지할 수 있었을 것이다.

이때 다산은 성호의 저술과 서양과학서를 탐독하면서 서양의 과학기술에 관한 지식을 중심으로 서학에 대한 이해를 축적해 갔을 것이다. 그 자신이 밝히고 있는 것처럼, "신(臣)이 이 책(서학서적)을 본 것은 대개 약관(弱冠: 20세 무렵) 초기였는데, 이때에 원래 일종의 풍조가 있어서, 천문(天文)·역상(曆象)의 이론이나 농정(農政)·수리(水利)의 기구와 측량(測量)·추험(推驗)의 법도를 말할 수 있는 자가 있으면, 유행하던 관습에서는 서로 전하면서 해박하다고 지목하였는데, 신은 그때 어렸으므로 그윽이 혼자서 이것을 사모하였습니다."4)라 하였다. 이 시절 이가환을 중심으로 하는 성호학파의 신서파(信西派) 안에서 주로 성호의 영향을 받아 서양과학서적을 읽고 서학의 과학기술에 관한 지식을 수용하는 데 심취하였던 사실을 엿볼 수 있다. 그는 뒷날 자식들이나 조카들에게 "나

---

*科學
- 天文 – 『星土坼開圖』·『渾蓋通憲圖說』·『天文略』·『簡平儀說』·『日月蝕推步』·『乾坤體義』
- 曆法 – 『治曆緣起』·『時憲曆』
- 數學 – 『幾何原本』
- 測量 – 『望海島術』
- 技術 – 『遠鏡說』·『泰西水法』·『西洋貢獻神威大鏡疏』

*地理·地圖 – 『萬國全圖』·『大地全圖』·『坤輿圖說』·『職方外紀』

*倫理書 – 『交友論』·『七克』

*教理書 – 『天主實義』·『主制群徵』·『天學正宗』

*西洋文物 – 視遠鏡·羅鏡·靉靆鏡·自鳴鍾·紅夷炮·鳥銃·藥筒·西洋畫·西洋水庫·龍尾車

4) 『與全』[1], 卷9, 43, '辨謗辭同副承旨疏', "臣之得見是書, 蓋在弱冠之初, 而此時原有一種風氣, 有能說天文曆象之家, 農政水利之器, 測量推驗之法者, 流俗相傳, 指爲該洽, 臣方幼眇, 竊獨慕此."

의 큰 꿈은 성호를 따라 사숙(私淑)하는 가운데 깨달은 것이 많았다.”(정규영, 『俟菴先生年譜』)라 술회하였는데, 그가 학문에 처음 눈을 뜨고 학문의 세계에 대한 꿈을 꾸기 시작하는 출발점에서 성호의 실학사상이 그를 이끌어주는 길잡이가 되었던 사실을 밝히고 있는 것이다. 따라서 다산의 학업과정에서 보면 그는 유교지식인으로서 기초를 확립한 다음에 서학을 수용하고 천주교신앙을 받아들이는 사상적 전환을 하였던 것이 아니라, 이미 학문적 형성시기인 출발점에서부터 유교와 서학이 함께 주어졌던 것임을 의미한다. 이 시기에 이미 천주교 교리서에 대해서도 피상적 지식은 가지고 있었을 것으로 보인다. 그렇다면 다산은 서양과학의 이해를 기초로 하여 천주교교리의 이해로 나아갈 수 있는 유연한 바탕을 가졌던 경우라 할 수 있다.

성호의 실학에는 먼저 유교사회의 현실적 모순을 해소하기 위해 제도적 개혁방안을 제시하는 ‘경세론’적 개혁의 사유가 있다. 실학의 경세론적 변혁과제는 율곡에서 시작하여 반계(磻溪 柳馨遠)를 거쳐 성호에서 확고하게 계승되었다. 또 하나는 낙후한 조선의 생산기술과 경제기반을 개혁하기 위해 청조의 선진문물을 도입하여 기술과 산업의 개혁을 도모하는 ‘이용론’(利用論)적 개혁의 사유가 있다. 실학의 이용론적 변혁과제는 18세기 후반 북학파에서 본격적으로 논의되고 있지만, 이미 성호에서 그 싹이 트고 있었던 것이 사실이다. 또 다른 하나는 도학적 세계관과 가치질서의 근본구조를 개혁하고자 하는 ‘철학’적 개혁의 사유가 있다. 실학의 철학적 변혁과제는 성호에서 싹이 트고 녹암(鹿庵 權哲身)을 거쳐 다산에 와서 구체화되었던 것이 사실이라 하겠다.

도학의 세계관을 개혁하는 것은 성호의 실학이 지닌 목표가 아니지만, 성호의 학문체계에서 서학의 새로운 세계관이 도입되면서 필연적으로 전개될 수밖에 없는 과정이며, 바로 다산이 이를 실현하였다고 할 수 있다. 여기서 다산이 도학적 세계관을 해체하고 새로운 철학의 세계관을 제기하는 데는 서양의 자연과학적 세계관과 천주교교리의 세계관이 핵심적 역할을 하고 있다는 사실을 주목할 필요가 있다. 만약 다산에서 도학의 세계관을 넘어서는 새로운 세계관의 구성에 서학이 핵심적 역할을 하였다고 인정한다면, 다산의 실학 내지 다산의 철학에서 서양과학과 천주교교리는 매우 중요한 의미를 지니게 된다는 사실을 받아들이지 않을 수 없을 것이다.

(3) 다산 경전에 수용된 천주교의 영향

다산의 경전해석을 통해 서학의 수용이 어떻게 이루어지고 있는지를 해명하는 것이 다산과 천주교의 관계를 바라보는 시각에서 가장 중요한 핵심적 과제라 생각된다. 다산은 자신의 학문체계를 이루는 방대한 저술을 크게 두 영역으로 구분하여, 경전(六經四書) 해석과 경세론(一表二書) 편찬을 제시하였다. 그렇다면 다산의 천주교교리에 대한 이해와 수용이 구체화된 것은 경전해석에서 주로 나타날 수밖에 없다. 다산은 경전해석을 비롯하여 어떤 저술에서도 서학의 문헌을 직접 언급하거나 인용한 경우는 거의 없다. 천주교신앙에 물들었다는 이유로 사방에서 공격을 받았던 처지이니 사실상 천주교 교리서를 입에 올리려고 하지 않았을 것은 지극히 당연하다.

그는 49세 때(1810) 강진에서 아들에게 훈계하는 말을 주면서도 "편지 한 장을 쓸 때마다 모름지기 두 번 세 번 읽어 보면서 다짐하기를, '이 편지가 번화한 네거리에 떨어져 원수가 열어 보더라도 나에게 죄가 없을 것인가?'라 하고 또, '이 편지가 수백 년 뒤까지 전해 내려가서 안목 있는 여러 사람에게 보여도 내가 비난받지 않겠는가?'라 해야 한다. 그런 다음에 봉함해야 하니, 이것은 군자의 삼감이다. … 중년에는 환난

이 두려워서 점차 이 법도를 지켰더니, 매우 유익하였다. 너희는 명심하여라."[5]라 당부하였다. 사사로운 편지 한 장에도 비난의 구실을 만들지 말도록 자식들에게 간곡하게 당부하면서, 그 자신의 저술을 공격의 표적이 되게 하지 않았던 것은 지극히 당연하다.

그만큼 다산의 경전해석에서도 천주교 교리서를 직접 인용하는 일은 결코 없었다. 따라서 그의 경전해석에서 제기되는 다양한 견해들 가운데 어디까지 서학의 영향을 받은 것인지, 그렇지 않으면 유교경전에 내재된 논리를 창의적으로 해석한 것인지를 판단하기가 쉽지 않은 것은 사실이다. 더구나 그가 경전해석에서 천주교 교리서의 이론을 수용하였다고 하더라도 유교경전의 해석에 적용될 수 있는 천주교 교리서의 이론을 선택적으로 끌어들였기 때문에 애초에 천주교 교리서의 견해를 체계적으로 적용하는 해석은 아니었으니, 매우 불완전하고 단편적인 수용일 수밖에 없다. 그 때문에 다산의 경전해석이 유교의 경학 전통에서 보면 특이한 논리이기는 하지만 유교경전의 해석으로서 정합성을 지닌 창의적 해석으로 보일 수도 있다.

그러나 다산의 경전해석을 정밀하게 검토해 보면 천주교교리의 영향을 확인할 수 있는 여지가 폭넓게 엿보이고 있다. 크게 두 단계로 구분해 본다면, 첫 단계는 용어나 개념이나 구절이 주자의 경전해석과 상반하여 천주교 교리서인 『천주실의』에서 언급된 것과 일치하는 사실을 확인할 수 있다는 점이다. 둘째 단계는 첫째 단계를 토대로 한걸음 더 나아가 보면, 다산의 경전해석에서 확인할 수 있는 세계관이 주자의 경전해석에서 제시된 세계관과 달리 천주교교리의 세계관과 깊은 연관성이

5) 『與全』[1], 권18, 14, '贐學游家誡', "每作一書牘, 須再三看閱, 祝曰此紙落于康莊之衢, 使仇人開視, 我得無罪否, 又曰此紙流傳數百年, 傳示許多具眼者, 我得無譏否, 然後方纔封緘, 此君子之愼也, … 中年畏禍, 漸守此法, 甚有所益, 汝其銘心."

있음을 확인할 수 있다는 점이다.

다산이 경전을 해석한 저술의 출발점은 태학생 시절인 23세 때(1784) 여름 정조임금의 『중용』에 관한 70조목에 걸친 질문에 대한 답안으로 작성한 『중용강의』(『中庸講義』)에서 시작된다. 그는 30년 뒤 53세 때(1814) 강진 유배지에서 『중용강의』를 다시 수정하고 보완하여 『중용강의보』(『中庸講義補』)로 완성하였다. 사실상 다산의 철학적 기반은 이 『중용강의』에서 기본 틀이 이루어졌고, 그가 73세 때 『매씨서평』(梅氏書平)으로 경전해석의 저술을 마칠 때까지 경전해석의 방법은 다양하게 계발되었지만, 그의 경학적 세계관이 지닌 기본골격은 『중용강의』에서 보여주었던 범위를 크게 벗어나지 않았다고 할 수 있다.

다산이 『중용강의』를 처음 작성할 때 그의 큰 형수의 동생이요, 친우인 이벽(李檗)과 조목마다 자세한 토론을 거쳤으니, 이벽의 견해도 상당히 수용되었을 것은 당연하다. 더구나 이때는 다산 자신이 바로 그해 봄에 이벽으로부터 천주교교리를 듣고 마테오 리치의 『천주실의』 등 천주교 교리서를 읽으면서 천주교신앙에 입교하였던 시기였다. 그만큼 천주교교리의 영향을 많이 받을 수 있는 환경이었고, 실제로 『중용강의』에서는 다산의 해석이 『천주실의』에서 제시된 천주교 교리서와 일치하는 구절을 쉽게 발견할 수 있는 것이 사실이다.

몇 가지 사례를 들면, 다산은 주자의 '이·기'(理氣) 개념을 거부하고, "'기'는 스스로 있는 것(自有之物)이고 '이'는 의지하여 붙어 있는 등급(依附之品)이다. 의지하여 붙어 있는 것은 반드시 스스로 있는 것에 의지한다."[6]라 정의하였다. 그것은 『천주실의』에서 "사물의 근본종류는 두

6) 『與全』[2], 권4, 65, '中庸講義補', "盖氣是自有之物, 理是依附之品, 而依附者必依於自有者."

가지가 있으니, 자립하는 것(自立者)이 있고 의뢰하는 것(依賴者)이 있다. … '이'(理) 역시 의뢰하는 종류이고 자립할 수 없으니, 어찌 다른 사물을 성립하게 하겠는가."[7]라 언급한 구절과 의미상 일치하는 발언이다. 마테오 리치의 용어인 '자립자'(自立者)와 '의뢰자'(依賴者)를 다산은 '자유지물'(自有之物)과 '의부지품'(依附之品)으로 글자의 차이는 있지만, 의미는 동일하다. 이처럼 천주교 교리서의 용어를 끌어들이면서 성리학에서 존재의 근거요, 본체라고 인식하는 '이'(理)를 스스로 존립하지 못하고 사물에 의지하여 붙어 있는 것으로 규정하고 있는 점에서도 일치한다.

또한 『중용』(19장)에서 " '교'(郊)제사와 '사'(社)제사의 의례는 상제를 섬기는 방법이다."(郊社之禮, 所以事上帝也)라는 구절에 대한 해석에서 주자는 "후토를 말하지 않은 것은 글을 생략한 것이다."(不言后土者, 省文也. 〈『中庸章句』〉)라 하여, '교'제사는 상제를 섬기고 '사'제사는 후토를 섬기는 의례임을 강조하였다. 그러나 『천주실의』에서는 "공자가 분명하게 하나로 하여 두 가지로 삼을 수 없는데, 어찌 도리어 글을 생략한 것이라 하겠는가?"[8]라 하여, 토지의 신에게 드리는 '사'제사도 결국 유일하고 지고의 존재인 상제를 섬기는 데 귀결되는 것임을 주장하였다. 여기서 다산은 『주어』(周語)에서 "옛 선왕은 이미 천하를 얻으면 또 상제와 명신(明神)을 높이 세우고 공경하여 섬긴다."(古者先王, 旣有天下, 又崇立上帝·明神而敬事之)라는 구절을 인용하고서, 이 구절에 근거하여 "명신에 제사 드리는 것도 하늘을 섬기는 방법이니, '후토'를 말하지 않은 것은 글을 생략한 것이 아니다."[9]라 하였다. 여기서 『주어』의 구절을

7) 『天主實義』, 제2편(8), "夫物之宗品有二. 有自立者有依賴者, … 盖理亦依賴之類, 自不能立, 曷立他物哉."

8) 『天主實義』, 제2편(14), "仲尼明一之, 以不可爲二, 何獨省文乎."

9) 『與全』[2], 권3, 19, '中庸自箴', "祭明神亦所以事天, 不言后土, 非省文也."

다산은 다소 군색하게 논거로 끌어들이기는 하였지만 결국 마테오 리치가 언급한 것과 동일한 주장으로 주자의 주석을 반박하고 있음을 보여준다. 이러한 구절들을 열거해 간다면 이미 다산의 경전해석에는 상당한 부분에서 천주교 교리서의 관념과 사유형식이 수용되고 있음을 확인할 수 있다.

나아가 다산은 『중용강의』를 비롯한 유교경전해석에서 주자학의 세계관을 뒷받침하는 '이기론'(理氣論)의 형이상학체계와 '음양오행설'(陰陽五行說)의 자연철학을 허물어뜨리는 결정적 작업을 하고 있다. 하늘을 '이'로 규정하는 주자학의 '천즉리설'(天卽理說)을 거부하고 '천'을 '상제'로서 인격신적 개념으로 인식하는 입장을 밝혔다. 또한 다산은 당시의 정통이념인 주자학의 형이상학과 자연철학으로 뒷받침되는 '천인합일'(天人合一) 내지 '물아일체'(物我一體)의 관념적 세계관을 허물면서, 자신이 새롭게 구축하는 세계관에서는 하늘과 인간이 신명(神明)의 존재로 마주하게 하며, 나아가 인간은 하늘을 섬겨야 하는 '사천'(事天)의 신앙적 세계관을 구축하고 있다. 여기서 다산이 제시하는 새로운 세계관의 기본구조 속에 천주교교리의 세계관이 얼마나 깊이 침투하고 영향을 미치고 있는지를 확인한다면, 다산과 천주교신앙 사이의 연결기반을 확인할 수 있는 시야를 확보할 수 있을 것이다.

『중용강의』는 다산이 신앙생활에 깊이 젖었을 때 이루어진 저술이지만, 그렇다고 천주교교리를 증거하기 위한 저술은 아니다. 그것은 어디까지나 유교경전의 사유에 대한 해석체계인 것이다. 다만 그가 유교경전을 새롭게 해석하는 과정에서 천주교교리의 인격신적 개념이나 세계관이 논리의 구축을 위한 동력으로 작용하였을 가능성이 매우 크다는 점을 인정하자는 것이다. 따라서 다산의 경전해석체계가 지닌 기본특징은 유교경전이라는 실체를 천주교교리라는 새로운 빛으로 조명하는 것이라 할 수 있다.

따라서 다산이 주자학의 세계관 속에 불교적 사유가 깊이 침투되었다고 비판하였던 것처럼, 다산 자신의 세계관 속에 천주교교리의 세계관이 깊이 침투되었다고 비판하는 것도 성립할 수 있을 것이다. 그러나 주자학이 불교의 영향을 깊이 받았지만, 불교가 아니라 도학적 유교 이념인 것과 마찬가지로, 다산의 경전해석이 천주교교리의 영향을 깊이 받았다 하더라도 그것은 천주교교리의 구현이 아니라 다산의 '사천학'(事天學)적 유교사상이라 볼 수 있다. 어떤 의미에서 그의 경학사상은 천주교교리를 흡수함으로써 유교사상 속에 잠들었던 정신을 깨워주었거나 새로운 영역을 계발하여 열어주었다고 할 수 있을 것으로 보인다. 그것은 다산의 개인적 신앙이 유교인지 천주교인지 어떤 종파에 속하는 것이냐의 문제를 넘어서는 것이다. 따라서 다산 사상은 유교와 천주교의 만남을 통해 동서사상의 교류를 위한 문을 열어주고, 동양의 전통 속에 갇혀 있던 유교사상을 세계 속으로 나가는 길을 열어주는 중요한 역할을 하였다는 점에서, 사상사적 평가를 하는 것이 더욱 중요한 의미가 있는 것이라 생각된다.

2) 다산의 천주교신앙 활동과 성격

다산과 천주교와의 관계를 밝히기 위한 과제는 다산 자신의 행적에서 드러나는 천주교신앙 활동의 자취를 확인하는 과제와 다산의 경전해석 속에 감추어져 있는 천주교교리의 수용이라는 사상내용을 인식하는 과제의 두 가지로 구별해 볼 수 있다. 천주교신앙 활동에 관련된 행적은 일정한 기간에 일어난 개인적 일이라면, 경전해석에서 천주교교리를 수용하고 있는 사상내용은 사상사의 중요과제로서 지속해서 공유되는 일이다. 그만큼 사상내용의 인식이 훨씬 더 큰 비중을 지니는 것이라 볼 수 있다.

먼저 천주교신앙 활동의 행적을 확인하는 것은 다산 자신의 기록 속에는 감추기 위해 축소시킨 측면이 있고, 다산을 비판하는 쪽의 기록에서는 공격을 위해 확대시킨 측면이 있으며, 천주교 교회사 쪽의 기록에서는 미화하기 위해 과장한 측면이 있을 수 있다. 그만큼 기록된 사료는 그대로 받아들이기보다는 불확실함의 여지를 인정하고 서로 조명하여 종합적으로 판단하는 것이 중요하다. 천주교신앙과 관련된 다산의 행적은 ① 천주교신앙에 처음 입교하여 신앙활동을 하던 시기, ② 천주교신앙에서 이탈하는 과정, ③ 만년의 신앙생활 문제로 살펴볼 수 있을 것이다.

(1) 천주교신앙의 입교(入敎)시기

다산이 처음 천주교신앙에 입교하고 신앙생활에 깊이 빠져들었던 시기는 23세(1784) 때부터 30세(1791) 때 사이를 기준으로 삼을 수 있다. 이보다 앞서 16세 때부터 이승훈과 함께 서울에서 이가환을 따라 성호의 저술을 읽었으니, 천주교교리에 대한 단편적 지식은 접할 수 있었을 것이다. 이 무렵(1777-1779) 성호의 제자인 권철신(鹿庵 權哲身)을 중심으로 천진암과 주어사에서 강학회가 열렸을 때 이벽(曠菴 李檗)이 참여하여 천주교교리에 관한 토론도 벌였을 것으로 보인다. 이 강학회에 다산 자신은 참여하지 않았으나 그와 가장 가까웠던 둘째 형 정약전(巽菴 丁若銓)이 참여하였으니, 천주교교리에 관한 토론내용에 대해서 다산도 익히 들었을 것으로 볼 수 있다.

그러나 다산이 천주교신앙을 받아들이게 된 결정적 계기는 그가 태학생(太學生)이었던 23세 때(1784) 4월 고향(馬峴)에서 큰형수(곧 李檗의 누님)의 제사를 마치고 서울로 돌아오는 배 안에서 일어났다. 이때 다산은 둘째 형(丁若銓)과 함께, 누님의 제사에 참석하였던 이벽과 같은 배를 탔었다. 배가 강을 따라 내려오면서 두미협(斗尾峽: 현재 팔당댐이 있는 협곡)을 지날 무렵 이벽이 천주교교리를 웅변적으로 설명하는 것을 듣고서 다산과 그의 둘째 형은 천주교신앙에 심취하게 되었다는 것이다.

다산은 당시의 감동을 생생하게 서술하여, "갑진년(1784) 4월 보름날 맏형수의 기일(忌日)에 제사를 지내고 나서 우리 형제와 이벽은 같은 배를 타고 물길을 따라 내려갔는데, 배 안에서 천지가 조화(造化)하는 시초나 육신과 정신이 죽고 사는 이치를 들으니, 황홀하고 놀라워 마치 은하수가 끝이 없는 것 같았다."[10]고 하였다. 다산이 이벽에게서 들었던 천주교교리의 내용은 천주의 천지창조와 영혼 개념 및 사후세계에 대한 것이었는데, 지적 호기심으로 넘치고 감수성이 예민한 20대 청년이었던 다산은 밤하늘에 은하수가 끝없이 펼쳐진 우주 공간에 뛰어들 듯 새로운 우주가 열리고, 새로운 세계에 눈을 뜨는 경험을 하게 되었음을 말하고 있다. 다산 형제가 받은 감동의 충격이 얼마나 컸던지, 이들은 서울에 도착하자 바로 수표교(水標橋: 현 종로구 수표동)에 살던 이벽의 집으로 따라가서 마테오 리치의 『천주실의』와 판토하(龐迪我)의 『칠극』(七克) 등 몇 권의 천주교 교리서를 빌려 읽고는 천주교신앙에 마음이 기울어졌다고 한다. 이 무렵 다산은 천주교에 입교하여 바로 그해 봄에 북경에서 최초로 영세를 받고 돌아온 자형(姊兄)인 이승훈에게서 요한이라는 세례명으로 세례를 받아 천주교 신자가 되었다고 한다.

23세의 재기 발랄한 청년 유학자인 다산이 일찍부터 축적해 온 서양 과학서에 대한 나름의 인식과 이때 새로 받아들인 천주교교리에 대한

10) 『與全』[1], 卷15, 42, '先仲氏墓誌銘', "甲辰四月之望, 旣祭丘嫂之忌, 余兄弟與李德操, 同舟順流, 舟中聞天地造化之始, 形神生死之理, 惝恍驚疑, 若河漢之無極."

약간의 이해가 있었다고 하더라도 하루아침에 천주교신앙을 받아들였다는 사실은 상당히 많은 설명이 없이는 쉽게 이해가 되지 않을 것이다. 그 조건들을 살펴보면, 이벽의 감동적이고 설득력 있는 천주교교리에 대한 강론이 다산을 천주교신앙으로 회심(回心)의 불을 붙이는 최종적 요인이기는 하겠지만, 그가 천주교신앙을 받아들일 수 있게 하였던 저변의 조건들을 확인할 필요가 있다.

우선 다산이 읽었던 마테오 리치를 비롯한 예수회 선교사들의 보유론(補儒論)적 교리서라는 점을 들 수 있다. 예수회는 중국에서 적응주의 선교정책에 따라 천주교교리를 유교경전과 조화를 이루도록 제시한 '보유론'(補儒論)의 논리로 천주교 교리서를 저술하여, 유교사회에서 천주교선교에 큰 성공을 거두었다. 이 '보유론'의 교리서는 유교지식인들이 천주교에 대한 거부감을 크게 완화시켜 주었을 뿐만 아니라, 유교적 사유기반 위에서 천주교교리를 매우 명쾌하게 이해할 수 있도록 유도해 주었던 것이다. 다산은 유교와 충돌하는 후기의 천주교교리가 아니라 유교와 조화를 이룬 예수회의 적응주의 교리서라는 징검다리를 건너 천주교신앙으로 쉽게 넘어갈 수 있었던 것으로 보인다.

또한 다산은 이미 예수회가 간행한 '한역서학서'(漢譯西學書) 속에 과학기술에 관한 서적을 독서하면서 서양의 과학기술지식의 우월함을 충분히 인식하고 있었으므로 천주교신앙에 대해서도 어느 정도 호의적 태도를 가져왔을 것으로 짐작된다. 그 자신이 20대 초에 서학서적을 독서하던 실상을 밝히면서, "성품과 역량이 조급하고 경솔하여 (서양과학서의) 어렵고 깊고 교묘하고 세밀한 것에 속하는 글은 본래 세심하게 연구할 수 없었다. 그래서 그 찌꺼기나 그림자도 끝내 얻은 것이 없고, 도리어 사생설(死生說)에 얽매이고, 징벌의 경계에 귀를 기울이고, 기이하고 해박한 글에 현혹되어, (천주교를) 유교의 별파(別派) 정도로 인식하거나, 문단(文壇)의 진기한 감상거리로 보아, 남들과 담론할 때 꺼리고 숨김이 없었다."[11]고 언급하였다. 이처럼 그는 서양과학서의 과학기술서적이 난해하여 정밀하게 이해하기가 어려웠음을 토로하고, 오히려 천주교 교리서의 '사생설'이나 '천당지옥설'에 쉽게 빠져들었던 사실을 밝히고 있다. 이러한 사실은 다산만이 아니라 당시 성호학파의 신서파가 자연과학연구로 출발하였다가 천주교신앙으로 빠져들게 되는 공통의 사정을 보여주고 있는 것이라 하겠다.

나아가 신서파 안에서 서로 친교가 깊은 인물들 사이에 천주교신앙이 동시적으로 일어났던 사실을 보면 인간관계의 유대도 크게 작용하였던 것으로 보인다. 다산이 천주교신앙을 받아들이던 바로 그해 초에 누님의 남편인 이승훈이 북경에서 최초로 영세를 받고 돌아왔고, 큰 형수의 동생인 이벽이 신앙활동의 중심에서 가까운 사람들을 결속시키는 상황이었다. 그러나 다산이 주위의 친우들에 휩쓸려 천주교신앙을 받아들였던 것으로 보기보다는 그의 사유 속에는 낡은 세계관과 사회질서에 대한 변혁의 요구가 싹트고 있었으며, 이에 따라 새로운 세계관과 사회질서를 추구하는 관심이 성숙되어 있었기 때문이라 보는 것이 더 의미있는 시각이라 생각된다.

다산이 1784년 봄에 천주교신앙을 받아들였고, 이때 천주교신앙공동체가 조직되어 이벽을 스승으로 삼아 신앙집회가 열렸던 것으로 보인다. 이듬해(1785) 봄에 명례방(明禮坊: 현 명동) 김범우(金範禹)의 집에서 열린 신앙집회가 형조(刑曹)에 적발되었을 때까지 다산도 두 형(丁若銓·丁若鍾)과 함께 신앙집회에 참여하고 있었다. 이들의 신앙집회가 형조에

11) 『與全』[1], 권9, 43, '辨謗辭同副承旨疏', "其性力躁率, 凡屬艱深巧密之文, 本不能細心究索, 故其糟粕影響, 卒無所得, 而乃反緻繞於死生之說, 傾嚮於克伐之誡, 惶惑於離奇辯博之文, 認作儒門別派, 看作文垣奇賞, 與人譚論, 無所忌諱."

적발되면서 세상에 알려지게 되었고, 태학생들은 통문을 돌려 성토하였던 일이 있었다. 이때 신앙집회에 참가한 신서파의 청년 지식인들은 무엇보다 먼저 가정에서 부형들로부터 엄중한 문책을 받으면서 이승훈도 척사문(斥邪文)을 지어 배교하였음을 밝혀야 하였고, 이벽도 결국 신앙활동을 포기하지 않을 수 없었다. 그러나 당시 다산의 형제들은 가정에서 문책을 받거나 배교를 선언하였던 일은 없었다.

1785년 천주교신앙집회가 형조에 적발된 후 신서파 유교지식인들을 중심으로 하는 신앙공동체는 한때 와해되었지만, 이듬해부터 지하 신앙활동이 재건되면서 이승훈을 중심으로 잠깐(1786-1787), 이른바 '가성직'(假聖職) 조직이 이루어졌다. 이때 다산은 유교지식인들의 신앙활동을 다시 일으키기 위해 1787년 겨울 이승훈·강리원(姜履元) 등과 반촌(泮村: 成均館이 있던 마을. 현 종로구 명륜동)의 민가에 모여 비밀리에 교리연구를 하다가 동료 대학생(李基慶·洪樂安)에 발각되어 물의를 일으켰던 일이 있다. 상당한 위험을 무릅쓰고 교리연구를 위한 모임을 주도하고 있었던 사실은 그 당시 다산의 천주교신앙이 열정으로 충만되어 있었음을 엿볼 수 있게 한다.

다산이 자신의 신앙활동을 언급한 증언(「自撰墓誌銘壙中本」)에 의하면, "태학에 들어간 뒤로 이벽을 따라 천주교교리를 듣고 천주교서적을 보았으며, 정미년(1787) 이후로 4, 5년 동안 자못 마음을 기울였는데, 신해년(1791) 이래로 나라의 금지령이 엄중하여 마침내 생각을 끊어버렸다."[12)]고 하였다. 그렇다면 23세 때부터 천주교신앙을 받아들인 이후 26세(1787) 때부터 30세(1791) 사이에 천주교신앙에 깊이 빠졌다가, 30세

12) 『與全』[1], 권16, 1, '自撰墓誌銘壙中本', "旣上庠, 從李檗游, 聞西教見西書, 丁未以後四五年, 頗傾心焉, 辛亥以來, 邦禁嚴遂絶意."

때(1791) 국가에서 금교령이 내려지자 천주교신앙을 버렸다는 말이다. 따라서 28세 때(1789) 봄에 대과(大科)에 급제하여 관직 생활을 하는 기간에도 한동안 신앙생활을 계속하였다는 사실을 말해 준다. 또 다른 그 자신의 증언(「辨謗辭同副承旨疏」)에 의하면, “신이 그동안 뜻하고 종사한 것이 영달에만 있어서, 태학에 들어온 후로 오로지 뜻을 전일하게 한 것은 곧 공령학(功令學: 科擧시험공부)으로, 월과(月課)와 순시(旬試)에 응시하기를 새매가 먹이를 잡으려 듯이 정신을 쏟았으니, 이것은 진실로 이러한(천주교신앙에 빠져있는) 기미(氣味)가 아닙니다. 더군다나 벼슬길에 나아간 후로 어찌 방외(方外: 異端)에 마음을 쓸 수 있겠습니까?”[13]라 하였다. 두 증언에 상당한 차이가 있고, 후자인 「자명소」는 이미 사실에 어긋나는 진술임을 알 수 있다. 임금께 올리는 공개문서이기 때문에 자신의 천주교 신앙활동 기간을 상당히 축소시켜 제시하고 있음을 엿볼 수 있다.

(2) 천주교신앙에서 이탈과정

다산이 천주교신앙으로부터 이탈하는 과정은 1791년 진산(珍山: 당시는 全羅道 珍山郡이었으나 현재 忠南 錦山郡 珍山面)의 천주교도 윤지충(尹持忠)과 권상연(權尙然)이 부모의 제사를 폐지하고 신주를 불태운(廢祭焚主) 사건(辛亥珍山事件)으로 조정에서 천주교에 대한 금교령(禁敎令)이 내려지면서 시작된 것으로 보인다.

천주교도가 제사를 폐지하고 신주를 불태운 것은 조선사회의 유교적 예교질서를 정면으로 거부하는 중대한 사건이었다. 이 시기의 천주교도

---

13) 『與全』[1], 권9, 44, ‘辨謗辭同副承旨疏’, “臣自來志業, 只在榮達, 自登上庠, 所專精壹意者, 卽功令之學, 而其赴月課旬試, 有如鷙發, 此固非這般氣味, 況自釋褐以後, 尤何能游心方外哉.”

들은 이미 예수회의 보유론적 적응주의 원리를 폐기하고 유교체제에 맞서 천주교의 우월성을 내세우는 독단적 선교정책을 따르고 있었다. 그런데 진산사건의 중심인물인 윤지충은 다산의 외사촌으로 다산 형제의 영향 속에 천주교에 입교한 인물이었다. 그렇다면 윤지충은 예수회의 보유론적 교리서를 읽었겠지만 한번 신앙을 받아들인 이후는 당시 천주교 교회의 독단적 선교정책에 따른 교리를 받아들였던 것이라 하겠다. 그렇다면 이때 다산은 과연 천주교 교회의 입장이 바뀐 이후에도 조상제사를 인정하는 보유론적 교리를 고집하고 있었을 것인지, 아니면 새로 제시된 조상제사를 거부하는 독단적 교리를 받아들였을 것인지 의문이지만, 분명한 자료나 증거가 없는 형편이다.

다산 자신은 '자명소'에서 제사에 대한 자신의 입장을 분명하게 밝히고 있다.

> "제사를 폐지한다는 말에 이르러서는 신이 옛날 그 책에서 또한 본 적이 없습니다. … 신해년(1791)에 (제사를 폐지하고 신주를 불태운) 변고가 불행히 친밀한 사람 가운데서 나왔으나, 신은 이 일이 있었던 이래로, 분개하고 애통하여 마음속에 맹세해서 개인의 원수처럼 미워하고 흉악한 반역자같이 성토하였습니다."[14)]

자신이 천주교에 입교하였던 시기에는 조상제사를 금지한다는 말이 없었다고 밝히며, 천주교도의 제사 폐지에 대해 격렬한 거부감을 언급하였던 것이다. 1791년 제사를 폐지하고 신주를 불태운 사건 이후 다산 자신이 천주교에서 이탈하고 거부입장을 취하고 있었음을 분명히 제시

---

14) 같은 곳, "至於廢祭之說, 臣之舊所是書, 亦所未見, … 辛亥之變, 不幸近出, 臣自玆以來, 憤恚傷痛, 誓心盟志, 疾之如私仇, 討之如兇逆."

하였다. 그러나 신앙집회에 참석하는 신앙활동을 하지 않았다는 것과 마음속에서 신앙을 거부하게 되었다는 것과는 구별될 필요가 있다.

안정복(順菴 安鼎福)은 1785년에 저술한 「천학문답」(天學問答)에서 질문자의 말로서 천주교도의 제사문제에 대한 견해를 소개하였다.

> "근래에 태학생이 석전(釋奠)제사에 참여하려는 자가 있었는데, 그 친우가 이 학자에게 말리면서 말하기를, '무릇 거짓된 형상에 제사를 베풀면 모두 마귀가 와서 (제물을) 먹으니, 어찌 공자의 신명이 와서 흠향하겠는가? 가정에서 제사를 드리는 것도 그러하다. 나는 비록 풍속을 따라 (제사를) 행하는 것을 면하지는 못하지만 마음으로 그 망령됨을 알기 때문에 반드시 하늘을 우러러 천주에게 부득이하여 (제사를) 행한다는 뜻을 묵묵히 아뢴 다음에 (제사를) 행한다'고 하였다."[15)]

천주교신앙집단이 형성된 1784년 무렵 이 시기에 일찍부터 '보유론'의 견해와 달리 천주교의 유일성을 강조하는 독단적 교리에 따라 조상제사나 공자에 대한 제사를 거부하는 교회의 입장이 이미 천주교도들 사이에 알려졌던 사실을 보여준다. 당시 다산은 태학생이었고, 천주교신앙에 처음 입교하였을 때이니, 다산이 이 대화 속의 당사자이거나 그 자신이 제사 거부의 독단적 교리를 이미 알고 있었을 것으로 보인다. 그렇다면 다산이 자명소에서 "제사를 폐지한다는 말에 이르러서는 신(臣)이 옛날 그 책에서 또한 본 적이 없습니다."라 한 말은 보유론적 교리서에서 본 적이 없다는 말이지, 그 자신이 몰랐다는 것을 말하는 것은 아니

15) 『順菴集』, 권17, 24, '天學問答', "或曰, 近有上舍生將參釋奠, 其友之爲此學者止之曰, 凡假像設祭, 皆魔鬼來食, 豈有孔子之神來享乎, 人家祭祀亦然, 余則雖未免從俗行之, 而心知其妄, 故必仰天嘿奏于天主, 不得已爲之之意然後行之."

라 할 수 있다.

1794년에는 중국인 신부 주문모(周文謨)가 밀입국하여 전교를 시작하자, 이 사건으로 반대파의 공격을 받아 이듬해(1795) 신서파의 관료들인 이승훈은 예산(禮山)에 유배되고 공조판서(工曹判書)인 이가환은 청주목사(淸州牧使)로 좌천되고, 우부승지(右副承旨)였던 다산은 금정역(金井驛: 현 청양군 남양면 금정리) 찰방(察訪)으로 좌천되었다. 다산이 34세 때(1795) 7월부터 12월까지 4개월 남짓 금정역 찰방으로 좌천되어 있는 동안, 이 지역의 토호(土豪)들을 불러다 국가의 천주교 금교령을 어기지 말고 제사를 지내도록 타일렀고, 천주교신앙에 빠져있던 이곳의 역리(驛吏)들을 깨우쳐 천주교도를 회유(誨諭)시킨 공을 세웠다고 한다. 그러나 그 무렵에도 이곳에서 가깝게 지내던 처사 이도명(李道溟)으로부터 그의 태도가 불분명한 점이 있다고 지적을 받기도 하였다. 이런 점에서 다산이 천주교를 배척하는 시기를 1795년 이후로 보는 견해도 있다.16)

또한 다산은 금정역 찰방 시절 천주교도 김복성(金福成)을 붙잡아 자백을 받기도 하였고, 사람들을 모아 천주교를 사교(邪敎)로 배척하는 제사(斥邪之禊)를 베풀고 사람들에게 제사를 지내도록 권장하였으며, 또한 동정을 지킨다고 고집하는 여자 신도를 혼인시키기도 하였다 한다. 나아가 당시 충청도 내포(內浦) 지방에서 열성적인 전교활동을 하였던 천주교도의 중요인물인 이존창(李存昌)을 체포하였던 일이 있다. 정조 임금은 새로 부임하는 충청감사(李鼎運)에게 이존창 체포에 다산의 공이 컸음을 보고하도록 남몰래 지시하여, 천주교도의 핵심인물을 체포한 공을 내세워 다산이 천주교와 철저히 단절되었음을 반대파에게 확인시키려고 하였음을 엿볼 수 있다. 다산이 그해 12월 금정에서 서울로 돌아오

16) 차기진, 『조선후기의 西學과 斥邪論연구』, 한국교회사연구소, 2002, 189-191쪽.

자, 임금의 지시를 받은 승지가 다산에게 이존창 체포사실을 구체적으로 적어 충청감사가 그 공적을 보고할 수 있게 하도록 당부하였다. 그러나 다산은 충청감사에게 "이미 (이존창이) 숨어 있던 곳을 알고서 장교 한 명과 나졸 한 명으로 마치 항아리 속에서 자라 잡듯이 붙잡았을 뿐입니다. 더구나 그 행적을 염탐할 때는 애당초 참여하지도 않았던 내가 지금 이 일을 장황하게 진술하여 한 세상의 이목을 속여 출세할 자료로 삼는다는 것은 또한 그릇되고 군색한 짓이 아니겠습니까? 차라리 벼슬길이 막히고 뜻을 펴지 못한 채 일생을 마치더라도 이런 짓은 하고 싶지 않습니다."[17)]라 하였다. 이처럼 그는 천주교도를 설득시키고 체포하는 일에 소극적 참여는 하고 있지만, 적극 천주교도의 색출과 체포에 나서서 공적을 세워 출세할 뜻이 없음을 밝히고 있다. 그것은 선비로서 지조를 보여주는 것이기도 하지만, 그 자신이 한때 신봉하였던 천주교에 대한 신의를 소중히 여겼던 것이라 짐작해 볼 수도 있을 것이다.

그는 천주교신앙에 빠졌던 일과 당시 천주교도의 중심인물들이 그와 인척관계나 친분관계로 깊이 얽혀 있다는 사실에서 비방과 공격이 계속되자, 36세 때(1797) 스스로 자신의 배교 입장을 해명하는 상소문으로 「변방사동부승지소」(辨謗辭同副承旨疏), 이른바 '자명소'(自明疏)를 올렸다. 그는 이 상소문에서 그 자신이 20대 초에 서학서적을 보았고, 천주교신앙에 빠져들었던 사실을 시인하고 벼슬길에 나온 뒤로 천주교신앙을 버렸다고 주장하였다. 그의 주장이 실지와 일치하지 않는다는 문제도 있지만, 실제로 20대의 청년기에 심취하였던 천주교신앙의 새로운 세계관이 자신의 의식 속에서 하루아침에 쉽게 지워지기는 어려운 일이었을 것이

17) 『與全』[1], 권18, 20, '答五沙(乙卯冬在京)', "既知其處, 便以一校一卒綁致之, 如甕中捉鼈, 況其譏詗之方, 初不與聞, 今以是張皇鋪陳, 以欺一世之耳目, 爲進身之資者, 不亦謬且窘哉, 寧坎坷落魄以終身, 不願爲是矣."

다. 정조는 다산의 이 상소를 받아보고서 칭찬과 격려를 아끼지 않았다. 그러나 그다음 날 정조는 측근의 승지와 사관(史官)들에게 다산의 상소에 대한 소견을 물었는데, 오태증(吳泰曾: 당시 藝文館 檢閱)은 "저의 소견으로는 이 사람이 아직도 그 사학(邪學)을 버리지 않았습니다."라 대답하였고, 이에 정조는 "네 말이 과연 옳다."고 하였다 한다. (『承政院日記』; 李晩采의 『闢衛編』에서 재인용) 다산의 상소는 천주교에 대해 확고한 배척태도를 일관하게 밝히기보다는 변명이 장황하여 사람들에게 확신을 주지 못하였던 것인지도 모르겠다.

(3) 만년의 신앙생활 여부

신유교옥(辛酉敎獄, 1801) 이후 유배시기와 해배(解配, 1818) 이후 만년에 다산의 천주교신앙 여부는 전혀 상반된 자료가 충돌하고 있다. 1800년 정조가 죽고 그다음 해(純祖 원년, 1801) 신유교옥(辛酉敎獄)이 일어나자 이가환·권철신·이승훈·정약전·정약종·정약용 등 신서파의 유학자들은 모두 투옥되어 심문을 받았다. 다산은 천주교신앙을 버렸다는 증거를 확고하게 제시하였음에도 불구하고, 천주교신앙집단의 중심인물이 모두 그와 겹겹이 얽혀 있었으므로 풀려날 수가 없어, 그해 2월 죽음을 감면받고 경상도 장기(長鬐)로 유배되었다. 그리고 그해 9월 황사영(黃嗣永)의 「백서」(帛書)가 발각되고 잇달아 황사영이 체포되자, 다산은 다시 의금부(義禁府)에 끌려와 국문을 받았지만, 다른 혐의를 찾지 못하자 그해 12월 전라도 강진(康津)으로 유배되어 40세부터 57세까지 18년간 유배생활을 하였다.

다산에게 큰형(丁若鉉)의 사위인 황사영은 「백서」에서, "이가환·정약용·이승훈·홍낙민 등 몇 사람들은 모두 이전에 천주를 믿었으나 생명이 아까워서 배교한 사람들이라, 바깥으로는 비록 천주교를 혹독히 박해할지라도 마음에는 아직도 죽은 믿음이 남아 있었고, 같은 무리가 적어 세력은 외롭고 위태로웠다."고 언급하였다. 황사영이 말하는 배교 이후에 마음 한구석에 남아있는 '죽은 신앙'이 다산을 비롯한 이른바 배교자들의 의식을 가장 근접하게 묘사하고 있는 것이 아닌가 생각해 볼 수 있을 것이다.

강진에서 유배생활을 하는 동안 다산은 유교경전의 방대한 주석을 비롯하여 예학과 경세론의 저술에 몰두하였으며, 천주교신앙 활동을 하였던 자취를 찾기는 어렵다. 또한 57세(1818) 때 유배에서 풀려난 이후 75세(1836)로 죽을 때까지도 고향에서 경세론과 경학 저술에 전념하였다. 따라서 그의 저술이나 연관된 다른 기록들에서 그가 천주교신앙을 회복하였다는 흔적을 발견하기는 거의 불가능한 상태이다. 다만 그가 회갑을 맞는 해에 스스로 자신의 묘지명(「自撰墓誌銘壙中本」)을 지었는데, 그 명(銘)에 '〈임금〉의 총애를 입어'(荷〈主〉之寵)와 '〈하늘〉의 총애 입어'(荷〈天〉之寵)의 대구(對句)를 이루는 두 구절은 상하를 바꾸어 보면 〈天〉자와 〈主〉자가 대응을 이루고 있어서 '천주'(天主)라는 호칭을 숨겨 둔 것이 아닌가 하는 의문이 제기되기도 하였다.[18)]

그러나 달레는 『한국천주교회사』에서 "박해 중에 마음이 약해져서 배교하였었으나, 진실하게 뉘우치는 마음이 생겨 온 힘을 기울여 공동사

---

18) 이 의문은 필자가 대학원 학생 시절 지도교수였던 故 柳承國 교수가 필자에게 제시하였었다. 비록 단정할 수 있는 증거는 아니지만 음미해 볼 여지는 충분히 있다고 생각한다. 「自撰墓誌銘壙中本」(『與全』[1], 권15)의 銘에서 해당 부분을 보면 다음과 같다.
"임금의 총애 입어/ 측근에 들어가니/ 임금님 신임받아/ 조석으로 모셨도다/ 하늘 총애 입어/ 내 마음 계발되니/ 육경 연구하여/ 미묘한 이치 통했도다."
(荷〈主〉之寵, 入居宥密, 爲之腹心, 朝夕以昵, 荷〈天〉之寵, 牖其愚衷, 精硏六經, 妙解微通.)

업에 헌신함으로써 자기 죄를 속죄하기에 힘썼다.”고 하여, 다산이 강진 유배지에서 신앙생활을 계속하였음을 주장하고, 다산의 큰아들 정학연(丁學淵)도 죽기 몇 해 전에 성세를 받았다고 하며, 다산이 유배에서 풀린 다음 여러 종교 저서를 남겼고, 특히 복음이 조선에 들어온 데 대한 수기를 남겼다 한다.[19] 바로 이 수기가 달레의 『한국천주교회사』에서 참고한 기본 문헌의 하나로 다산의 『조선복음전래사』(朝鮮福音傳來史)라는 비망록이라 한다.[20]

이와 더불어 달래는 다산이 해배 후의 만년에도 신앙생활에 충실하였던 사실을 지적하여 언급하고 있다.

> “귀양이 풀려 돌아온 뒤, 정요한(요한은 정약용의 세례명)은 이전보다도 더 열심히 모든 교회 본분을 지키기 시작하였다. 1801년에 예수 그리스도의 신앙을 입으로 배반한 것을 진심으로 뉘우쳐 세상과 떨어져 살았다. … 그는 자주 대재(大齋)를 지키고 그 밖의 여러 가지 극기를 행하여 몹시 아픈 쇠사슬 허리띠를 만들어 띠고 한 번도 그것을 끌러 놓지 않았다. 그는 자주 오랫동안 묵상을 하였다. 정요한은 그의 묵상의 일부를 적어 놓았고 또 외교인들의 미신을 반박하고 신입교우들을 가르치기 위하여 지은 여러 가지 다른 서적들을 남겼다. … 날로 더해 가는 그의 열심은 전에 그가 배교함으로 인하여 나쁜 모범을 보였던 모든 신자를 기쁘게 하고 감화시켰다. 정요한은 1835년 빠치피꼬(劉方濟, 중국인) 신부가 조선에 들어온 뒤 그의 손으로 마지막 성사(終傅聖事)를 받은 후 세상

---

19) 달레(Ch. Dallet), 『한국천주교회사』(中), 安應烈·崔奭佑譯, 분도출판사, 1980. 185-186쪽.

20) 崔奭佑, 「Dallet가 인용한 다산의 韓國福音傳來史」(『李海南華甲論叢』, 1970), 205-216쪽.

을 떠났다."[21)]

이러한 기록들은 소중하게 검토되어야 할 사료인 것은 사실이다. 그러나 유배시기 이후 다산이 신앙생활을 회복하였는지는 천주교교회사에서 중요한 문제가 될 수 있겠지만, 사실로 확인하기에는 아직 증거가 될 사료가 불충분한 것임을 부정할 수는 없다. 불충분한 사료에 근거하여 단정하기보다는 오히려 다산의 경학사상 속에서 천주교교리의 영향이 어떻게 살아있고 어떤 의미가 있는 것인지 해명하는 작업이 문제의 핵심에 접근하는 더욱 중요한 과제가 될 수 있을 것이라 생각한다.

3. 다산의 사천학(事天學)과 '상제'(上帝)의 인식

1) '천주' 개념의 수용과 '상제'의 인격신적 재발견

『천주실의』에서 제시된 '천주' 개념과 다산의 '상제'에 대한 견해와 사이에 연결점을 유의한다면 대체로, ① '천-상제'의 명칭에 대한 인식과, ② '천-상제'의 기본성격을 영명(靈明)함과 지각능력을 지닌 인격신적 주재자(主宰者)로 제시하며, 이에 따라 성리학에서 궁극존재로 제시하는 '태극'이나 '이·기'(理氣) 개념과 분명하게 차별화시키고 있다는 점과, ③ 성리학의 '귀신' 개념을 거부하고 '귀신'을 영명(靈明)한 존재로서 '상제'와 연결시켜 새롭게 해석하고 있다는 점의 세 가지 문제가 중심주제로 드러나고 있음을 확인하게 된다.

---

21) 달레, 『한국천주교회사』(中), 17쪽.

(1) '천-상제'의 명칭 문제

우선 리치는 '천주'와 '상제'의 명칭을 일치시키면서, "우리의 '천주'는 바로 옛 경전에서 일컫는 '상제'이다. … 옛 경서를 두루 살펴보면 '상제'와 '천주'는 이름만 다를 뿐임을 알 수 있다."[22]라 하였다. 그것은 천주교의 '천주'와 유교경전에서 말하는 '상제'가 완전히 동일한 존재를 가리키는 다른 명칭일 뿐이라 하여 일치시키고 있음을 보여준다. 여기서 나아가 리치는 유교전통에서 같은 존재를 가리키는 용어로 혼용하여 쓰고 있는 '천'과 '상제'의 명칭이 지닌 의미상의 차이점을 점검하였다. 정이천(程伊川)이 『역전』(易傳, '乾')에서 언급하고 있는 경우처럼, 유교전통에서도 형체를 가리킨 것이 '천'이요, 주재를 가리킨 것이 '상제'라 구별을 하는 경우가 있지만, 대체로 구별이 없이 쓰이고 있다. 그러나 마테오 리치는 그 구별을 엄격히 확인하여, "누가 이 푸르고 푸른 하늘을 가리켜 흠숭하겠는가? 군자가 혹시 '천지'(天地)라 일컫더라도 이것은 말투일 뿐이다. 비유하자면 지부(知府)나 지현(知縣)인 자는 소속한 부(府)나 현(縣)의 명칭으로 자기 명칭을 삼는 것과 같다. 남창 태수(太守)는 '남창부'(南昌府)라 일컫고, 남창현 대윤(大尹)은 '남창현'이라 일컫는다."[23]고 하였다. '상제'를 '천'이나 '천지'라 일컫는 경우에도 실체는 '상제'요, '천'이나 '천지'라는 명칭은 '상제'를 가리키는 호칭일 뿐이라는 것이다. 같은 맥락에서 다산도 '천'과 '상제'의 명칭에 대해, "'천'의 주재가 '상제'이다. (상제를) '천'이라 말하는 것은 마치 임금(國君)을 '나

22) 『天主實義』, 第2篇(14), "吾天主乃古經書所稱上帝也, … 歷觀古書而知上帝與天主特異以名也."

23) 『天主實義』, 第2篇(16), "孰指玆蒼蒼之天而爲欽崇乎, 君子如或稱天地, 是語法耳, 譬若知府縣者, 以所屬府縣之名爲已稱, 南昌太守, 稱謂南昌府, 南昌縣大尹, 稱謂南昌縣."

라’(國)라 일컫는 것과 같으니, 감히 직접 가리켜 말하지 못하는 뜻이다.”[24]라 하였다. ‘상제’를 임금에 비유하고 ‘천’을 그 나라(國·國土)에 비유하는 것은 생명이 있는 주재자와 주재의 대상으로 생명이 없는 사물의 차이를 드러내는 것이다. 이렇게 형체가 있는 ‘천’과 주재자로서 ‘상제’의 의미를 확실히 구별해 놓으려는 의도는 주재자로서 실재존재가 ‘상제’이지 ‘천’이 아님을 강조하려는 것이요, 이 점에서 마테오 리치의 의도를 다산이 그대로 받아들였던 것으로 보인다.

여기서 한걸음 더 나아가 다산은 주재자의 고유한 명칭을 ‘상제’로 확인하면서, 유교경전에서 ‘상제’를 일컫는 여러 가지 호칭들의 위상을 정리하여, ‘호천’(昊天)이 ‘상제’의 정호(正號)임을 확인하고 있다.[25] 그렇다면 유교경전에서 언급되고 있는 ‘상제’를 가리키는 명칭으로 ‘호천’ 이외에도 ‘창천’(蒼天)·‘민천’(旻天)·‘황천’(皇天)·‘황황’(皇皇) 등 여러 명칭은 서로 다른 대상을 가리키는 것이 아니라, 모두 하나의 ‘상제’를 높여서 아름답게 부르는 칭호(徽稱)일 뿐이라 하였다.[26] 곧 궁극존재의 정식 이름은 ‘상제’요, ‘상제’의 정식 호(號)가 ‘호천’이며, ‘천’·‘천지’를 비롯한 나머지 온갖 명칭들은 모두 ‘상제’의 별호(別號)일 뿐이라 보고 있는 것이다.

(2) ‘천-상제’의 기본성격

‘천-상제’의 기본성격으로 영명함(靈)과 지각능력(覺)을 핵심으로 삼

24) 『與全』[2], 권6, 38, ‘孟子要義’, “天之主宰爲上帝, 其謂之天者, 猶國君之稱國, 不敢斥言之意也.”

25) 『與全』[2], 권22, 7, ‘尙書古訓’, “周禮大宗伯禋祀上帝曰昊天上帝, 昊天乃上帝之正號也.”

26) 『與全』[2], 권27, 26, ‘尙書古訓’, “皇天上帝, 昊天上帝, 本是上帝之徽稱, 或稱皇天, 或稱昊天, 或稱旻天, 如帝王至尊, 或稱國家, 或稱朝家, 或稱乘輿, 非其所指各殊也.”

음으로써 인격신적 주재자(主宰者)로 인식하는 사실을 볼 수 있다. 리치는 "이 세상의 만물이 적절히 배치되어 차례와 법도가 있으니, 애초에 '지극히 영명한 주재자'(至靈之主)가 그 성질을 부여하지 않았다면 어찌 우주 안에서 여유롭게 지내며 각각 그 자리를 얻을 수 있겠는가?"[27]라 하여, 만물을 주재하는 존재(천주-상제)가 지극히 영명함을 제시하고 있다. 이에 비해 다산은 『중용』(26장)에서 말하는 "높고 밝음은 하늘에 짝한다."(高明配天)는 구절의 '하늘'(天)은 '푸르고 푸르러 형체가 있는 하늘'이라 하고, 『시경』(周頌·維天之命)에서 "아! 하늘의 명이여, 오! 깊고 그윽하기 끝이 없도다'(維天之命, 於穆不已)라는 구절의 '하늘'은 '신령스럽고 밝으며 주재하는 하늘'이라 하였다.[28] 따라서 그는 '천'을 사물로서 '창창유형지천'(蒼蒼有形之天)과 주재자로서 '영명주재지천'(靈明主宰之天)을 명확히 대비시킴으로써, '상제'는 형체가 없으며 영명함과 지각능력을 기본속성으로 지닌 주재자임을 확인하고 있다.

성리학에서도 '상제'는 형체가 없는(無形) 존재요 주재자임을 인정한다. 그러나 성리학에서는 영명함이나 지각능력은 인간 심성의 능력이라 한정시키고, 만물의 생성근원으로 모든 것을 포괄하는 유일의 존재로서 '태극'이나 만물의 궁극적 존재근거요 원리로서 '이'(理)를 '상제'와 일치시키고 있다. 이처럼 성리학에서 말하는 관념적 존재로서 '천-상제'를 '의리천'(義理天)이라 한다면, 다산은 마테오 리치의 견해와 일치된 입장에서 영명함과 지각능력이 중시되는 '천-상제'를 '인격천'(人格天)이라 할 수 있을 것이다. 다산은 리치의 영향 속에 '천-상제'의 본질적 속성으

---

27) 『天主實義』, 第1篇(4), "此世間物安排布置, 有次有常, 非初有至靈之主, 賦予其質, 豈能優游於宇下, 各得其所哉."

28) 『與全』[1], 권8, 30, '中庸策', "高明配天之天, 是蒼蒼有形之天, 維天於穆之天, 是靈明主宰之天."

로 '영명함'을 인식함으로써, 유교경전의 '천-상제'가 지닌 인격성을 재발견하였던 것이요, 그것은 '천-상제'를 신앙적 대상으로 다시 각성할 수 있게 되었음을 의미한다.

다산은 '천-상제'의 '영명함'에 따른 인격신적 성격을 제시할 뿐만 아니라, 성리학 전통에서도 일반적으로 받아들여지고 있는 유일성과 절대성 및 주재자로서의 지위를 인정한다. 나아가 천주교교리의 영향으로 볼 수 있는 전능성이나 창조자로서의 역할에 대한 이해도 보여주고 있다. 곧 그는 " '상천'(上天)의 일이란 광대하고 신묘(神妙)하여 할 수 없는 것이 없다."[29]고 하여, '상제'의 신비성과 전능성을 강조하고 있으며, 또한 그는 '상제'의 존재를 정의하여, "하늘과 땅과 신(神)과 인간의 바깥에서 하늘과 땅과 신과 인간과 만물의 온갖 종류를 창조(造化)하며, 이들을 주재(宰制)하고 양육(安養)하는 자이다."[30]라 하였다. 여기서 '상제'는 모든 존재를 초월하는 궁극적 초월자요, 모든 존재의 창조주요 주재자임을 밝히고 있는 것이다. 다산이 『춘추고징』(春秋考徵)에서 '상제'를 "하늘과 땅과 신과 인간과 만물의 온갖 종류를 창조하며, 이들을 주재하고 양육하는 자."(造化天地神人萬物之類, 而宰制安養之者)라 규정하고 있는 언급은 바로 리치가 『천주실의』의 첫 편(首篇)에 붙인 제목으로 "천주가 하늘과 땅과 만물을 창조(始制)하고 그것을 주재하며 양육함을 논함."(論天主始制天地萬物而主宰安養之)이라는 말을 그대로 옮겨온 것과 다름없다고 할 수 있다.[31]

---

29) 『與全』[2], 권3, 13, '中庸自箴', "上天之載, 廣大神妙, 無所不能."

30) 『與全』[2], 권36, 24, '春秋考徵, 先儒論辨之異', "上帝者, 何, 是於天·地·神·人之外, 造化天·地·神·人·萬物之類, 而宰制安養之者也."

31) 오늘날 우리말로 일반화된 '創造'라는 용어는 다산의 경우 '造化'라는 유교전통의 용어를 쓰고 있으며, 마테오 리치는 여기서 '비로소 제작하였다'라는 뜻으로 '始制'라 썼지만, 『天主實義』에서도 '創造'라는 말이 아니라 '始制作'·'始制創'과

'천-상제'를 영명함과 지각능력이 있는 인격신적 존재로 인식한다면, 이에 따라 성리학의 궁극존재에 대한 인식과 심각한 충돌을 피할 수 없게 된다. 성리학에서는 궁극존재로서 '천-상제'와 연관하여 '태극'·'이'·'기' 개념을 제시하고 있다. 마테오 리치는 '태극'·'이'·'기'를 궁극존재로 보는 성리학적 입장을 정면으로 거부함으로써 천주교교리를 성리학의 우주론과 차별화하고 유교경전에서 일치점을 찾아가는 입장을 보여주고 있다. 리치는 '태극'과 우주의 주재자를 혼동할 수 없음을 지적하면서, 성리학에서 '태극'을 '이'(理)라 해석한 데 대해, '이'는 실체가 있는 '자립자'(自立者)가 아니라 사물의 속성일 뿐인 '의뢰자'(依賴者)라 규정하며, 따라서 '태극'이 천지·만물의 근원이 될 수 없음을 강조하였다.[32] 또한 리치는 「태극도설」(太極圖說)에서 '태극'이란 홀수와 짝수의 형상을 취하여 말한 것에 불과하다고 지적하면서, '태극'이 천지를 생성하는 실체가 될 수 없는 공허한 형상일 뿐이라 규정하였다.[33]

'태극'과 '이'(理)를 만물의 생성근원인 궁극존재로 볼 수 없다는 마테오 리치의 견해는 다산에 그대로 받아들여지고 있음을 확인할 수 있다. 다산은 정조임금의 질문에 답하면서, "「태극도」는 감(坎)괘와 리(離)괘를 합해 놓은 것에 불과합니다. … 반드시 모든 이치의 근본이 되지 않습니다. 그런데 후세의 유학자들로 '이'를 말하는 자들이 공허한 자리에서 하늘과 '태극'과 '이'를 말하려고 드니, 신의 천박한 식견으로 헤아릴 수 있는 것이 아닙니다."[34]라 하여, 성리학에서 말하는 '태극'과 '이'는

더불어 '造化'라는 유교전통의 용어를 많이 쓰고 있다.

32) 『天主實義』, 第2篇, "若太極者, 止解之以所謂理, 則不能爲天地萬物之原矣, 蓋理亦依賴之類, 自不能立, 曷立他物哉."

33) 같은 책, "吾視夫無極而太極之圖, 不過取奇偶之象言, 而其象何在, 太極非生天地之實可知已."

실체가 없으며 공허한 추상적 개념이라 주장하여, 마테오 리치의 견해와 일치함을 보여주고 있다.

또한 마테오 리치는 '태극'이나 '이'(理)와 '상제'의 차이를 '영'(靈: 靈明)과 '각'(覺: 知覺)이 있는지 없는지를 기준으로 해명하여, "'이'는 영명함과 지각이 있는가? 의리를 밝게 아는 것인가? 만약 영명함과 지각이 있으며 의리를 밝게 안다면 귀신의 부류에 속하는 것인데, 어찌 '태극'이라 하고 '이'라 하겠는가? 만약 그렇지 않다면 상제와 귀신과 인간의 영명함과 지각은 누구로부터 얻은 것인가? 저 '이'라는 것은 자기에게 없는 것을 사물에 베풀어 있게 할 수는 없다. '이'가 영명함도 없고 지각도 없다면 영명함을 만들어내고 지각을 만들어낼 수는 없는 것이다."35)라 하였다. 리치는 '이'가 영명함과 지각능력이 없다면 상제나 귀신이나 인간과 같은 영명함과 지각능력이 있는 존재를 생성하는 근원이 될 수 없다는 것을 강조한 것이다. 다산도 리치와 일치된 입장에서 '이'를 '천-상제'와 일치시키기를 거부하고 있다. 그는 "오늘날 사람이 성인을 이루고자 하지만 이룰 수 없는 것은 세 가지 단초가 있는데, 첫째가 '천'을 '이'로 인식하는 것이다."36)라 하여, 성리학에서 '천'과 '이'를 일치시켜 '천즉리'(天卽理)를 주장하는 견해에 대해 근원적으로 그릇된 것임을 역설하였다.

마테오 리치는 성리학의 세계관을 구성하는 형이상학적 기본틀로서

---

34) 『與全』[2], 권4, 64, '中庸講義補', "蓋太極圖不過合坎離兩卦者, … 不必爲萬理之本, 而後儒之言理者, 於空蕩蕩地, 必說蒼蒼太極理出來, 非臣淺見所可蠡測."
다산은 이 구절이 본래 李檗의 견해였음을 밝히고 있다.

35) 『天主實義』, '第2篇', "理者靈覺否, 明義者否, 如靈覺明義, 則屬鬼神之類, 曷謂之太極, 謂之理也, 如否則上帝鬼神夫人之靈覺, 由誰得之乎, 彼理者以己之所無, 不得施之于物, 以爲之有也, 理無靈無覺, 則不能生靈生覺."

36) 『與全』[2], 권2, 40, '心經密驗', "今人欲成聖而不能者, 厥有三端, 一認天爲理."

'태극'과 '이·기' 개념을 만물의 궁극적 존재근원으로 인정하지 않고, 단지 사물의 속성인 의뢰자(依賴者)요 관념적 형식이라 규정하여 '상제'와 단절시키고 있다. 그것은 천주교교리를 성리학과 차별화하고 유교경전과 접근하는 '분할과 공격'의 전술을 도모하는 것으로 보인다. 이에 비해 다산은 천주교교리의 영향을 받아 성리학의 세계관을 극복하고 유교경전을 재해석할 수 있는 논리를 확보함으로써 새로운 세계관을 구축하고자 하는 것으로 '탈출과 신설'의 전술을 추구하는 것이라 대비시켜 볼 수 있을 것이다.[37)]

(3) '귀신'과 '상제'의 일치

다산은 '귀신'을 영명(靈明)한 존재로서 '상제'와 연결시키면서 성리학의 '귀신' 개념을 거부하고 있는 사실을 볼 수 있다. 마테오 리치는 "사물에 시작도 있고 끝도 있는 것은 금수와 초목이요, 시작은 있지만 끝이 없는 것은 천지의 귀신과 인간의 영혼이며, 천주는 시작도 없고 끝도 없다."[38)]고 하여, 사물과 귀신·영혼과 천주의 세 단계 속에 '귀신'의 위치를 제시하였다. 곧 귀신과 인간(영혼)은 천주가 제작한 존재로 시작은 있지만, 천주와 같은 영명한 존재로서 불멸성을 지닌다는 점에서 천주와 같으며, 사물과 달라진다는 것이다. 또한 리치는 "귀신이란 사물로 분류되지 않지만, 형상이 없는 별도의 사물 종류요, 그 본래 직분은 오직 천주의 명령으로 조화(造化: 창조)의 일을 맡았으며, 세상을 장악하는

---

37) 마테오 리치는 性理學의 세계관을 뒷받침하는 자연철학으로서 '陰陽'·'五行'의 개념도 정면으로 공격하였고, 茶山도 리치의 논리를 수용하여 '陰陽'·'五行'의 사유체제를 뿌리에서부터 허물어뜨리는 작업을 하였던 사실을 확인할 수 있다.

38) 『天主實義』, 제1편(5), "物之有始有終者, 鳥獸草木是也. 有始無終者, 天地鬼神及人之靈魂是也, 天主則無始無終."

독점권력은 없다."[39]고 하여, 귀신은 상제의 명령에 따라 일정한 직분을 갖는 신하의 지위요, 전체를 주재하는 지위는 상제만이 갖는 것이라 제시하였다.

이에 비해 다산은 『중용』(16장)에서 언급한 '귀신' 개념을 해석하면서, "상제의 실체는 형체도 없고 기질도 없으며, 귀신과 더불어 덕을 같이하므로 귀신이라 한다. 그 감응하여 이르러 환하게 내려다보는 것을 말하므로 귀신이라 한다."[40]고 하여, 형체도 없고 기질도 없는 점과 감응하여 내려와 감시하는 역할에서 '상제'와 '귀신'이 일치함으로, '상제'를 '귀신'이라 일컬은 것이라 하였다. 그러나 다산은 "천신(天神)이란 본래 형질이 없으며, 상제의 신하가 된다."[41]고 언급하기도 하여, '상제'와 '천신'이 형질이 없다는 속성에서는 공통되지만, '천신'은 '상제'의 신하로서 '상제'와는 격이 다른 존재임을 보여주기도 한다. 이렇게 '귀신' 혹은 '천신'과 '상제'의 관계를 리치는 지위가 다른 것으로 분명하게 구별하는데, 다산은 그 성질에서 일치시키기도 하고 그 지위에서 구별하기도 하는 것은 그가 천주교교리의 입장을 대변하거나 관철하는 입장이 아님을 알 수 있다. 따라서 다산이 유교경전의 문맥 속에서 '귀신' 개념을 해석하는 과정에 리치와 견해의 차이를 보이는 언급이 있는 것은 사실이다. 그러나 크게 보면 영명한 신성으로서 '상제'와 '귀신'의 공통점을 해석하고 있다는 점에서 다산의 사유 속에 리치의 영향이 깊이 들어와 있음을 확인할 수 있을 것이다.

---

39) 『天主實義』, 제4편(6), "夫鬼神, 非物之分, 乃無形別物之類, 其本職, 惟以天主之命司造化之事, 無柄世之專權."

40) 『與全』[2], 권3, 16, '中庸自箴', "上帝之體, 無形無質, 與鬼神同德, 故曰鬼神也, 以其感格臨照而言之, 故謂之鬼神."

41) 『與全』[2], 권4, 20, '中庸講義補', "天神者, 本無形質, 爲上帝之臣佐."

나아가 마테오 리치는 성리학에서 '귀신'을 음·양(陰陽)의 두 '기'(氣)로 해석하는 견해를 비판하면서, "'기'를 귀신이나 영혼이라 하는 것은 사물의 종류에 따른 명칭을 어지럽히는 것이다. … 귀신에 제사 드리는 사람은 있지만, '기'에 제사 드리는 사람이 있다고 듣지는 못하였다."[42] 고 하여, '귀신'과 '기'는 서로 다른 종류의 존재임을 분명하게 밝혔다. 곧 '귀신'이나 '영혼'은 영명함을 지닌 인격적 존재이지만, '기'는 영명함이 없는 사물에 불과하다는 것이다. 다산도 리치와 같은 입장에서 성리학의 '귀신' 개념을 비판하여, "오늘날 사람들(성리학자)이 천(天)을 '이'(理)라 하고, 귀신을 '작용'(功用)이라거나 '조화의 자취'라거나 '두 기(氣)의 타고난 능력(良能)'이라 하는데, 마음으로 아는 것이 아득하여 하나같이 지각이 없는 것 같다. 그리하여 어두운 방에서 마음을 속이기를 멋대로 하여 거리낌이 없으니, 평생토록 도(道)를 배우고도 요·순(堯舜)의 경계에 들어갈 수 없는 것은 모두 귀신에 대한 설명에 밝지 못함이 있기 때문이다."[43]라 하여, 성리학자들은 '천' 개념과 '귀신' 개념의 인식이 잘못되면서 '도'를 배우는데 아무리 노력을 기울여도 성인의 경지에 도달할 수 없는 근본적 착오에 빠져있는 것이라 비판하고 있다.

이와 더불어 다산은 '천-상제'의 존재가 영명함을 지니고 있으므로 인간에게 직접 내려와 인간의 모든 행실을 살피고, 인간에게 경고하거나 명령을 내리며, 인간의 선악에 따라 복이나 재앙을 내려주는 인격신적 존재임을 강조하고 있다. 곧 "'천'의 영명함은 아무리 은폐된 것도

---

42) 『天主實義』, 제4편(4), "以氣爲鬼神靈魂者, 紊物類之寔名者也, … 有祭鬼神者矣, 未聞有祭氣者."

43) 『與全』[2], 권4, 5, '中庸講義補', "今人以天爲理, 以鬼神爲功用, 爲造化之跡, 爲二氣之良能, 心之知之, 杳杳冥冥, 一似無知覺者, 然暗室欺心, 肆無忌憚, 終身學道, 而不可餘入堯舜之域, 皆於鬼神之說, 有所不明故也."

살피고 아무리 미세한 것도 밝혀서, 이 방안까지 내려와 밝게 비추며, 나날이 이곳을 감시하고 있다."[44]고 하였다. 그렇다면 다산에 있어서 '상제'는 천주교교리에서 제시되고 있는 '천주'의 존재와 일치의 폭이 매우 넓은 인격신으로 드러나고 있는 것이라 하겠다.

2) '상제' 개념의 재인식과 '사천'(事天)의 신앙적 의식

다산이 천주교교리의 '천주-상제' 개념을 수용하면서 주자학의 궁극존재에 대한 관념적 사유에서 벗어나 유교의 '천-상제'를 인격신적 존재로 재인식할 수 있게 되었던 사실을 유의할 필요가 있다. 한마디로 다산경학은 성리설의 형이상학적 그물에서 유교경전을 풀어내어 유교경전 속에 간직된 신앙적 의식에 다시 생명을 불어넣고 있는 것이다. 여기서 한걸음 더 나아가 그는 유교경전의 새로운 해석을 통해 자신의 경학적 근본전제를 재설정하였다. 곧 '천-상제'를 섬기는 신앙적 의식으로 경학의 근본전제를 정립하면서 '진실한 마음으로 하늘을 섬길 것'(實心事天)을 역설하는 '사천학'(事天學)을 정립하였던 것으로 보인다. 다산의 '사천학'이 지닌 특징은 ① '실심사천'(實心事天)의 신앙적 자세로 '상제'를 만나는 것임을 드러내며, ② '신독'(愼獨)의 신앙적 수양론으로 전개되고, ③ '상제'를 섬기는 제사의례에 대한 관심으로 제시되는 사실을 볼 수 있다.

44) 『與全』[2], 권3, 5, '中庸自箴', "天之靈明, 直通人心, 無隱不察, 無微不燭, 照臨此室, 日監在玆."

(1) '실심사천'(實心事天)의 신앙

먼저 진실한 마음으로 하늘을 섬기는 '실심사천'(實心事天)의 신앙적 의식이 강조되고 있다. 유교전통에서는 크게 관심을 기울이지 않았지만, 경전 속에는 하늘을 섬기는 '사천'(事天)과 부모를 섬기는 '사친'(事親)이 긴밀한 연결 속에 제시되기도 하였다. 다산은 바로 이 대목에 주의를 기울여, "어진 사람이 부모를 섬김은 하늘을 섬김과 같고, 하늘을 섬김은 부모를 섬김과 같다."(仁人之事親也如事天, 事天如事親)는 『예기』(哀公問)의 구절을 중시하였다. 그것은 하늘을 섬김(事天)의 신앙이 부모를 섬김(事親)의 인륜과 서로 실천의 근거가 되고 연결됨을 역설하는 것이다.[45]

나아가 '천-상제'를 영명한 주재로서 인격신적 존재로 인식하면, 이에 따라 '천-상제'는 내려와서 인간을 굽어살피며 감독하는(降監) 존재로 인식되고, 따라서 자신의 삶에 절실하고 깊이 들어와 자신과 마주하고 있는 존재로서 신앙적 각성이 일어난다. 다산은 신앙대상으로서 '천-상제'를 섬기는 '사천'의 방법을 제시하면서, 『심경밀험』(心經密驗)에서는 '한결같은 마음으로 하늘을 섬긴다'(一心事天) 하거나 '진실한 마음으로 하늘을 공경한다'(實心敬天) 하였고, 『중용강의보』(中庸講義補)에서는 '진실한 마음으로 하늘을 섬긴다'(實心事天) 하거나 '진실한 마음으로 신을 섬긴다'(實心事神)라 하여, 하늘을 섬기는 경건한 신앙적 삶의 자세를 강조하였다. 따라서 그의 '사천학'은 인격적 내면의 신앙자세로 말하면 '실심사천'(實心事天)이요, 사회적 인간관계에서 실현양상은 '사친사천'(事親事天) 내지 '사인사천'(事人事天)으로 집약해 볼 수 있다.

다산은 인간이 신앙의 대상으로서 '상제'를 만나는 모습을 서술하여,

---

45) 茶山의 '事天學'은 천주교교리의 영향을 받으면서 촉발된 것이겠지만, 동시에 천주교교리와 관련이 없는 선배 학자 白湖 尹鑴의 경학체계가 事親-事天의 구조로 해석된 事天學이라는 사실과 연관성도 주목할 필요가 있을 것이다.

"보이지 않는다(不睹)는 것은 무엇인가? 하늘의 실체이다. 들리지 않는다(不聞)는 것은 무엇인가? 하늘의 소리이다."[46]라 하여, 형상이 없는 속에서 '상제'의 실체를 보고, 소리가 없는 속에서 '상제'의 목소리를 들어야 함을 제시하고 있다.

'천-상제'는 주재자로서 인간에게 명령을 내리는 존재요, 그 명령의 소리가 곧 '천명'(天命)이다. 다산은 '천-상제'가 인간에게 부여하는 '천명'을 '태어나는 처음에 부여되는 명령'으로서 '천성'(天性)과 '살아있는 동안에 시시각각으로 계속하여 부여하는 명령'으로서 '경고'(儆告)라는 두 가지 양상으로 구분하고 있다.[47] '천성', 곧 인간이 하늘로부터 부여받은 성품(性)은 '상제'의 보편적 명령으로서 '천명'이라면, '경고'는 인간이 살아가는 동안 순간순간 '도심'(道心)에 부여되는 '상제'의 구체적 명령으로서 '천명'이라 할 수 있다. 여기서 다산이 말하는 '천성'으로서 천명은 천주교교리의 '상존성총'(常存聖寵, 생명의 은총)에 상응하고, '경고'는 '조력성총'(助力聖寵, 도움의 은총)에 상응하는 것으로 볼 수 있을 것이다.[48]

다산은 '천명'으로 '천-상제'의 목소리를 듣는 데 깊은 관심을 기울이면서, "하늘은 (귀에다 대고) 친절하게 타일러서 인간에게 명령할 수는 없지만, (타이르지) 못하는 것은 아니다. 하늘의 목소리(喉舌)가 인간의 '도심'에 맡겨 있어서, '도심'이 경고하는 것은 황천(皇天)이 명령하여 경계하는 것이다. 남은 듣지 못하지만 자기만 홀로 분명히 들으니 더없이

46) 『與全』[2], 권3, 4, '中庸自箴', "所不睹者何也, 天之體也, 所不聞者何也, 天之聲也."

47) 『與全』[2], 권3, 3, '中庸自箴', "天於賦生之初有此命, 又於生居之日, 時時刻刻續有此命."

48) 愼後聃이 『西學辨』에서 비판한 天主教教理書인 畢方濟(Sambiaso)의 『靈言蠡勺』에서는 聖寵의 두 종류로 天主의 '公祐'와 額辣濟亞의 '特祐'를 언급하였는데, '公祐'와 '特祐'도 茶山의 '天性'과 '儆告'에 상응하는 것으로 보인다.

자세하고 더없이 엄중하다. 가르치듯 깨우쳐 주듯 하니 어찌 친절하게 타이를 뿐이겠는가."[49]라 하였다. 곧 형체가 없는 '신'(神)인 '상제'가 같은 '신'의 종류인 인간의 '도심'(道心)이 서로 감응할 수 있으므로 '상제'는 인간의 귀를 통해 말하는 것이 아니라 '도심'을 통해 순간순간 말씀으로 인간을 타이르고 있다는 것이다. 인간이 '도심' 속에서 '상제'가 경고하는 말씀을 들을 수 있다면, 바로 인간은 두려움에 떨며(恐懼) '상제'와 직접 마주하게 될 것이요, '상제'가 타이르고 경고하는 목소리를 '도심'에서 들으면 경계하고 삼가지(戒愼) 않을 수 없을 것이다. 그만큼 다산은 유교경전에서 '사천'의 성격을 경건한 신앙적 삶으로 해석하고 있으며, 인간의 '도심'을 통해 '상제'가 '경고'하는 목소리를 듣는다는 인식은 유교경전 속에서 '계시(啓示)종교'의 성격을 새롭게 해석해내고 있음을 의미한다.

(2) '신독'(愼獨)의 신앙적 수양론

다산은 홀로 있는 자리를 삼가는 '신독'(愼獨)을 신앙적 의미로 재해석함으로써, '사천'의 수양론적 방법을 제시하였다. 그는 경전에서 제시된 수양방법에 대해 주자학에서처럼 도덕적 의미로 해석하는 데 그치는 것이 아니라 신앙적 성격으로 근원적 의미를 찾아가고 있다.

먼저 '수신'(修身), 곧 자신의 인격을 닦는 수양의 문제에서 기본전제로 '천-상제'의 인식을 요구하여, 다산은 "'수신'은 하늘을 아는 것(知天)을 근본으로 삼는다."[50]라 하였다. 바꾸어 말하면 하늘을 모르면 '수신'

49) 『與全』[2], 권3, 3, '中庸自箴', "天不能諄諄然命之, 非不能也, 天之喉舌, 寄在道心, 道心所儆告, 皇天之所命戒也, 人所不聞, 而己獨諦聽, 莫詳莫嚴, 如詔如誨, 奚但諄諄已乎."

50) 『與全』[2], 권3, 17, '中庸自箴', "修身以知天爲本."

도 할 수 없는 것이요, 인간으로서 인간다운 인격을 형성할 수도 없다는 말이다. 또한 그는 "하늘을 아는 것이 하늘을 섬기는 것이요, 하늘을 섬기는 것이 하늘을 아는 것이다."[51]라 하여, 하늘을 안다는 '지천'(知天)은 하늘에 대한 관념적 지식을 획득하는 것이 아니라, 하늘을 섬기는 '사천'(事天)의 신앙으로 실현되어야 하는 것이요, 하늘을 섬기는 신앙의 실천을 통해 하늘에 대한 앎도 향상되고 성숙된다는 것을 말한다. 그것은 마테오 리치가 "무릇 덕은 '수신'에 기초하지만 '상제'를 섬김에서 완성되는 것이다."[52]라 하여, 인간의 도덕성은 '상제'를 섬기는 신앙이 없이는 완성될 수 없다고 지적한 언급과 내용에서 일치하는 것이다.

수양의 방법으로 다산이 특별히 주목하고 있는 개념은 『대학』과 『중용』의 양쪽에서 언급하고 있는 것으로 '홀로 있음을 삼간다'는 '신독'(愼獨)이다. 주자는 '신독'의 독(獨)을 "남들은 모르지만 자기만 홀로 아는 자리."[53]라 해석하여, 자기 성찰적 수양태도를 보여주고 있다. 그러나 다산은 "군자가 어두운 곳에서도 벌벌 떨며 감히 악을 행하지 못하는 것은 '상제가 너에게 임하였다'는 것을 알기 때문이다."[54]라 하여, 그 홀로 있는 자리가 바로 상제가 내려와 감시하는 자리요, 상제 앞에 홀로 서서 두려워 떨고 있는 자리임을 강조하여, 가장 생생한 신앙의 현장임을 확인하고 있다.

여기서 다산은 '상제' 앞에 홀로 서 있는 '신독'의 신앙에서 그 핵심

51) 『與全』[2], 권6, 37, '孟子要義', "知天則事天, 事天則知天."

52) 『天主實義』, 제4편(8), "夫德基于修身, 成于事上帝."

53) 朱熹, 『大學章句』(傳5章), "獨者, 人所不知而己所獨知之地也." 『中庸章句』(首章)에도 꼭 같이 주석하고 있다.

54) 『與全』[2], 권3, 5, '中庸自箴', "君子處暗室之中, 戰戰栗栗, 不敢爲惡, 知其有上帝臨女也."

은 '상제', 곧 '귀신'(鬼神: 神)에 대해 두려워하는 것임을 주목하여, "'중용'의 덕은 '신독'이 아니면 이룰 수 없고, '신독'의 공부는 귀신이 아니면 두려워하는 바가 없으니, 귀신의 덕은 우리 도의 근본이다."55)라 하여, '귀신-신-상제'에 대한 두려워함이 '신독'을 할 수 있게 하며 덕을 이룰 수 있게 하는 것으로, 유교정신의 근본과제는 바로 '귀신-상제'를 두려워하는 신앙심에 있음을 확인하고 있다.

(3) '상제'를 섬기는 방법

다산은 '상제'를 섬기는 방법으로서 '제사'의례에 세밀한 관심을 기울이고 있다. 유교전통에서는 제사를 드려 '천-상제'를 섬기는 '제천'(祭天)의례가 있었지만, 그 의례가 각 시대의 우주론에 따라 다양하게 해석되면서 사실상 '제천'의례는 매우 복잡한 양상을 보이고 있다.

그는 특히 춘추시대의 역사를 유교정신으로 서술한 경전인 『춘추』를 연구하면서 춘추시대 제사의례의 제도를 새롭게 재해석한 『춘추고징』(春秋考徵)을 저술하였다. 여기서 그는 '제천'의례인 '교'(郊)제사를 해석하면서, '교'제사의 대상인 '상제'(上帝)의 개념에 대한 인식과 '교'제사가 지닌 '제천'의례의 지위를 밝히고, 의례의 절차와 형식을 정밀하게 검토하고 있다. 곧 '교'제사의 대상으로서 '상제'를 유일한 궁극적 주재자로 확인함으로써, 유교전통에서 '교'제사의 주향(主享)을 '해'(日)라 인식한 오류나, '제천'(祭天)과 '제지'(祭地)를 병행시켜 제사 드렸던 오류 및 후한(後漢) 때 정현(鄭玄)이 '오행'(五行)의 체계에 따라 '상제'를 다섯으로 구분한 오제설(五帝說)이나 여섯으로 구분한 육제설(六帝說)의 오류

---

55) 『與全』[2], 권4, 23, '中庸講義補', "中庸之德, 非愼獨不能成, 愼獨之功, 非鬼神無所畏, 則鬼神之德, 卽吾道之本也."

를 엄격하게 비판하고 있다. 그것은 '교'제사의 대상은 호천상제(昊天上帝) 하나뿐임을 밝힘으로써 '상제'의 둘이 없는 유일성과 상대가 없는 지고성을 '제천'의례에서도 확립하였던 것이다. 그는 천주교교리의 '천주-상제' 개념을 수용하면서 유교전통에서 다양한 이론으로 제시되어 왔던 '제천'의례의 양상을 철저하게 비판하고 유교경전 속에서 '제천'의례의 본래 의미와 의례의 원형을 찾아가고 있음을 보여준다.

4. 다산의 사천학(事天學)과 인간의 인식

1) '영혼' 개념의 수용과 '심성' 개념의 재인식

다산은 "사람이 사람 되는 까닭은 마음일 뿐이다. 마음을 인식하면 사람이 되고, … 마음을 다스리면 사람이 된다."[56]고 하여, 인간적 가치를 실현하는 과제는 바로 마음에 근거하고 있음을 역설하였다. 따라서 다산의 '심'(心) 개념 인식에서 서학의 '영혼' 개념으로부터 어떤 영향을 받고 어떤 점에서 구별되는지가 문제이다. 이를 확인하기 위해 ① '심'(心)과 '성'(性) 개념의 인식과, ② '덕'(德)과 '인'(仁) 개념의 인식 및 ③ '혼'(魂)의 사후존재에 대한 인식을 점검해 볼 필요가 있다.

(1) '심'(心)과 '성'(性) 개념의 인식

'심'(心)과 '성'(性) 개념에는 여러 문제가 따르고 있다. 먼저 '심' 개념

56) 『茶山과 文山의 人性논쟁』, 實是學舍經學硏究會 편역, 한길사, 1996, 130쪽, "人之所以爲人者心而已, 認心則爲人, … 治心則爲人."

에서는 ㉮ 주자학의 '심'을 '기'(氣)로 인식하는 견해에 대한 비판, ㉯ 욕(欲)의 문제, ㉰ '의지의 자율성'(自主之權) 문제 등이 제기될 수 있다.

㉮ '심'과 '기'(氣)의 일치에 대한 거부: 마테오 리치는 "'기'(공기)란 물·불·흙의 세 원소와 더불어 만물의 형체를 이루는 것이지만, '영혼'은 사람의 내면 본분으로 한 몸의 주인이며, 숨 쉴 때 드나드는 것이 '기'이다."[57]라 하여, '기'를 물·불·흙·공기(水·火·土·氣)라는 네 원소(四行)의 하나로 숨 쉴 때 드나드는 '공기'라 보았다. 따라서 인간 내면의 주체인 '영혼'이 '기'일 수 없음을 분명하게 밝힘으로써, 마음을 '기'로 인식하는 성리학의 견해를 정면으로 거부하였다. 여기서 리치는 유교에서 말하는 '형체가 없는 마음'(無形之心)을 '신'(神: 정신)과 동일시하고 있지만, 인간의 내면적 주체를 '심'이라 일컫기보다는 '영혼' 혹은 '신'으로 일컬음으로써, 신체와 독립하여 사후에도 영속한다는 영혼불멸설의 입장을 드러내고 있는 것이다.

리치는 "사람은 형체와 정신의 두 가지가 서로 결합하여 사람을 이룬다. 그러나 정신은 순수하여 신체를 초월한다. 그러므로 지혜로운 사람은 정신을 참된 자기로 삼고, 신체는 자기를 담은 그릇으로 삼는다."[58]라 하여, 사람을 '형체와 정신'(形神)의 결합으로 제시하고, 신체를 초월한 정신을 인간의 참된 실체로 확인하고 있다. 같은 어법으로 다산은 인간존재를 "정신(神)과 형체(形)가 오묘하게 결합하여 사람이 이루어진다."(神形妙合, 乃成爲人. 〈『心經密驗』〉)라 하여, 인간에서 형체가 없는(육신이 아닌) 요소를 '심'(心)이라 일컫기보다 먼저 '신'(神)이라 언급하고

57) 『天主實義』, 제4편(6), "未氣者, 和水火土三行, 而爲萬物之形者也, 而靈魂者, 爲人之內分, 一身之主, 以乎吸出入, 其氣者也."

58) 『天主實義』, 제7편(4), "人以形神兩端, 相結成人, 然神之精, 超于形, 故智者以神爲眞己, 以形爲藏己之器."

있다.

또한 다산은 "'신'이란 형체가 없으며 또한 이름도 없는 것이지만, 그 형체가 없으므로 이름을 빌어와 '신'이라 한다."59)라 하여, 인간의 '신'(정신)이란 '귀신'에서 '신'자를 빌려 온 명칭임을 밝히고 있다. 나아가 그는 인간에서 형체가 없는 부분의 명칭으로 '신'·'심'·'혼'(魂)·'대체'(大體)·'법신'(法身) 등이 사용되고 있음을 들면서, "'심'(五臟의 하나)은 피를 담당하는 장기요, 오묘한 결합의 중추가 되므로 이름을 빌어와 '심'이라 한다. 죽어서 형체를 떠나면 이에 '혼'(魂)이라 이름 붙인다. 맹자는 '대체'(大體)라 이르고, 불교에서는 '법신'(法身)이라 이른다. 그것(마음)은 문자로서 오로지 일컫는 명칭이 없다."60)고 하였다. 원래 고유한 명칭이 없는데, '심장'에서 '심'자를 빌어다 쓰기도 하고, '귀신'에서 '신'자를 빌어다 쓰기도 하고, '혼백'(魂魄)에서 '혼'자를 끌어다 쓰기도 하고 있는 것임을 지적하였다. 여기서 그는 인간존재에서 육신이 아닌 부분의 명칭을 고정시키는 것이 아니라 모두 빌어다 쓰는 것이라 하여, 천주교교리의 '영혼'까지도 열어놓고 있음을 보여준다.

㉯ 욕망(欲)의 긍정: 리치는 "한 생명이 태어남에 오직 한 가지 마음을 얻는데, 인간은 두 가지 마음을 겸하여 가지고 있으니 '수심'(獸心)과 '인심'(人心)이다. … 나의 한 마음에는 욕망 담당(司欲)과 깨달음 담당(司悟)이라는 두 가지 직분이 있다. 욕망(欲)이 귀속하는 것은 선(善)일 뿐이요, 깨달음(悟)이 귀속하는 바는 진실(眞)일 뿐이다."61)라 하여, 인간의

59) 『與全』[2]', 권5, 32, '孟子要義', "神則無形, 亦尙無名, 以其無形, 故借名曰神(借鬼神之神)."

60) 『與全』[2], 권5, 32-33, '孟子要義', "心爲血府, 爲妙合之樞紐, 故借名曰心, 死而離形, 乃名曰魂, 孟子謂之大體, 佛家謂之法身, 其在文字, 無專名也."

61) 『天主實義』, 제3편(5), "一物之生, 惟得一心. 若人則兼有二心. 獸心人心是也, … 吾人一心, 乃有司欲司悟二官, 欲之所屬, 善者耳, 悟之所屬, 眞者耳."

마음에 선을 지향하는 '욕망 담당'(司欲)과 진실을 지향하는 '깨달음 담당'(司悟)의 두 직분의 기관을 구별하였다. 여기서 리치는 선을 실현하기 위해서는 선을 추구하는 '욕망'을 긍정하고 있는 것이다.

다산은 『서경』(大禹謨)에서 인간의 마음을 '인심'(人心)과 '도심'(道心)으로 구별한 사실을 주목하여, "오직 그 '도심'이 발현함은 형체도 기질도 없지만 영명하고 통달한 지혜가 기질에 깃들어 주재가 된다."[62]고 하여, '인심'이 신체적 기질에서 발현하는 것과 달리, '도심'은 하늘의 명령(天命)이 깃들어 있는 도덕적 의식인 '도의'에서 발현되는 것으로 인식한다. 여기서 리치가 말하는 '수심'(獸心)은 다산에서 '인심'에 해당하고, 리치가 말하는 '인심'(人心)은 다산에서 '도심'에 해당하는 것으로 보인다. 바로 이 점에서 리치와 일치하는 입장을 보여준다.

또한 다산은 "우리 마음 안에 본래 욕망(願欲)이란 것이 있으니, 만약 이 욕망의 마음(欲心)이 없다면 천하의 모든 일이 이루어질 수 없다. … 내가 일찍이 어떤 사람을 보았는데, 그 마음이 담박하여 욕망이 없어서, 선을 할 수도 없고 악을 할 수도 없으며, 문학을 할 수도 없고 산업을 할 수도 없으니, 바로 이 세상에 버려진 물건이다. 사람이 어찌 욕망이 없을 수 있겠는가."[63]라 하였다. 이처럼 다산은 욕망이 있음으로써 선을 지향할 수도 있고 악을 지향할 수도 있으니, 욕망이 인간을 행동하게 하고 살아가게 하는 원동력임을 강조하였다. 따라서 그는 욕망의 적절한 통제를 요구하지만, 인간의 욕망, 곧 '인욕'(人欲)을 '천리'(天理)에 대립

---

62) 『與全』[2], 권6, 20, '孟子要義', "惟其道心所發無形無質靈明通慧者, 寓於氣質, 以爲主宰."

63) 『與全』[2], 권2, 39, '心經密驗', "吾人靈體之內, 本有願欲一端, 若無此欲心, 卽天下萬事都無可做, … 余嘗見一種人, 其心泊然無欲, 不能爲善, 不能爲惡, 不能爲文詞, 不能爲産業, 直一天地間棄物, 人可以無慾哉."

시켜서 욕망 자체를 부정하여 '천리를 간직하고 인욕을 제거한다'(存天理, 去人欲). 성리학의 입장을 정면으로 거부하였던 것이다.

㉰ '의지의 자율성'(自主之權): 마테오 리치가 동물과 인간의 차이를 지적하면서, "상제의 명령은 (금수들이) 그렇게 하지 않을 수 없는 데서 (행동이) 나오더라 그런 줄도 모르게 하는 것이니, 자주의 의지(自主之意)를 가지고 있는 것이 아니다. 우리 인류는 스스로 주장을 세울 수 있으며, 일하는 즈음에 모두 그 본래 가지고 있는 '영명함의 의지'(靈志)를 사용한다."[64]고 하였다. 금수는 본능에 의해 결정된 행동을 하지만 인간은 '영명함의 의지'(靈志)로 자신의 주장에 따라 결정할 수 있는 존재로 구별하고 있는 것이다.

여기서 다산은 특히 인간이 본능을 넘어 스스로 결정할 수 있는 자율적 의지를 지닌 점을 중시하여, "사람에게는 항상 두 가지 의지가 상반되면서 일시에 같이 발현하는 것이 있으니, … 선(善)과 악(惡)이 갈라지는 기미이며, 인심과 도심이 교전(交戰)함이요, 의리(義)가 이기느냐 욕심(欲)이 이기느냐가 판결되는 것이다."[65]라 하였다. 인간의 마음에서 두 가지 상반된 의지가 갈등하는 현상을 '인심'과 '도심'이 교전하는 전쟁터로 비유한 것이다. 그만큼 갈등하는 상반된 마음에서 선을 지향할 것인지 악을 거부할 것인지 선택의 문제가 중요한 것이고, 이 선택이 인간의 의지에 주어진 자율성의 권리로 인식되고 있다.

따라서 다산은 인간의 마음은 동물과 달리 본능에 의해 결정된 것이 아니라, 의지의 자유를 갖고 있음을 밝혀, "악을 저지를 경우마다 한편

---

64) 『天主實義』, 제4부(5), "上帝之命, 出于不得不然, 而莫知其然, 非有自主之意, 吾人類則能自立主張, 而事爲之際, 皆用其所本有之靈志也."

65) 『與全』[2], 권6, 41, '孟子要義', "人恒有二志相反, 而一時竝發者, 此乃人鬼之關, 善惡之幾, 人心道心之交戰, 義勝欲勝之判決."

에서는 욕심이 일어나고 한편에서는 저지하려 하니, 분명히 저지하는 것은 바로 본성이 받은 천명이다. … 하늘은 사람에게 스스로 주장하는 권리(自主之權)를 부여하여, 선을 하고자 하면 선을 하게 하고 악을 하고자 하면 악을 하게 한다. 떠돌며 결정됨이 없으니, 그 권리가 자기에게 있어서 금수가 결정된 마음(定心)을 가지고 있는 것과는 같지 않다."[66] 고 하였다. 곧 하늘은 인간에게 사욕(私欲)과 천리(天理)의 두 방향으로 지향하는 의지를 부여하였는데, 인간의 마음은 그 두 갈래의 의지 사이에서 스스로 선택하고 결정할 수 있는 권리를 가졌으니, 이것이 자주지권(自主之權)이라는 것이다. 그렇다면 인간은 자신의 권리에 따라 선을 행할 수도 있고 악을 저지를 수도 있기 때문에 인간의 마음은 '결정되지 않은 마음'(不定心)이요, 금수는 스스로 결정할 권리가 없이 본능대로만 행하기 때문에 '결정된 마음'(定心)이라 구별한다.

다음으로 '성' 개념에서도 ㉮ '성'을 삼품(三品)으로 분류하는 문제, ㉯ 선악(善惡)과 기호(嗜好) 문제, ㉰ 인성과 물성의 분별 문제 등을 들어볼 수 있다. 다산은 "주자가 '성'을 '이'라 하므로 드디어 '천명'을 '이'라 한다. 비록 심·성에 부여되지만, 선을 향하고 악에서 벗어나게 하는 것이 진실로 '천명'이다."[67]라 하여, 주자학의 '성즉리설'(性卽理說)을 거부함으로써 '천명'이 '이'가 아니라 '선을 향하고 악에서 벗어나게 하는 것'이라 하여 마음이 지닌 선을 향한 지향성이라 지적하니, 사실상 실체로서 '성' 개념을 부정하고 있는 것이다.

---

66) 『與全』[2], 권5, 34, '孟子要義', "每遇作惡, 一邊發慾, 一邊沮止, 明沮止者, 卽本性所受之天命也, … 天之於人, 予之以自主之權, 使其欲善則爲善, 欲惡則爲惡, 游移不定, 其權在己, 不似禽獸之有定心."

67) 『與全』[2], 권14, 39, '論語古今註', "朱子以性爲理, 故遂以天命爲理也, 雖然賦於心性, 使之向善違惡, 固天命也."

㉮ 성삼품설(性三品說): 리치는 아리스토텔레스의 영혼론에 따라, '혼'(魂: anima)을 성장능력이 있는 식물의 '생혼'(生魂)과 감각능력이 있는 동물의 '각혼'(覺魂)과 이성적 사유능력이 있는 인간의 '영혼'(靈魂)의 세 등급으로 구분하는 '혼삼품설'(魂三品說)을 제시하고 있다.[68] 그것은 '생혼'·'각혼'·'영혼'이 3층에서 상층의 '혼'은 하층의 '혼'을 내포하고 있지만 하층의 '혼'은 상층의 '혼'을 내포할 수 없는 계층구조로 밝히고 있는 것이다. 여기서 리치의 '혼삼품설'의 영향을 받으면서, 성호는 '생장지심'(生長之心)·'지각지심'(知覺之心)·'리의지심'(理義之心)의 세 가지로 '심'을 구분하였고, 다산도 역시 '초목지성'(草木之性)·'금수지성'(禽獸之性)·'오인지성'(吾人之性)으로 '성'을 구분하고 있다.[69]

㉯ 성기호설(性嗜好說): 다산은 인간의 '성'을 마음이 선(善)을 기호(嗜好)하는 것이라는 독자적 견해를 제시하였다.[70] 그러나 다산의 '성기호설'은 마테오 리치가 "사랑할 만하고 욕망할 만한 것을 '선'이라 하고, 미워할 만하고 싫어할 만한 것을 '악'이라 한다. 이 뜻에 통하면 사람의 '성'이 선한지 아닌지를 논할 수 있다."[71]라 하여 인간의 '성'이 선함을 사랑하고 욕망하는 정감적 지향으로 설명하고 있는 견해와 긴밀하게 접근하고 있다.

---

68) 『天主實義』, 제3편(3), "彼世界之魂, 有三品, 下品名曰, 生魂, 卽草木之魂是也, … 中品名曰, 覺魂, 則禽獸之魂也, … 上品名曰, 靈魂, 卽人魂也. 此兼生魂覺魂, 能扶人長養, 及使人知覺物情, 而又使之能推論事物, 明辨理義."

69) 星湖와 茶山은 『天主實義』에서 제시된 魂三品說의 영향을 분명히 받았지만 『荀子』(王制)를 끌어들이면서 각각 '心'을 3층위로 제시하고(『星全』, 권41, '心說', 같은 책, 권54, '跋荀子'), '性'을 3층위로 제시하였다(『與全』[2], 권4, '中庸講義補').

70) 『與全』[2], 권2, 4, '大學講義', "性者, 人心之嗜好也, … 人性嗜善."

71) 『天主實義』, 제7편(1), "可愛可欲謂善, 可惡可疾謂惡也. 通此義者, 可以論人性之善否矣."

㉰ '인성'과 '물성'의 분별: 리치는 '성'을 성리학에서 형이상학적 본체로서 '이'(理)로 보는 견해를 거부하면서, "'성'이란 다른 것이 아니라 각 사물 종류의 본체일 뿐이다. … 종류가 같으면 '성'이 같고 종류가 다르면 '성'이 다르다. … 다만 사물에 '자립자'(自立者)가 있으니 '성'도 '자립'이 되고, '의뢰자'(依賴者)가 있으니 '성'은 아울러 '의뢰'가 된다. … '이'(理)란 '의뢰'의 종류이니 인간의 '성'이 될 수 없다."[72]라 하였다. 곧 '성'은 사물마다 그 종류가 지닌 고유성을 결정하는 본체라고 하지만 '성'이 사물로부터 독립된 실체가 있는 것이 아니라 사물의 속성으로 인식하는 견해라 볼 수 있다. 바로 이 점에서 다산의 '성' 개념도 보편적 본체로서의 주자학의 '성' 개념과 달리 개체와 종류의 속성으로 파악하고, 이에 따라 '인성'과 '물성'을 차별화하고 있는 점에서 마테오 리치와 공통성을 보여주는 것이 사실이다.

(2) '덕'(德)과 '인'(仁) 개념의 인식

다산은 '덕'(德)을 실행한 이후에 이루는 것으로 해석하고 있다. 주자는 '명덕'(明德)을 정의하여 "사람이 하늘에서 얻은 것으로, 비었으나 신령하여 어둡지 않으며, 모든 이치를 갖추고서 모든 일에 대응하는 것이다."[73]라 하여, '덕'을 하늘에서 인간의 마음속에 부여된 실체로 보고 있다. 그러나 마테오 리치는 "'성'의 선함은 '양선(良善)'이고, '덕'의 선함은 '습선(習善)'이다. '양선'이란 천주께서 원래 창조한 성명(性命)의 덕이니, 나로서는 공로가 없다. 내가 말하는 공로는 스스로 익히고 쌓은

---

72) 『天主實義』, 제7편(1), "夫性也者, 非他, 乃各物類之本體耳, … 同類同性, 異類異性, … 但物有自立者, 而性亦爲自立, 有依賴者, 而性兼爲依賴, … 理也乃依賴之品, 不得爲人性也."

73) 『大學章句』(經1章), "明德者, 人之所得乎天, 而虛靈不昧, 以具衆理而應萬事者也."

‘덕’의 선에 있는데 그친다. … 의로움을 보면 바로 행하는 것이 ‘덕’이 될 뿐이다.”[74]라 하였다. 따라서 ‘성’의 선함으로써 ‘양선(良善)’은 타고난 선함이니 나의 공적이 아니요, ‘덕’의 선함으로써 ‘습선(習善)’은 배우고 익혀서 얻는 선함이니, 바로 나의 공적이 되는 것이라 구별하였다. 그렇다면 ‘덕’은 인간의 노력과 실천을 통해 얻어지는 것이니, 그 공적에 따라 상을 줄 수도 있고 벌을 줄 수도 있음을 지적하였다.

다산도 ‘덕’이 인간의 성품에 선천적으로 부여되어 있다는 주자학의 입장을 전면적으로 거부하고, 인간의 자주적 판단에 따른 행위를 통해 ‘덕’이 실현되는 것임을 밝히고 있다. 곧 ‘덕’이 선한 행위를 실천함으로써 인간의 마음속에 공적으로 획득되는 후천적인 것임을 강조하는 다산의 견해는 바로 리치가 ‘덕’의 선함을 ‘습선’으로 제시한 견해와 일치하는 것임을 보여준다.

또한 주자는 “‘성’은 곧 ‘이’이고, 그 조목은 ‘인·의·예·지’일 뿐이다.”[75]라 하여, ‘성’과 ‘이’와 네 가지 덕(四德)인 ‘인·의·예·지’(仁義禮智)를 일치시키고 있다. 그러나 다산은 ‘인·의·예·지’의 네 가지 덕이 마음에 내재하는 이치가 아니라 인간의 행위에 따른 성과임을 강조하여, “인·의·예·지의 명칭은 본래 우리 인간이 일을 행함에서 일어나는 것이요, 마음에 있는 현묘한 이치가 아니다. 사람이 하늘에서 받은 것은 다만 이 ‘영명’함이니, ‘인’할 수 있고 ‘의’할 수 있고 ‘예’할 수 있고 ‘지’할 수 있다. 만약 하늘이 인·의·예·지의 네 개 알맹이를 인간의 성품 속에 부여하였다고 한다면 그것은 사실이 아니다.”[76]라 하였다. 이처럼

---

74) 『天主實義』, 제7편(3), “性之善爲良善, 德之善爲習善, 夫良善者天主原化性命之德, 而我無功焉, 我所謂功, 止在自習積德之善也, … 見義而卽行之, 乃爲德耳.”

75) 『朱熹集』 70-11, ‘記疑’, “性卽理也, 其目則仁義禮智是已.”

76) 『與全』[2], 권4, 2, ‘中庸講義補’, “仁義禮智之名, 本起於吾人行事, 竝非在心之玄理,

그는 인간의 마음에 인·의·예·지를 지향하는 능력을 갖추고 있지만 인·의·예·지가 성품에 내재하여 구성요소를 이루는 것은 아니라 일을 행한 다음에 성립하는 명칭임을 명확히 밝히고 있다.

⑶ '혼'(魂)의 사후존재에 대한 인식

'혼'(魂)의 사후존재에 대한 인식이 천주교교리에서는 중요한 문제였다. 리치는 인간이 '혼'(魂)과 '백'(魄)으로 이루어졌다는 유교의 '혼백' 개념을 받아들여, "인간에는 '혼'과 '백'이 있는데, 이 두 가지가 온전하면 살아가지만, 죽으면 그 '백'은 변하여 흩어져 흙으로 돌아가고 '혼'은 항상 존재하여 소멸되지 않는다."77)라 하였다. 문제는 주자학에서 '혼'이 하늘로 오르고 '백'이 땅으로 내려간다(魂升魄降)고 하지만, 하늘로 올라갔다는 '혼'이 점차 소멸되어 '기'(氣)로 돌아간다는 혼산멸설(魂散滅說)을 제시하고 있다는 것이다. 리치는 '혼'이 죽은 뒤에 소멸된다는 주자학의 견해를 거부하고 인간이 죽은 뒤에도 '혼'이 불멸함을 주장하였다.78)

다산은 인간이 살아있다는 것은 '정신'(神)과 '형체'(形)가 하나로 결합되어 있는(神形妙合) 존재요, 죽었다는 것은 정신과 육신이 분리되는 것이라 본다. 따라서 인간의 마음으로서 '신'(神: 心·魂·大體)은 "죽은 다음에 형체를 떠나니 '혼'이라 이름한다."(死而離形, 乃名曰魂. 〈『孟子要義』〉)고 하여, 살아있을 때 육신과 결합되어 있던 마음(神·心)이 죽은 뒤

人之受天, 只此靈明, 可仁可義可禮可智, 則有之矣, 若云上天以仁義禮智四顆, 賦之於人性之中, 則非其實矣."

77) 『天主實義』, 제3편(3), "人有魂魄. 兩者全而生焉. 死則其魄化散歸土, 而魂常在不滅."

78) 『天主實義』의 제3편은 제목이 "사람의 '혼'은 불멸하여 금수와 크게 다른 것임을 논함."(論人魂不滅, 大異禽獸)이다.

에는 육신과 분리되어 '혼'(魂)으로 존재하는 것임을 말하고 있다. 그러나 '정신'(神)은 원래 육신인 형체와 달리 형체가 없으므로 살아있을 때나 죽은 다음에나 달라지는 것이라 할 수 없다. 그렇다면 '혼'을 '기'(氣)로 보고 사후에 점차 소멸된다는 '산멸설'을 주장하는 주자학의 입장과 달리, 다산은 '혼'과 '신'을 일치시키고 있으니, 인간의 '신' 내지 '혼'이 사후에 불멸하는 것으로 볼 수 있는 여지를 남겨두고 있는 것이라 하겠다. 그러나 다산 자신은 죽은 뒤에 육신과 분리된 '혼' 또는 '신'(神) 내지 '귀신'이 소멸하는지 영속하는지에 대해 별다른 언급이 없다는 사실을 유의할 필요가 있다. 또한 다산은 유교의 상례(喪禮)나 제례(祭禮)에 깊은 관심을 기울여 『상례사전』(喪禮四箋)과 『제례고정』(祭禮考定) 등 유교의례에 관한 중요한 저술들을 남겼다. 이처럼 다산이 유교의 상례와 제례에 깊은 관심을 가졌던 사실에서 그가 만년에 천주교신앙을 가졌던 것으로 보기 어렵다는 의심을 불러일으키기도 하였다.[79] 그러나 다산이 유교경전이나 의례에 관심을 기울였다는 사실이 천주교신앙을 버렸다는 직접적 증거가 되기는 어려운 점이 있다.

2) '인'(仁) 개념의 재인식과 '사인'(事人)의 사회적 구현

다산사상의 핵심과제는 '천-상제'를 올바르게 알고 섬기는 '사천학'이라 한다면, 그 '사천'(事天)의 실현은 어버이를 섬김으로써 하늘을 섬기는 '사친-사천'(事親事天)이요, 인간을 섬김으로써 하늘을 섬기는 '사인-사천'(事人事天)이라 할 수 있다. 따라서 다산의 학문적 기본주제는 '상제'와 '인간'의 새로운 인식에 그 특성이 있고, 또한 그 구체적 실현의

79) 朴鍾鴻, 「對西歐的 世界觀과 茶山의 洙泗舊觀」, 『實學論叢』, 1975, 120-121쪽.

과제들은 모두 '상제'의 인격신적 존재와 인간 '심성'의 자주적 성격을 새롭게 인식한다는 기본주제에 근거를 두고 있는 것이다. 다산은 학문의 본말(本末)과 체용(體用)으로 자신을 닦는 '수기'(修己)와 남을 섬기는 '치인'(治人)의 두 과제를 확인하였으며, 그의 학문체계에서 보면 경학과 경세론이 바로 이 두 개의 기본 축을 이루고 있는 것이다. 그만큼 다산이 추구하는 과제는 언제나 개체로서 자기존재의 문제이거나, 인간과 인간 사이의 관계에 대한 규범이거나, 사회공동체를 구성하는 대중집단으로서 백성의 문제였던 것이 사실이다. 여기서 다산이 추구하는 인간의 구체적 실현과제들을 정리해 보면, ① 자신을 닦는 방법을 제시하는 것이요, ② 인간관계의 규범질서를 새롭게 구축하는 것이요, ③ '민'(民)의 새로운 인식을 통한 사회질서의 이상을 추구하는 것으로 집약해 볼 수 있다.

(1) 자신을 닦는 수양의 방법

다산에서는 자신을 닦는 방법으로서 '솔성'(率性)과 '치심'(治心)이 주목되고 있다. 곧 다산은 '심'·'성' 개념에서 '성'(性)이란 선(善)을 '기호'(嗜好)하는 마음의 속성으로 인식하고, '심'(心)이란 영명한 실체로서 인간의 주체로 제시한다. 여기서 '성'은 하늘에서 내려준 것으로 순수한 선이니 모든 인간에 동일하지만, '심'은 형기(形氣)를 따라 말한 것으로 사람마다 차이가 있으며 '인심'과 '도심'의 구별이 있다고 구별한다. 다산은 이러한 '심'·'성' 개념에 근거하여, "'성'은 따른다고 말할 수 있으나 다스린다고 말할 수 없으며, '심'은 다스린다고 말할 수 있으나 따른다고 말할 수 없다. '성'을 따르면 '도'(道)가 되고, '심'을 따르면 욕심이 된다. … 마음을 다스리고(治心) 성품을 따른다(率性)는 것은 각각 조리가 있는 두 가지 공부이다."[80]고 밝힘으로써, 성품을 따라 선을 추구하는

'솔성'공부와 마음을 다스려 욕심을 절제하는 '치심'공부를 수양론의 기본구조로 제시하고 있다.

그러나 '성'과 '심'이 별개의 실체가 아니라 '성'을 '심'의 속성으로 보는 만큼 '솔성'과 '치심'은 서로 긴밀하게 연관되어 있는 것이다. 곧 "'성'을 따르는 것을 '도'라 한다. 그러므로 '성'이 발현된 '심'을 '도심'이라 한다. '도심'은 항상 선을 하고자 한다. 또한 선을 택하여 '도심'이 행하고자 하는 바를 한결같이 따를 수 있으면, 이것을 '솔성'이라 한다. '솔성'은 '천명'을 따르는 것이다."[81]라 하였다. 천명을 따르는 '솔성'의 공부는 '도심'을 따르는 것이요, '도심'은 천명의 목소리가 깃들어 있는 곳이니, 순종하여 따라야 한다는 신앙의 자세를 보여준다. 이에 비해 '치심'의 공부는 악과 욕심에 빠져들려고 하는 '인심'을 절제하는 것으로 수도(修道)의 자세를 보여주는 것이라 대비된다. 이처럼 자신을 닦아 완성하는 방법에는 신앙적 삶으로 '솔성'의 길과 수도적 삶으로 '치심'의 길이 병행되는 것임을 제시하고 있는 것이다.

(2) 인간관계의 규범질서로서 '인'(仁)

인간관계의 규범질서로서 '인'(仁)의 인륜적 의미가 중시되고 있다. 다산은 '인'(仁)을 '남을 향한 사랑'(向人之愛)이라 정의하면서, 그 구체적 실현의 기본형식으로 부모에 대한 사랑으로서 '효'(孝: 효도)와 형제에 대한 사랑으로서 '제'(弟: 우애)와 자식에 대한 사랑으로서 '자'(慈: 자애)를 지적한다. 이처럼 '효'·'제'·'자'는 나와 남이 마주하는 다양한 인

80) 『與全』[1], 권18, 40, '上弇園書', "性可言率而不可言治, 心可言治而不可言率, 率性則爲道, 而率心則爲慾, … 治心率性, 各有條理兩下工夫."

81) 『與全』[2], 권3, 3, '中庸自箴', "率性之謂道, 故性之所發謂之道心, 道心常欲爲善, 又能擇善一聽道心之所欲爲, 玆之謂率性, 率性者, 循天命也."

간관계를 사랑으로 결합시켜 주는 '덕'이라 한다. 다산은 『대학』의 체계가 자신의 인격으로 이루어야 할 '명덕'(明德)이 인간관계의 도덕적 규범임을 확인하고, 나아가 이 '명덕'이 모든 인간(民) 속에서 실현되어야 한다는 의미에서, '명명덕-친민'(明明德-親民: 修己-治人)임을 확인한다. 여기서 그는 자신의 도덕성을 함양하는 것이 도덕성의 사회적 실현과 떠날 수 없는 상호보완적 관계임을 강조하고 있다. 따라서 '명덕'은 남을 향한 사랑인 '인'(仁)의 덕이요, 나의 존재가 근원적으로 남을 향해 열려 있음을 확인한다. 곧 '명덕'은 '효(孝)·제(弟)·자(慈)'라는 가족적 인간관계의 규범에서 나아가, 노인을 노인대접하고(老老), 어른을 어른대접하고(長長), 고아를 불쌍히 여기는(恤孤) 사회적 규범으로 확장되고 있음을 보여준다.[82)]

마테오 리치는 '인'(仁)의 덕을 해명하면서, "천주를 사랑하고 천주를 위하기를 그 이상이 없도록 하며, 천주를 위하는 자는 다른 사람을 자기와 같이 사랑하는 것이요, 이 두 가지를 행하면 모든 덕행이 갖추어진다."[83)]고 언급하였다. 인간의 모든 덕행의 핵심으로서 '인'은 천주에 대한 상향적(上向的) 사랑을 기준(經)으로 하고 이에 근거하여 이웃에 대한 수평적 사랑을 활용(緯)으로 하는 윤리구조로 제시하고 있는 것이다. 그것은 인간의 도덕적 행위(仁)가 '사천'(事天)에 근원하여 남을 사랑함(仁)을 실행함으로써, '사천'(事天)과 '사인'(事人)을 일관시켜 실현하는 것이라는 다산의 '인' 개념과 깊이 연결되고 있음을 보여준다.

---

82) 『與全』[2], 권1, 7. '大學公議', "惟其上節曰孝者所以事君也, 弟者所以事長也, 慈者所以使衆也, 其下節曰上老老而民興孝, 上長長而民興弟, 上恤孤而民不倍, 兩節宗旨, 俱不出孝弟慈三字, 是則明明德正義也."

83) 『天主實義』, 제7편(8), "夫仁之說, 可約而以二言窮之, 曰愛天主爲天主無以尙, 而爲天主者愛人如己也, 行斯二者, 百行全備矣."

다산은 주자학의 목적이 성인을 이루는 데 있음에도 불구하고 성인을 이룰 수 없는 사실을 지적하면서, 하늘을 '이'(天卽理)라 하고, '인'(仁)을 만물을 살리는 '이'(生物之理)라 하고, '중용'(中庸)의 '용'(庸)을 평상함(平常)이라 인식하는 세 가지 문제로 제시하였다. 이에 대해 다산 자신의 해결책은 성인을 이루기 위한 올바른 방법으로, '홀로 있음을 삼가서 하늘을 섬길 것'(愼獨事天), '자기를 미루어 남과 일치시킴에 힘써서 어진 덕을 추구할 것'(强恕求仁), '항구하게 하여 중단함이 없을 것'(恒久不息)의 세 가지로 제시되고 있다.[84] 그것은 주자학적 세계관의 원천적 한계를 선언하는 것이요, 이에 대응하여 그 자신이 지향하는 새로운 세계관의 기본방향은 하늘을 섬기는(愼獨事天) '사천학'의 신앙적 세계를 근본으로 확보하고 인간관계가 사랑으로 화합을 이룸(强恕求仁)으로써 인간을 섬기는 '사인학'(事人學)의 인륜적 질서를 지향하며, '사천'과 '사인'을 두 기준의 축으로 삼아, 이를 끊임없이 실천하는(恒久不息) 적극적 실천을 추구하는 것이요, 한마디로 '사인사천학'(事人事天學)의 세계관이라 할 수 있다.

다산에서 하늘을 섬기는 '사천'의 신앙적 세계가 보여주는 기본특징은 하늘을 섬기는 방법이 바로 인간을 섬기는 데 있음을 확인한다는 사실이다. 곧 "하늘이 사람의 선악을 살피는 방법은 항상 '인륜'에 있으므로, 사람이 자신을 수양하고 하늘을 섬기는 방법도 또한 '인륜'으로써 힘쓰는 것이다."[85]라 하였다. 안으로 자신을 수양하고(修身) 위로 하늘을 섬기는(事天)는 일이 바깥으로 인간관계의 규범질서(人倫)를 실현하는

84) 『與全』[2], 권2, 40, '心經密驗', "今人欲成聖而不能者, 厥有三端, 一認天爲理, 一認仁爲生物之理, 一認庸爲平常, 若愼獨以事天, 强恕以求仁, 又能恒久而不息, 斯聖人矣."

85) 『與全』[2], 권3, 2-3, '中庸自箴', "天之所以察人善惡, 恒在人倫, 故人之所以修身事天, 亦以人倫致力."

것과 일관하게 연결되고 있음을 보여준다. 그렇다면 다산에서 '사천'의 신앙세계는 안으로 자신을 닦는 '수기'(修己)와 밖으로 남을 섬기는 '치인'(治人)의 두 축이 위로 하늘을 섬기는 '사천'의 신앙을 정점으로 하는 것이다. 따라서 그의 '사천'은 현실을 배제하고 신비적 신앙체험을 추구하는 것이 아니라, 현실적 인간관계 속에서 도덕질서의 실현을 통한 '사천'임을 보여준다. 그만큼 다산의 '사천학'은 도덕종교로서 유교의 기본 성격을 확고하게 정립하고 있는 것이라 할 수 있다.

(3) '민'(民)의 새로운 인식

다산은 '민'(民)의 새로운 인식을 통해 사회질서의 새로운 이상을 제시하고 있다. 그는 '인'을 정의하면서, '남을 향한 사랑'이라 하였다. 여기서 사랑은 가족에 대한 사랑을 넘어 이웃과 세상을 향한 사랑으로 확장되어야 하며, 특히 백성에 대한 치자(牧)의 사랑이 강조되고 있다.

다산은 「중용」(13장)의 "사람으로 사람을 다스린다."(以人治人)는 구절을 "남에게 요구하는 바로 남을 섬긴다."[86]는 뜻으로 새롭게 해석하면서, 다스린다(治)는 것이 권위적 지배를 의미하는 것이 아니라, 남을 섬기는 것(事人)임을 강조하고 있다. 따라서 부모를 섬기는 일이나 임금을 섬기는 일도 모두 '치인'임을 지적한다. 현실적으로는 신분적 귀천이나 치자(治者)와 백성의 차별이 있음을 외면할 수는 없지만, 본질적으로는 모든 인간은 남을 사랑하고 남을 위해 봉사하는 것이 인간의 근본도리임을 확인하는 것이 다산의 입장이다.

백성을 다스린다는 것이 백성을 섬기는 일이라 보는 근거는, 다스림이 자신의 특권이 아니라 '상제'의 뜻을 받들어 '상제'를 대신하여 백성

---

86) 『與全』[2], 권3, 4, '中庸自箴', "以人治人者, 所求乎人以事人也."

을 다스리는 것이기 때문이다. 여기서 다산은 “자신이 천하 사람들의 죄를 떠맡는 것이 곧 옛 임금이 하늘을 섬기는 큰 법도이다.”[87]라 하여, 백성을 다스리는 자는 백성의 죄까지 자신의 죄로 자각하여 하늘 앞에서 백성을 보살피는 책임을 다해야 한다는 신앙적 자세를 요구하고 있는 것이다.

또한 다산은 옥사(獄事)를 판결하는 일에 대해서도, “오직 하늘만이 사람을 살리고 죽이니, 사람의 목숨은 하늘에 달린 것이다. 그런데 목민관이 또 그 중간에서 선량한 사람을 편히 살게 해주고, 죄 있는 자를 잡아다 죽이니, 이것은 하늘의 권한을 드러내 보이는 것일 뿐이다.”[88]라 하였다. 백성의 죄를 판결하여 징벌하는 일은 결코 재판을 담당하는 관리가 자신의 판단에 따라 형벌을 결정할 수 있는 권한을 가진 것이 아니라, 단지 하늘(상제)이 심판하는 일을 대신하는 역할을 하는 것임을 각성하도록 요구하는 것이다. 인간의 생명에 관한 판결이 ‘상제’의 권한이라 인식한다면 소홀하게 판단하거나 자기 뜻대로 함부로 처리하는 것은 바로 하늘에 죄를 짓는 것임을 강조한다. 이처럼 주재자로서 하늘의 존재에 대한 신앙적 각성이 철저히 관철하고 있는 것은 유교경전에서 그 논거를 찾아낼 수 있는 것은 사실이지만, 그의 사유 속에 천주교교리의 영향이 깊이 스며들어 있다는 사실을 주목할 필요가 있다.

다산의 경세론에서는 수령과 백성 사이에 어느 쪽이 목적이고 어느 쪽이 수단인지를 재확인하도록 요구하면서, “수령이 백성을 위하여 있는 것”〈「原牧」〉임을 역설하고 있다. 나아가 그는 당시 사회의 신분적 차별과 억압의 현실에 대해, “나에게는 소망하는 바가 있으니, 온 나라가

87) 『與全』[2], 권16, 34, ‘論語古今註’, “身任天下人之罪, 卽古君師事天之大法也.”

88) 『與全』[5], 권30, ‘欽欽新書·序’, “惟天生人而又死之, 人命繫乎天, 迺司牧又以其間, 安其善良而生之, 執有辜者而死之, 是顯見天權耳.”

양반이 되게 하는 것이다. 그렇게 되면 온 나라에 양반이 없게 될 것이다."[89]라 하여, 신분제도의 전면적 폐지를 사회적 이상으로 꿈꾸고 있음을 보여준다. 이처럼 그는 신분적 차별과 억압의 질서를 넘어서 모든 백성이 평등한 지위를 확보하는 이상을 꿈꾸었다. 다산은 이러한 평등의 세계가 '상제'에 대한 신앙의 확립에서 가능한 것임을 밝혀, "위에 존재하는 것이 하늘이요, 아래에 존재하는 것은 백성이다."[90]라 하였다. 하늘(상제) 아래서는 모든 인간이 평등함을 강조하고 있는 것이다.

5. 다산사상에서 천주교가 갖는 위치와 의미

다산이 활동하였던 18세기 말에서 19세기 초에는 조선사회의 정통이념으로 확립되었던 도학-주자학의 사유체계가 새로운 사상조류로부터 중대한 도전을 받았던 시대였다. 가장 큰 도전은 서학(西學)의 서양과학기술이 전파되고 천주교신앙이 침투하면서, 유교적 세계관과 사회체제에 심각한 충격을 주었다는 사실이다. 이 시대에서 전통적 사유체제였던 '도학'에 대비해 보면, '서학'은 확장된 새로운 세계로 통하는 길을 열어주고, 근대적 질서로 향한 변혁의 방향을 가리켜 주는 것이다. 다산은 이러한 시대에서 그 시대 사상조류의 첨단에 나아가 전통을 넘어서 새로운 방향을 가장 분명하게 제시해 주었던 대표적 사상가였다.

다산은 23세 때 천주교신앙에 입문하여 20대의 청년 시절에 천주교신앙에 깊이 젖었었지만, 1791년 조선정부의 엄격한 금교령(禁敎令)이

---

89) 『與全』[1], 권14, 23-24, '跋顧亭林生員論', "若余所望則有之, 使通一國而爲兩班, 卽通一國而無兩班矣."

90) 『與全』[2], 권22, 2, '尙書古訓', "上者天也, 下者民也."

내려지자 천주교신앙집단으로부터 이탈하였던 사실이 확인된다. 그러나 달레의 『한국천주교회사』에서는 다산이 만년에 천주교신앙을 회복하였음을 증언하고 있다. 그렇다면 그는 공식적으로 천주교를 배교한 뒤에도 겉으로는 유학자 행세를 하면서 속으로는 천주교신앙을 지키는 이중생활을 하였다는 이야기이다. 실제는 달레의 기록이 사실일 수도 있고 아닐 수도 있으니, 증거가 충분히 확보되지 않으면 단정하기는 어렵다.

그렇다면 다산이 만년에 천주교신앙을 지켰는지 아닌지의 종파적 관심에서 벗어나, 그의 사상에 내포된 천주교교리의 영향을 확인하는 것이 중요한 의미를 지니는 것이다. 그가 천주교교리를 통해 이해한 새로운 세계관과 인간관이 그의 경전해석에 깊은 영향을 미치고 있다는 사실은 쉽게 확인할 수 있다.

곧 유교경전의 해석에서 핵심적 개념인 '천-상제'와 '심-성' 개념의 새로운 해석을 중심으로 천주교교리의 영향을 받아 유교경전을 새로운 빛으로 해석함으로써, 주자학의 의리론적 경학을 넘어서 '사천학'으로서 새로운 신앙적 경학체계를 제시하였다. 그것은 경학사의 새로운 단계를 열어주는 중대한 사건이다. 그뿐만 아니라 천주교교리의 영향을 유교경전해석에 끌어들임으로써, 유교와 천주교, 내지 동양사상과 서양사상의 교류와 상호이해를 가능하게 하는 통로를 열어주었다는 점에서 매우 큰 의미가 있다. 예수회선교사들의 보유론적 천주교 교리서가 천주교교리의 입장을 기준으로 유교경전의 세계와 소통의 길을 열어갔던 작업이라면, 다산의 '사천학'은 유교경전해석을 통해 유교와 천주교의 세계관 사이에 소통의 수준을 심화하였다는 점에서 사상사의 새로운 차원을 개척하는 작업이라 하겠다. 그의 경학은 천주교교리를 흡수함으로써 유교사상이 지닌 잠재적 가능성을 새롭게 계발해내었다고 할 수 있으며, 유교경전과 천주교교리가 이 시대에서 가장 깊은 차원으로 교류한 의미깊은 성과라 할 수 있다.

다산에 있어서 천주교교리의 수용이 지닌 특성은 유교경전의 해석을 위한 새로운 빛으로 천주교교리의 세계관을 끌어들인 것이지만, 경학의 범위에 한정된 것임을 유의할 필요가 있다. 따라서 그의 경학에는 여러 면에서 천주교교리와 일치하는 관점이 드러나지만, 동시에 여러 면에서 차이점도 드러내고 있는 것이 사실이다. 따라서 다산의 사상에서 천주교신앙의 자취를 전면적으로 부정하려는 견해도 무리한 것이지만, 천주교교리의 모든 것을 찾아내려고 하는 것도 무리하기는 마찬가지이다.

다산은 유교와 천주교의 두 축을 중심으로 동서양의 사상적 물결이 충돌하는 역사적 교차점을 살면서, 그 합류의 새로운 가능성을 찾아 더욱 큰 사상사의 물줄기를 열어주었다는 점에서, 그의 사상이 지닌 가치와 의미를 주목해야 할 것이다. 이 점에서 다산이 천주교교리를 섭취하여 구축한 '사천학'으로서 유교경전해석은 유교사상사에 가장 창조적 업적의 하나라 할 수 있으며, 유교경전의 해석에 활용하였던 천주교교리의 빛은 한국교회사에서 보더라도 개인신앙의 순교사를 넘어 사상적 문화적 교류의 차원으로 나아갈 수 있는 길을 열어준 소중한 유산이 될 것이라 생각한다.

참고문헌

*한적 · 문집

『朱熹集』, 『朱子語類』, 『宋文鑑』,

『退溪集』, 『心經釋義』, 『四七新編』(李瀷),

『星湖全集』, 『星湖僿說』, 『孟子疾書』, 『大學疾書』,

『河濱全集』, 『順菴集』,

『闢衛編』(李晩采), 『天學初函』(天主實義 · 靈言蠡酌)

『與猶堂全書』, 『薝園 鄭寅普全集』

*연구서 · 논문

금장태, 『실학과 서학 — 한국근대사상의 원류』, 지식과 교양, 2012.

이우성, 『韓國의 歷史像』, 창작과비평, 1982.

조광, 『조선후기 천주교사 연구』, 고려대 민족문화연구소, 1988.

한우근, 『성호이익연구』, 서울대학교출판부, 1980.

달레(Ch. Dallet), 『한국천주교회사』, 安應烈 · 崔奭佑譯, 분도출판사, 1980.

박종홍, 「對西歐的 世界觀과 茶山의 洙泗舊觀」, 『實學論叢』, 1975.

이원순, 「성호 이익의 서학세계」, 『교회사연구』 1, 한국교회사연구소, 1977.

이지형, 「星湖經學의 實學的 展開」, 『成均館大學校論文集』 17, 1972.

천관우, 「실학의 선구 — 유형원」, 『조선실학의 개척자 10인』, 신구문화사, 1974.

최석우, 「Dallet가 인용한 다산의 韓國福音傳來史」, 『李海南華甲論叢』, 1970.

______, 「빠리 外邦傳敎會의 韓國進出」, 『柳洪烈博士華甲記念論叢』, 1971.

찾아보기(인명)

ㅈ

ㅊ

ㅌ

ㅍ

ㅎ

Abstract

Seong Ho and the Seong Ho School

Keum, Jangtae

This study examines the academic characteristics and critical consciousness of the Silhak tradition which was developed by Seong Ho (Yi Ik), the Silhak thinker, and his followers. The academic tradition of Seong Ho aimed to arouse renewed interest of Silhak thought and proposed critical consciousness toward it, while at the same time succeeding the tradition of Neo-Confucianism. Therefore, this study focuses on explaining the correlation and the difference between Silhak and Neo-Confucianism in terms of *gyeonghak* (經學) of Seong Ho.

The Seong Ho school consisted of direct disciples and followers of Seong Ho, and they exhibited a clear difference in succeeding Seong Ho's Silhak thought. Seong Ho adopted Western Learning (西學), especially western scientific knowledge on the basis of Neo-Confucianism. But his followers were divided into two schools. One is Gongseo-pa (攻西派, e.g. Shin Hu-dam, Ahn Jeong-bok), which criticized the Catholic doctrines of western learning, and the other is Sinseo-pa (信西派, e.g. Kwon Cheol-shin, Lee Gaw-han, Jeong Yak-yong), which accepted even the faith of Catholicism. Thus, the ideological characteristics and the philosophical aspects shown in this division will be scrutinized throughout this study.